自贡市哲学社会科学重点研究基地产业转型与创新研究中心项目
（编号：CZ21A01；CZ20WT01）
四川省旅游局旅游科研重点研究基地智慧旅游研究基地重点项目
（编号：ZHZR21-01）
四川省社会科学重点研究基地四川县域经济发展研究中心项目
（编号：xy2021016；xy2021021）
四川省教育厅人文社会科学重点研究基地四川旅游发展研究中心项目
（编号：LY21-64）
四川省教育厅人文社科重点研究基地四川景观与游憩研究中心项目
(编号：JGYQ2021026)

嵌入人力资本的
劳动力市场
非均衡分析

王芳琴　黄启峰 ◎ 著

Analysis of Labor
Market Disequilibrium Embedded
in Human Capital

中国社会科学出版社

图书在版编目（CIP）数据

嵌入人力资本的劳动力市场非均衡分析/王芳琴，黄启峰著.—北京：中国社会科学出版社，2022.5
ISBN 978-7-5203-9904-3

Ⅰ.①嵌⋯ Ⅱ.①王⋯ ②黄⋯ Ⅲ.①劳动力市场—研究 Ⅳ.①F241.2

中国版本图书馆 CIP 数据核字（2022）第 041256 号

出 版 人	赵剑英
责任编辑	刘晓红
责任校对	周晓东
责任印制	戴　宽

出　　版	中国社会科学出版社
社　　址	北京鼓楼西大街甲158号
邮　　编	100720
网　　址	http://www.csspw.cn
发 行 部	010-84083685
门 市 部	010-84029450
经　　销	新华书店及其他书店
印刷装订	北京君升印刷有限公司
版　　次	2022年5月第1版
印　　次	2022年5月第1次印刷
开　　本	710×1000　1/16
印　　张	18
插　　页	2
字　　数	286千字
定　　价	108.00元

凡购买中国社会科学出版社图书，如有质量问题请与本社营销中心联系调换
电话：010-84083683
版权所有　侵权必究

前　言

本书通过研究 Benassy、Jean-Pascal 的著作《宏观经济学：非瓦尔拉斯分析方法导论》和《不完全竞争与非市场出清的宏观经济学：一个动态一般均衡的视角》，寻找新的研究切入点，结合我国劳动力市场和产品市场非均衡发展现状，考虑将人力资本要素引入非瓦尔拉斯均衡模型。

本书内容分为八章，第一章是本书的概要，概述了全书的要旨，内容包括非瓦尔拉斯均衡理论的渊源和发展现状，以及研究非均衡的理论和现实意义、研究思路和框架结构、研究方法；第二章是对相关文献进行梳理；第三、第四章探讨具有人力资本因素的固定价格下和伸缩价格下的非瓦尔拉斯均衡模型，内容包括引言、基本假设、嵌入人力资本因素的瓦尔拉斯一般均衡模型、构建刚性和伸缩价格条件下的非瓦尔拉斯均衡模型、结论与政策建议；第五章是工资指数化和就业政策，内容包括构造嵌入人力资本因素的工资指数化模型，并进行求解和分析、工资指数化对经济政策有效性的影响；第六章是行为人自主定价的经济学分析，内容包括在一个不完全竞争的模型框架中内生价格和工资，分析经济行为人依据需求曲线自主定价的情形，使用主观需求曲线分析厂商决定价格和家庭决定工资的情形，在一定的时期内，分析价格和数量由工资既定情况下的短期的非瓦尔拉斯均衡确定；第七章是中国劳动力市场非均衡问题分析，内容包括研究中国劳动力市场的现状、构建单一市场（劳动力市场）和双市场（劳动力市场和商品市场）的非均衡模型，重点考察了市场之间的溢出影响；第八章是产业结构优化中的异质性人力资本非均衡配置分析，主要内容包括从人力资本异质性出发，构建双市场人力资本配置模型，聚焦于产业集聚和产业结构优化两个方面，实证分析三者的作用机理和交互效应。最后总结和归纳全书的主要结论。

本书在编写过程中参考了大量相关的教材及其他文献资料，在此向有关单位表示衷心的感谢。

本书在编写过程中借鉴了一些著作，笔者在此表示感谢。若本书中有所疏漏，敬请广大读者谅解并提出宝贵意见，以便及时修改和完善。

王芳琴

2021年3月

摘 要

劳动力市场是社会主义市场经济体系的重要组成部分。改革开放以来，我国劳动力市场从无到有逐步发育、发展和成熟起来，但由于受到自然、社会、体制、观念等诸多因素的影响，与其他要素市场相比，劳动力市场发育相对滞后，劳动力市场发展呈现非均衡状态，已经逐渐影响到我国劳动力资源的优化配置、劳动力市场有效运行、市场经济体制整体功能的发挥，以及社会主义和谐社会的建设进程。因此，面对整体处于非均衡状态的劳动力市场，应该如何加大培育力度，提高劳动力资源配置效率，缓解劳动力供求失衡和纠正市场结构性失衡，提高运行效率、构建完善的劳动力市场、实现劳动力市场与其他市场协调发展、促进社会和谐、稳定、公平，已成为我国经济体制改革亟待研究和解决的重大课题。

当前，西方经济学通常采用的分析法是瓦尔拉斯一般均衡分析，其理论核心是存在无穷多商品种类的市场条件下对各种商品一般均衡价格的决定。其研究背景是市场完全竞争的，基于此构建一般均衡模型，应用数理推导，从交换、生产、资本形成和货币流通四方面来确定各个市场相对价格的一般均衡理论体系。瓦尔拉斯一般均衡理论是通过价格摸索实现均衡，均衡价格的形成需要具备的条件有：信息的完备性、对称性；价格的变动是自由的、灵敏的、迅速的；每个市场都存在一个报价者，它能够迅速向交易者提供价格信息，而且在达到均衡价格之前不进行交易。显然，现实经济中并不存在这些条件，交易不一定能够按照均衡价格进行，市场不一定结清，以及制度背景不一定是完全竞争的。非瓦尔拉斯分析方法正是研究供求不一致的市场环境下，经济行为人面对各种数量约束和价格约束，如何调整他们的有效需求和有效供给以使经济达到一种配额均衡。非瓦尔拉斯均衡理论也称为非均衡理论，是借助更一般的假设，应用瓦尔拉斯一般均衡理论中已经获得成功的方法，以瓦尔拉斯一般均衡理论为标准来衡量市场是非均衡的，它允许市场处于非出清和非完全竞争状态，研究市场由非均衡态到均衡态的时间调整过程，强调通过价格数量信号的变动，使市场的有效供给和有效需求达到均衡。

非瓦尔拉斯均衡理论认为，完全依靠价格调整使供给和需求在一切市场、一切时间都相等的可能性很小。交易者在市场上同时获得了价格信号和数量信号，同时受到价格约束和数量约束，可以选择同时调节价格和数量来操纵配额约束，这种价格—数量混合调节方式是非均衡分析方法的基础，由于该方法在实现西方宏观经济学与微观经济学的结合方面开辟了一条新的途径，它更接近经济的实际情况，能够解释一些用一般均衡分析难以回答的问题，因而受到了越来越多的经济学家的重视。非瓦尔拉斯均衡理论是以西方市场经济为背景产生的，它所提出的价格—数量共同调节的配额机制、短边原则的应用，以及市场之间非均衡的溢出影响，对于我们研究社会主义众多经济问题非常有借鉴意义。

基于上述分析，本书以Barro、Robert J.、Herschel I. Grossman、Benassy、Jean-Pascal的非均衡理论模型为基础，将人力资本因素融入这一框架中，讨论非均衡假设条件逐渐放松的条件下，非均衡模型构造的差异性，人力资本对不同非均衡区域的影响，以及对比分析两种情况下（具有人力资本因素和无人力资本因素），处于不同非均衡区域的劳动力市场经济政策的有效性，并针对参数位于不同非均衡子区域给予相应的政策意见，在理论模型构建中，将产品和劳动力的供求关系归属于三个不同的非均衡子区域，基于理论推导对我国劳动力市场非均衡发展进行实证分析。另外，将劳动力市场模型拓展为双市场（劳动力市场和产品市场）模型，并与异质性人力资本区域配置和产业配置分析相结合，以期对现实案例具有指导意义。

第一，在工资和价格完全刚性的非均衡分析中。在劳动力超额供给和产品超额需求的区域，降低实际工资水平才是改善就业状况的关键。变动名义工资水平所带来的经济效应在考虑人力资本因素和不考虑人力资本因素的情况中存在差异，传统的凯恩斯主义措施在此区域具有比较不合意的效果。在产品市场和劳动力市场都超额供给的区域，凯恩斯主义政策有效，政府支出对私人消费起推动作用。人力资本因素的引入不影响政策效应的发挥，而且凯恩斯主义政策对提高人力资本水平存在正效应。在劳动力市场和产品市场都超额需求的区域，无论是否引入人力资本因素，均不会改变抑制型通胀区域的特征。但是，和具有人力资本因素的情况相比，不考虑人力资本情况下政策变动带来的就业效应更明显。

第二，在价格具有伸缩性的非均衡分析中。在产品市场和劳动力市场都超额供给的区域，传统凯恩斯主义全部效应的获得不受人力资本因素的影响。当不考虑人力资本因素时，变动名义工资的古典政策对生产和就业无效；嵌入人力资本因素后，产出和就业是名义工资的减函数，此区域可以通过提高价格水平获得缓解产品超额供给和降低失业率的双重功效。在产品市场出清和劳动力市场超额供给的区域，古典主义政策在具有人力资本因素和不考虑人力资本因素的情况下存在明显差异。在产品市场出清和劳动力市场都超额需求的区域，由于就业水平达到了最大值，此时传统凯恩斯主义政策完全失效，私人消费被政府支出完全挤出。古典主义政策在考虑人力资本因素和不考虑人力资本因素情况下的效用有所不同，当不考虑人力资本因素时，变动名义工资的"古典主义政策"不会对就业水平产生影响。当嵌入人力资本因素时，从长期来看，对于厂商来说，通过改变成本来间接操纵配额约束是获得更多利润的有效方式。

第三，在工资指数化的非均衡分析中。指数化能够显著地修正各种反失业政策的相对有效性。在产品市场和劳动力市场都超额供给的区域，工资指数化后我们仍可获得传统凯恩斯主义的全部效应，但古典主义政策的有效性降低。在嵌入人力资本因素的非均衡模型中，凯恩斯主义政策和古典主义政策对消除失业和提高人力资本水平都有效。在产品市场出清和劳动力市场超额供给的区域，随着指数化程度增加，凯恩斯主义需求政策的有效性逐渐减弱，甚至在名义工资按价格实行完全指数化的情况下，它变得完全无效。加入人力资本因素后，凯恩斯主义政策和古典主义政策对产出和就业的有效性变小。在产品市场出清和劳动力市场超额需求的区域，引入人力资本因素并不能明显提高凯恩斯主义政策和古典主义政策的产出效应和就业效应。

第四，在行为人依据需求曲线自主定价的非均衡分析中。根据行为人自主定价模型，嵌入人力资本因素后，初始禀赋对产出和就业具有无效性。根据工资既定厂商依据需求曲线定价模型，当不考虑人力资本且劳动力需求受配额约束时，凯恩斯主义政策的就业和产出效应失效。但是，价格效应和人力资本水平效应很明显。当劳动力供给不受配额约束时，凯恩斯主义政策产生的价格效应和工资效应与市场需求弹性有较强的相关性。在嵌入人力资本因素且劳动力需求受配额约束中，短期内产出受限制，操纵配额约束的空间较小。长期中，提高工资水平促使人力资本水平提高，进而提高劳动生产率和经济水平。如果劳动力供给不受配额约束，且厂商制定了市场中所有需求都能被满足的价格，凯恩斯主义政策的人力资本效应十分明显。

第五，在对中国劳动力市场实证研究中。通过建立劳动力单市场非均衡模型和实证性检验，可以看出，引入人力资本因素和无人力资本因素的模型构建和估计都存在差异，前者拟合效果更好一些，且嵌入人力资本因素提升了解释变量的整体影响力，相比较于其他要素，人力资本因素对总体效用贡献最大。通过对劳动力市场非均衡度考察，可以看出我国劳动力市场运行处于较明显的非均衡状态中，劳动力供给过剩和过度需求交替出现是常态。从劳动力市场、消费品市场的双市场非均衡模型的实证分析中可以看出，市场间存在较明显的溢出影响，且有逐渐增长的趋势。

第六，在异质性人力资本非均衡配置研究中。通过构建异质性人力资本、产业集聚对整个产业结构的作用机理并做实证检验，可以看出，初级、高级人力资本和产业集聚对产业结构合理化均具有显著的推动作用；初级、中级人力资本和产业集聚的交互项对产业结构合理化的推动作用明显；初级、高级人力资本和产业集聚的交互项对产业结构高级化有显著影响；制造业集聚和生产性服务业集聚会抑制产业结构合理化，制造业集聚对产业结构合理化的作用强度高于生产性服务业；生产性服务业集聚促进产业结构高级化。从东部、中部、西部地区的实证结果看，初级人力资本推进中部地区产业结构合理化，中级人力资本对西部地区产业结构优化产生促进作用，高级人力资本能够促进东部地区产业结构升级和中部地区产业结构合理化。制造业集聚对东部、西部产业结构合理化产生积极影响，服务业集聚对中东部地区产业结构合理化产生积极影响，制造业集聚对中部地区产业结构升级有促进作用。东部地区的高级人力资本与服务业集聚的交互项推动产业结构的升级进程，中部地区的初级、中级人力资本与制造业集聚抑制产业结构优化，西部地区的中级人力资本与制造业集聚的交叉项推动产业结构合理化，与服务业集聚的交叉项促进产业结构优化，高级人力资本与制造业集聚、服务业集聚的交互作用对产业结构优化有负向作用。

本书的研究结论一方面有助于我们更深入地理解和应用非均衡理论，另一方面有助于更好把握劳动力运行规律，更好地进行市场政策的评价与设计，具有理论与现实意义。

关键词： 非瓦尔拉斯均衡理论　劳动力市场　人力资本　微观经济计量分析

Abstract

The labor market is an important component in system of socialist market economic system. Since reforming and opening, The labor market has gradually developed, developing and mature in our country, But due to the influence of nature, society, system, idea and so on, and compared to other elements of market, labor market development relative lag, The labor market development is unbalanced state, and It already brought seriously effect to our country labor natural resources optimize configuration, the play of function of whole of market economic system and the process of constructing harmonious society. Therefore, in the face of the disequilibrium labor market, how to increase breed strength, improve the efficiency of resources allocation, Improve labor market efficiency, relief of labor supply and demand imbalance and and correct the structural imbalance of the market, improve the construction of labor market, labor force market and other markets' coordinated development, promote social harmony, stability, fairness, has become China's economic system reform needs to be studied and solved major task.

At present, the western economics is based on walrasian general equilibrium, its core theory is that a wide variety of goods is decided by the general equilibrium price when there are infinitely many items under the conditions of the market, with perfect competition as the research background, application of mathematical deduction, from currency exchange, production, capital formation, and four aspects to determine relative prices across markets in general equilibrium theory system. General equilibrium theory is perfectly balanced by price error, the formation of equilibrium price requires conditions: completeness and symmetry of information; Price changes are free, sensitive and rapid; Each market there is a quote, it was able to quickly provide price information to traders, and not traded before reaching equilibrium price. Obviously, these conditions do not exist in the realistic economy, trading is not necessarily to be carried out in accordance with the equilibrium price, the market may not settle. Non – walrasian analysis method is the inconsistency of supply and demand of market environment, the economic actors to face all kinds of quantity and price constraints, how to adjust their effective demand and effective supply and achieve a quota balance the economy. Non walrasian equilibrium theory, also known as disequilibrium theory, is with the help of more general assumptions, application in the walrasian general equilibrium theory has been successful, on the basis of walrasian general equilibrium theory, it is not balanced. It allows not off and not completely competitive market, it researches the market changed from disequilibrium to equilibrium time adjustment process, emphasizes the change of prices – the number of signals, makes effective reach equilibrium of supply and demand of each market. Disequilibrium theory is that, in all markets, all time, completely dependent on price adjustment makes the supply and demand equal chance forever. Traders in the market at the same time won the price signals and quantity, by price and number of constraints at the same time, the price – number of mixed adjustment method is the foundation of equilibrium analysis method, and the due to the method in order to realize the combination of western macroeconomics and microeconomics aspect opens up a new way, it is closer to the actual situation of the economy, can explain some use general equilibrium analysis is difficult to answer the question, thus brought to the attention of a growing number of economists. Non walrasian equilibrium theory in the west as the background of market economy, it proposed prices – quantity together to adjust the quota mechanism and the application of the principles of short side, many economic problems for us to study socialism is very significance.

Based on above analysis, this paper on the basis of Barro, Robert J., and Herschel I. Grossman and Benassy, Jean – Pascal's disequilibrium theory model, it put the human capital factors into the framework, discussion of disequilibrium hypothesis gradually relaxed mode, structure disequilibrium model, human capital to the influence of unbalanced regional and contrast analysis of two cases (with the factors of human capital and non human capital factors), in different effectiveness of unbalanced regional Labour market economic policy, and to give corresponding policy advice parameters are located in different area, In the theoretical model construction, the supply and demand relations of products and labor are classified into three different disequilibrium sub – regions. Based on theoretical derivation, this paper makes an empirical analysis of the unbalanced development of China's labor market. Finally, it expands the labor market model to a dual – market model (labor market and product market), and combines it with the analysis of regional allocation and industrial allocation of heterogeneous human capital, in order to provide guidance for real cases.

First of all, it is in non equilibrium analysis that the wage and price are fully rigid, product and labor supply and demand is divided into three regions, in the areas of labor excess supply and product excess demand, reducing real wages is the key to improve the employment status. It exists difference between the situation of $H = 1$ and $H > 1$ that the changes of nominal wage brings the economic effects. In the situation of $H = 1$, Lower wages plays a role of alleviating unemployment and increasing product supply. In the situation of $H > 1$, employment is a decreasing function of the salary, but the output is an increasing function of salary. In this area, the traditional Keynes protectionist measures is very undesirable effect. It is in the areas that product market and labor market are in excess supply, Keynes's policy is very effective, and The increase in government expenditure does not crowd out private consumption, in contrary, It encourages private consumption increase. It does not affect the policy effect in the region when we put the factors of human capital into the model. and Keynes's policy on improving human capital plays a positive effect. It is in the areas that the labor market and product market are in excess supply, the situation of $H=1$ and $H>1$ will not change the suppressed inflation characteristics. But in the situation of $H>1$, Government policy which brought about the Policy effect is smaller than the situation of $H=1$. It is noteworthy in this regional that government expenditure on private consumption is complete extrusion.

Secondly, it is in non equilibrium analysis that the wage and price are telescopic. the part also analyzes three classical non – equilibrium regionals. In the areas of labor excess supply and product excess demand, Whether or not introducing human capital factors, we can obtain traditional Keynes's overall effect, in the situation of $H=1$, the classical policy of Changes in nominal wages W is invalid on production and employment. In the situation of $H>1$, the nominal wage is a decreasing function of output and employment. If the product price has been increased, we can obtain double effect of relieving product excess supply and reducing unemployment rate. It is in the region that Product market is supply and demand balance and labor market is excess supply. Classical policy effects in two kinds of circumstances ($H=1$ and $H>1$) are very different. In the situation of $H=1$, Rising wages brought positive effects on output and employment. so reducing the wage level can rise to alleviate the effects of unemployment. in the situation of $H>1$, there is a negative relationship between the nominal wages and output and employment. It is in the region that Product market is supply and demand balance and labor market is excess demand. Due to the level of employment reaches the maximum value, the traditional Keynes's policy became completely inactive. Private consumption is government spending completely extrusion. Classical policy effects in two kinds of circumstances ($H=1$ and $H>1$) exists obvious difference. In the situation of $H=1$, Changes in nominal wages which belong to the "classical policy" will not affect the level of employment. In the situation of $H>1$, in the long run, the only way that manufacturers want to manipulate the quota restriction is to raise the wages of the workers, because rising wages can inspire families to increase the investment of human capital, so as to improve the level of human capital.

Third, In non equilibrium analysis of the wage index, it is conclusions that the index can significantly modify the relative validity of various anti – unemployment policies. in the areas of labor and product excess supply, we can obtain the traditional Keynes's overall effect, but classical policy are completely ineffective. In the situation of $H>1$, Keynes doctrine and classical policy can effectively eliminate unemployment and raise the level of human capital. It is in the region that Product market is supply and demand balance and labor market is excess supply, the needs policy's effectiveness of The Keynes doctrine is decreasing gradually as the degree of index is increasing gradually, It is in the situation that the nominal wages are indexed completely According to the standard of price. the needs policy's effectiveness of the Keynes doctrine even becomes completely invalid. If we put the factors of human capital in the the non equilibrium model, we will find that "Keynesian doctrine" and "classical policy" has smaller output and employment effect in compare with the case of non human capital factors. It is in the region that Product market is supply and demand balance and labor market is excess demand, Whether or not containing human capital factors, Keynes doctrine and Classical policy is completely ineffective on the level of output and employment.

Fourth, it is in non equilibrium analysis that economic behavior person set product price based on objective and subjective demand curve. Mathematical analysis shows that, the Walras equilibrium is a special limit form, when the Elastic coefficientof non equilibrium model tends to infinity. that is to say when the cognitive demand curve has infinite elasticity, we will get such result. If we gradually relaxed disequilibrium hypothesis condition, the research for non equilibrium not only increases the general, but also not sacrifices strict, because prices and wages are derived directly from the maximization problem. such result is different from supply and demand equal condition in Walras model, in which supply and demand equal condition was simply treated as the basic assumptions, this not only expands on Walras equilibrium framework, but also enriched the Walras equilibrium model in which price and wage are completely fixed. More importantly, when we put the human capital factors into the model of imperfect competition, we will get a more complete, more abundant analysis framework which is better than the model of traditional market clearing.

Fifth. in the empirical research of Chinese labor market, in single market disequilibrium model and empirical test, we see that there are some differences in construction and estimation by introducing the factor of human capital and non human capital factor model, Compared to no human capital status, better fitting effect by introducing the factor of human capital model, compared to other factors, The factors of human capital brings greater utility, And in the non equilibrium model embedded in human capital factors, the overall influence of explanatory variables in the greater. Secondly, based on the labor market disequilibrium of the inspection, the labor market of our country run obviously in non – equilibrium state, the surplus of labor supply and excess demand turns is normal, The overall trend is supply over demand, The final volume of the labor market is very far from the macro short edge principle. Finally, This article constructs and empirical test of labour and consumer goods dual market disequilibrium model, model reflects the essential characteristics of multi – market disequilibrium model: spillover effects across markets. From the dual labor market, the consumer market disequilibrium model in the empirical analysis, it has a significant spillover effect between markets, and has a tendency to grow.

Sixth, in the heterogeneous human capital disequilibrium allocation research. By constructing the mechanism of heterogeneous human capital and industrial agglomeration on the whole industrial structure and doing empirical test, it can be seen that the primary and senior human capital and industrial agglomeration have a significant role in promoting the rationalization of industrial structure. The interaction of primary and intermediate human capital and industrial agglomeration to promote the rationalization of industrial structure; The interaction of primary and intermediate human capital and industrial agglomeration has significant influence on the rationalization of industrial structure. The agglomeration of manufacturing industry and producer services will inhibit the rationalization of industrial structure, and the effect of manufacturing agglomeration on the rationalization of industrial structure is stronger than that of producer services. The agglomeration of producer services promotes the upgrading of industrial structure. From the empirical results of the eastern, central and western regions, the primary human capital promotes the rationalization of industrial structure in the central region, the intermediate human capital promotes the optimization of industrial structure in the western region, and the senior human capital promotes the upgrading of industrial structure in the eastern region and the rationalization of industrial structure in the central region. Manufacturing agglomeration has a positive impact on the rationalization of industrial structure in the eastern and western regions, service industry agglomeration has a positive impact on the rationalization of industrial structure in the central and eastern regions, and manufacturing industry agglomeration has a promoting effect on the upgrading of industrial structure in the central region. In eastern area of high – level human capital to interact with the service to promote the upgrading of industrial structure, the central area of the primary, intermediate and manufacturing agglomeration inhibition of the industrial structure optimization of human capital, human capital and manufacturing agglomeration in western area of intermediate cross terms of promote the rationalization of industrial structure, and the service of the cross terms to promote industrial structure optimization, advanced human capital and manufacturing agglomeration, service interaction has a negative effect to the industrial structure optimization.

On the one hand, the research conclusion of this book helps us to have a deeper understanding and application of the theory of disequilibrium; on the other hand, it helps us to better grasp the law of labor force operation and better evaluate and design market policies, which has theoretical and practical significance.

Keywords: non – Walrasian equilibrium theory, labor market, human capital, micro econometric analysis

目　　录

第一章　绪论 ··· 1

第一节　研究背景与意义 ······························· 1
第二节　研究思路与方法 ······························· 8
第三节　研究内容与结构安排 ························· 13
第四节　本书的贡献与创新 ···························· 16
第五节　本书的不足与展望 ···························· 17

第二章　文献综述 ··· 19

第一节　瓦尔拉斯一般均衡理论 ······················ 20
第二节　非瓦尔拉斯均衡理论 ························· 27
第三节　劳动力市场理论 ······························· 50
第四节　本章小结 ······································· 67

第三章　具有人力资本的固定价格下的非瓦尔拉斯均衡模型 ······ 69

第一节　引言 ·· 69
第二节　基本假设 ······································· 70
第二节　具有人力资本的暂时瓦尔拉斯一般均衡模型 ········ 72
第四节　固定价格、固定工资的非瓦尔拉斯均衡模型 ········ 76
第五节　固定价格下的不同区域相关政策建议 ········ 92
第六节　本章小结 ······································· 93

第四章　具有人力资本的价格伸缩下的非瓦尔拉斯均衡模型 ······ 94

第一节　引言 ·· 94

1

第二节 基本假设 …………………………………………… 94
第三节 模型构建、求解及分析 …………………………… 96
第四节 价格具有伸缩性的不同区域相关政策建议………… 115
第五节 本章小结 …………………………………………… 117

第五章 工资指数化与就业政策 ………………………………… 118
第一节 引言 ………………………………………………… 118
第二节 基本假设 …………………………………………… 118
第三节 模型构建、求解及分析 …………………………… 119
第四节 工资指数化的不同区域相关政策建议……………… 147
第五节 本章小结 …………………………………………… 149

第六章 行为人自主定价的经济学分析 ………………………… 150
第一节 引言 ………………………………………………… 150
第二节 厂商决定价格、家庭决定工资的不完全竞争模型…… 151
第三节 工资既定情况下的厂商定价模型 ………………… 158
第四节 行为人自主定价下的经济政策有效性分析………… 174
第五节 本章小结 …………………………………………… 176

第七章 中国劳动力市场非均衡分析 …………………………… 177
第一节 引言 ………………………………………………… 177
第二节 中国劳动力市场非均衡运行现状概述……………… 178
第三节 中国劳动力市场非均衡性计量分析………………… 188
第四节 双市场非均衡性计量分析 ………………………… 202
第五节 本章小结 …………………………………………… 211

第八章 产业结构优化中的异质性人力资本非均衡配置分析……… 213
第一节 引言 ………………………………………………… 213
第二节 基于异质性人力资本的产业结构优化：
理论和现实框架 …………………………………… 214
第三节 研究设计 …………………………………………… 231

第四节 实证结果与分析…………………………………… 234
第五节 区域差异实证分析………………………………… 240
第六节 本章小结…………………………………………… 245

第九章 结论…………………………………………………… 248

参考文献……………………………………………………… 252

第一章

绪　论

第一节　研究背景与意义

John Maynard Keynes 指出,"两种生产"(人的生产与物的生产)决定人类历史的发展,而这两种生产主要是通过劳动力来实现的。脱离劳动力的物质资料生产过程是不可能创造任何东西的。如果将劳动力资源合理利用对经济的发展将会是一种强大动力。相反,劳动力资源的无效利用将会成为经济发展的一个阻力。对于拥有十四亿多人口的中国来说,人口基数大,劳动力资源丰富,人力资本水平却相对低于世界平均水平是不可否认的事实。因此,如何优化配置劳动力资源、提高劳动力资源配置绩效、提高劳动者素质,以及如何使劳动力市场有效地运行始终是经济建设的一个基本问题。在计划经济体制时期,生产和销售以及市场整体运行都由国家统筹安排,劳动力资源配置更多地掌握在政府手中,经济中的许多价格曾经是并且仍然是固定的,而且长期以来出现在经济中的失业(隐蔽的或非隐蔽的)和某些重要市场的短缺是并存的,这种缺乏效率的资源非均衡配置方式和经济非均衡运行模式严重打压了劳动者的积极性、主动性和创造性,导致生产力水平和生产效率提升较慢,随之经济增长和社会发展也较慢。在计划向市场过渡的经济体制中,随着改革的不断推进,农村释放出大量的农业剩余劳动力并逐渐流向城镇,再加上企业制度改革带来的大量下岗和失业人员,这些都会促使劳动力市场非均衡程度更加凸显。因此,寻找导致劳动力市场非均衡发展的成因、发现问题的本质、实现劳动力市场相对均衡发展是目前需要解决的现实问题。通常从均衡分析角度对劳动力市场做研究基于两个视角：其一，应用瓦尔拉斯一般均衡理论解释劳动力市场相关问题；其二，应用更贴近现实的非瓦尔拉斯均衡理论对劳动力市场做研究。

西方经济学通常采用的分析方法是瓦尔拉斯一般均衡分析，其核心是，从严格的市场出清出发，在市场价格持续变动的情况下，交易者将变化的价格和自身的判断准则（对居民户来说是预算约束条件下的效用最大化，对厂商来说是技术约束条件下的利润最大化等）相结合来调整其需求或供给，直至调整到市场上的需求与供给相等，此时就得到所谓的均衡价格。之后，一切交易都是按照均衡价格进行的，市场上供给过剩和需求过剩的情况不存在，瓦尔拉斯一般均衡的实现是以完全竞争为制度背景，并通过价格摸索得到，它对时间动态调整并没有考虑，将其视为瞬时完成，因此市场不存在经济行为人难以满足的配额约束，整个市场中无数量信号，而且均衡价格是在一系列严格苛刻的条件下形成的，即均衡价格的形成需要具备条件：信息的完备性和对称性；价格的变动是自由的、灵敏的、迅速的；市场中存在唯一的一个喊价人向交易者传递信息，均衡价格不出现之前市场不存在交易。在这样的经济体系中，诸如生产过剩、商品滞销、失业，以及与超额需求有关的通货膨胀等问题是不会存在的。事实上，经济学作为一门"鲜活"的社会科学，它不可能在许多不现实的假设条件下解释现实的经济问题，也就是说，尽管瓦尔拉斯一般均衡理论的理论逻辑比较完善，数理推导也很完美。但是，现实中根本不存在均衡价格形成的条件，按照均衡价格进行的交易也是暂时的、偶然的，严格的市场结清条件也是一种理想状态。非瓦尔拉斯均衡分析正是研究市场处于不完全出清和不完全竞争时，面对价格约束和数量约束的行为人如何调整有效供给和有效需求使市场最终实现均衡，以及供给和需求不相等的情况下市场是如何运行的一种方法。

非瓦尔拉斯均衡理论认为，完全依靠价格调整使供给和需求在一切市场、一切时间都相等的可能性很小，这是因为价格具有某种程度的刚性，而且市场上的非价格因素（如商品的差异、广告等）已部分取代了价格竞争，另外价格的调整也不完全是一个经济问题，有的还涉及社会、政治问题（如工资的调整），以及制度因素。事实上，交易者在市场上既获得了价格信号，又获得了数量信号，例如，当市场出现供不应求的状况时，只要价格不能及时调整，处于需求方的交易者就不能实现自己意愿交易，只能按照实在的供给数量达成交易，于是他要受到数量配额的限制。相反，当市场出现供过于求的状况时，则是处于供给方的交易者受到数量配额的限制。显然，交易者不仅要受到价格的约束，还要受到数量的约束，这种价格数量混合调节的方式正是非瓦尔拉斯分析方法的基础。

因此，非瓦尔拉斯均衡状态是指经济行为人做决策时，不仅考虑了传统的价格信号，而且也考虑了数量信号，并且主要是通过数量信号（数量约束）的变动，使每个市场的有效供求达到均衡，这种均衡是通过数量摸索实现的。非瓦尔拉斯均衡也称为非均衡，因为以瓦尔拉斯一般均衡的标准来衡量它是非均衡的。非瓦尔拉斯分析方法是对瓦尔拉斯一般均衡方法的一种补充，它是应用更一般的假设，并应用了瓦尔拉斯一般均衡已有的成熟的研究成果，在非市场出清和非完全竞争的制度背景中研究经济问题。

非瓦尔拉斯均衡理论除了强调价格、数量调节的共同作用外，还强调与数量调节有关的一个重要概念是"溢出效应"（Spillover Effects），当交易者在一个市场上交换的东西比他意愿交换的要少时，他就会调整自己在其他市场上的需求和供给，这样就会导致不平衡在市场之间传递。对于一个交易者，受到的数量配额是市场的一个特定组织依据其他交易者向市场表达的有效需求所决定的，每个特定的组织都会有一种特定的配额方式与其相对应，例如有按比例配额方式和先来先买（或先来先卖）的排队配额方式等。由于非瓦尔拉斯分析方法比瓦尔拉斯均衡分析方法更接近现实，因而具有更多的优点。但是，正如 Benassy 指出的："非瓦尔拉斯分析方法不是'反瓦尔拉斯'的，相反，它是借助于更一般的假设，它应用了在瓦尔拉斯理论中已获得成功的一些方法。"

非瓦尔拉斯均衡理论源于西方市场经济，它除了强调数量调整的重要性以外，还强调价格—数量调节相结合的高效性，基于"短边原则"选择行为的必要性，并用数理推导证明数量配额机制的有效性，以及基于市场之间非均衡的传递性制定有效经济政策的合理性，非瓦尔拉斯分析方法以数学规划为基本工具,针对现实的宏观经济问题创建严谨的数学模型,为其寻找微观基础,以期构建一座沟通传统宏观经济学与现代非瓦尔拉斯均衡理论的桥梁,同时,也为宏观经济学与微观经济学的有效结合开辟了一条新的途径。非均衡理论给我们的提示是,即使在比较发达的市场经济条件下,完全依仗价格作用实现经济的瓦尔拉斯均衡的可能性也是很小的,就是实现了这种均衡也只能是暂时的,在供给和需求不平衡的情况下,只有通过价格和数量的共同调节才能达到事后的均衡。我国在发展社会主义市场经济过程中,将较长时期面临市场发育程度不够高、商品供求矛盾比较大的情况,在充分发挥价格机制调节作用的同时,重视数量调节的作用,完善数量调节的方式显然是十分必要的。

非瓦尔拉斯均衡理论产生于 20 世纪 70 年代,从 John Maynard Keynes(1936)发表《就业、利息和货币通论》一文后,人们开始关注非均衡理论,之后许多经济学家为推动非均衡理论做了贡献,非均衡理论之所以得到较快的发展,是因为许多经济学家认为运用非瓦尔拉斯均衡分析方法建立的宏观经济模型,以及用此模型来解释经济问题具有更佳的现实意义。其中 Barro、Robert J. 和 Herschel I. Grossman(1971,1974,1976)将局部均衡分析拓展为包括商品市场和劳动力市场的宏观经济一般非均衡分析,全面论述了数量配额机制,将包括收入和就业的非均衡状态归属于四个非均衡区域,这就使非均衡分析更具有一般性和适用性。作为非均衡学派杰出代表人物,法国著名经济学家 Benassy 和 Jean – Pascal 在其著作《市场非均衡经济学》(1982)、《宏观经济学和非均衡理论》(1984)、《宏观经济学:非瓦尔拉斯分析方法导论》(1986)中,首次用数学工具分析和证明了非均衡理论的存在性,并创立了一个完整的、严谨的、逻辑性强的非均衡理论框架,将非均衡理论进一步微观化并放松了价格完全刚性的假设,Benassy 和 Jean – Pascal 重点分析了两种配额机制:不可操纵的配额机制和可操纵的配额机制,以及配额机制的两个重要性质:自愿交换和市场效率。如果配额机制的这两个性质都得到满足,那么非均衡市场的交易结果一定等于供给总量和需求总量两者之间的较小一方,这就是非均衡理论中强调的"短边原则"。

Benassy 和 Jean-Pascal 的微观非均衡理论强调了非均衡是经济运行的常态，揭示了非均衡市场从非均衡走向事后均衡的动态调节过程。因此，Benassy 和 Jean-Pascal 的微观非均衡理论与现实更加贴近，更具有指导意义。到 20 世纪 90 年代后，非瓦尔拉斯均衡理论主要朝着两个热点方向发展：一是在不完全竞争的环境中，将行为人依据客观需求曲线自主定价的问题放到非均衡框架中研究；二是寻找价格伸缩性的微观经济基础，其中 Mcdonald 和 Solow（1981）的工会理论，将工资刚性的存在性放到劳动力市场非均衡运行研究中证明，而 Shapiro 和 Stiglitz（1984）的效率工资理论，则从信息不对称性角度出发，将工资刚性现象放到劳动力市场非均衡研究中解释。

我国从 20 世纪 80 年代初兴起了对非均衡的研究。其中，厉以宁在其著作《社会主义政治经济学》和《非均衡的中国经济》中，用非均衡理论分析了我国资源配置失调、产业结构扭曲、制度创新变型等现象的深层次原因，将社会主义经济的非均衡归属于两种：市场不健全下的非均衡和市场不健全以及企业不遵循会计恒等式的非均衡，这就使非均衡理论在社会主义经济中有了创造性发展。王少平（1992）在《非均衡模型的比较研究与发展趋势》一文中研究了消费品、劳动力和金融三个市场的非均衡模型。袁志刚在其著作《非均衡理论及其在中国经济中的应用》（1994）、《均衡与非均衡：中国宏观经济与转轨经济问题探索》（2010）中系统介绍了非均衡理论及分析方法，并结合中国实际情况提出微观经济政策。张世英教授在其著作《非均衡经济计量建模与控制》中着重用经济计量方法为非均衡理论寻找实证基础，先后建立中国宏观经济非均衡模型、中国资本市场和货币市场非均衡模型等。

从非均衡理论的实际应用价值来看，非均衡在我国计划经济时期和市场经济成功转轨之后都有很重要的实践价值。在我国经济转轨时期，政府相继实施的"价格体系优先"和"企业改革优先"的政策，其中的逻辑起点来源于对非均衡理论的理解和认识。在当前的市场经济运行中，非瓦尔拉斯均衡理论的观点和方法得到了很好的应用，其理论在改革开放的实践中逐步体现出具有中国经济特色的方向。因此，我们可以借鉴非均衡理论的分析方法，结合中国非均衡市场运行状况，建立以公有制企业为主体、各种所有制形式共存的微观非均衡模型，根据模型分析结果给出经济政策，以缓解和消除"过剩""短缺"或者"失业"现象。

非瓦尔拉斯均衡理论及模型之所以更现实的原因有：一方面，它将不同的经济现象具体划分到不同的非均衡子区域，根据参数位于不同的子区域针对性地提出政策建议；另一方面，用经济计量分析法实证考察多种非均衡市场及相关领域，比如金融市场、房地产市场、农产品市场、消费品市场或者劳动力市场等，研究它们的价格形成机制和价格、数量预期的关系，以及相互作用和最终的调节效果，针对处于短边的经济行为人提出，如何通过操纵成本来操纵数量配额约束，如何提升自身的效应水平。尤其对于中国当前失业问题的分析，是存在超额的劳动供给，还是存在地域、空间或结构上的失衡？从非均衡理论视角分析和思考，究其原因、寻找对策，是放开户籍制度、消除城乡分割和劳动力市场歧视，还是通过提高失业者人力资本水平或者从整体结构上进行宏观调整来降低失业率？都非常具有研究价值。最为重要的是，从对"现实"问题的分析入手，能够有效地证明非均衡理论的正确性和非均衡分析的合理性，这样对非均衡理论的继续发展也是一种鼓励。

劳动力是劳动力市场上的主要构成要素，依附在劳动者身上的人力资本是劳动力资本，主要用来衡量劳动者素质对经济增长和劳动力市场发展的作用，美国经济学家 Schultz 指出，人力资本是凝结在人体中的能够使价值迅速增值的知识、体力和价值的总和。一个国家或地区的经济实力乃至综合国力的强弱，往往与其人力资本状况密切相关，人力资本数量和质量的提高不仅是推动国家或地区经济增长方式转变的根本动力，而且是经济发展的决定性因素，人力资本对经济增长和劳动力市场的作用在于提升劳动者素质、增加劳动付出、丰富人类智慧和提升劳动生产率，其作用途径是通过增强劳动者体力，实现劳动力付出，通过增加劳动者智慧实现劳动生产率提高。人力资本是劳动者素质的积累，人力资本的积累主要通过人力资本投资来完成，人力资本投资是指对劳动者的投入产出，是为了提升劳动者整体水平和增加劳动者智慧所进行的各种付出。人力资本的发展有利于提高人们的认识能力和思想道德素质，有利于更新观念和转变生活方式，为经济发展、社会进步和劳动力市场发展提供了智力支撑和精神动力。此外，人力资本水平是个人收入增长的一个源泉,不同人力资本水平的劳动力价格是普通消费者获得收入的主要来源。我国作为世界上人口最多的国家,人力资源非常丰富,但是长期以来,由于人力资本的投资与积累不足,致使人力资本结构矛盾、人力资本的配置和利用不尽合理,尤其是社会体制、经济技术等方面因素制约人力资本的流动性,形成了人力资本配置的刚性,这些都影响了我国人力资本开发与利用的效率。要发挥我国人口资源优势,需重视人力资本方面的开发,实施人力资源战略,加大人才投资力度,建立健全与市场经济体制相适应的人力资本投资和有效利用的激励竞争机制,形成有利于人才脱颖而出、有利于人才竞争和提高人力资本利用效率的制度。

劳动力市场就业充分,失业减少,人们取得的劳动力报酬就会增加,社会就会稳定,经济会得到健康发展。相反,如果失业增加,人们的劳动力报酬降低,社会贫富差距拉大,社会有效购买力就会下降,经济会受到严重影响。实际上,劳动力市场能否自动实现均衡,能否实现充分就业,能否实现劳动力资源的有效配置,是关系到市场经济发展方向的重要理论问题。如果市场机制促使劳动力市场自动趋于均衡就业水平,自由竞争就顺理成章地成为经济发展与经济改革的终极目标,劳动力市场也可能达到帕累托均衡状态;相反,如果劳动力市场恢复均衡的功能受制,市场就需要借助外部力量恢复均衡状态。现实中的劳动力市场始终处于非均衡运行状态,暂时的均衡状态也只是非均衡运行中的一个特例。已有理论证明,在现代经济条件下,由于价格不具有充分的弹性,劳动力市场的供求呈现不均衡状态,再加上生产的自动化水平和资本有机构成提高,致使劳动力的供给出现长边现象。非瓦尔拉斯均衡学派一般采用排队论来解决供给长边的问题,但是由于劳动力市场在市场经济体系中的特殊地位和复杂性,决定了它不能完全依靠排队论方法来解决供求关系的不均衡,需要寻求更符合我国国情的理论方法。

非均衡分析是市场不完善条件下的分析方法,非均衡研究所达到的均衡不是非现实假设条件下的均衡,因而是比较接近于市场实际状态的均衡,现有的西方非均衡理论并未提供一套可直接应用于中国劳动力市场运行和劳动力资源配置问题的分析工具,当具体考察现阶段中国劳动力市场运行和劳动力资源配置问题时,一方面要考虑到源于一般非均衡理论所分析的那些因素,如价格、工资刚性,价格的伸缩性等;另一方面要考虑导源于某些体制、惯性结构等因素,如企业预算软约束、以政府为主体的数量调整、劳动力价格形成过程中的行政干预等。

本书试图将人力资本因素引入 Barro、Robert J.、Herschel I. Grossman、Benassy、Jean – Pascal 的非瓦尔拉斯均衡模型,在假设条件不断放松的条件下,分析模型差异性,对嵌入人力资本因素的非均衡模型和人力资本价格水平变动所引起的政策效应进行研究,在刚性价格、伸缩价格、工资指数化以及经济行为人依据需求曲线自行制定价格的情形中,对比分析具有人力资本因素和不考虑人力资本因素的整体差异性、政策的有效性以及人力资本水平变动的来源。

本书研究意义包括:一方面,丰富了瓦尔拉斯一般均衡理论的框架,说明价格机制不是唯一的能够调整市场力量趋于均衡的机制,当面临价格不是均衡价格并且被短期固定导致供求失衡时,市场出现一个动态调整过程,这个过程持续到市场达于均衡,其中的作用机制就是配额机制,配额机制是关联供给、需求和交易的一种机制,非均衡理论强调包含"短边原则"的配额机制在市场非均衡中的重要性;另一方面,将人力资本因素嵌入非均衡模型不仅拓展和延伸了非瓦尔拉斯均衡理论和模型,而且考虑到在劳动力市场中,无论是制度背景、运行状态、构成要素,还是政策实施、监督都会直接或间接地与劳动者的人力资本水平和人力资本价格存在相关性,再加上劳动力市场本身是非均衡发展的。因此,通过对非均衡运行的劳动力市场进行全面、深入透彻的分析,有助于抓住问题的本质,找到相应的解决方法,制定合理的制度约束和保障服务。本书就是从非均衡视角对劳动力市场和产品市场进行全面剖析。

第二节 研究思路与方法

一 本书的研究思路与技术路线

本书是按照以下技术路线展开的:第一,梳理已有研究文献,发现研究的不足,找出研究的切入点;第二,在阐述非瓦尔拉斯均衡劳动力市场非均衡等基本概念与相关理论的基础上,确定本书研究的基本范式；第三，在非瓦尔拉斯均衡的基本范式下，引入人力资本因素，讨论非均衡假设条件逐渐放松的模式下，人力资本因素的引入会产生何种结论；第四，数理推导并详细阐述参数位于不同的非均衡区域的情况，针对性地提出政策意见；第五，在理论和模型推演的基础上，对中国劳动力市场非均衡市场运行进行实证分析；第六，拓展嵌入人力资本的劳动力单市场模型到双市场（劳动力市场和产品市场）模型，并从异质性人力资本视角分析产业结构优化机理。本书框架结构见图1-1。

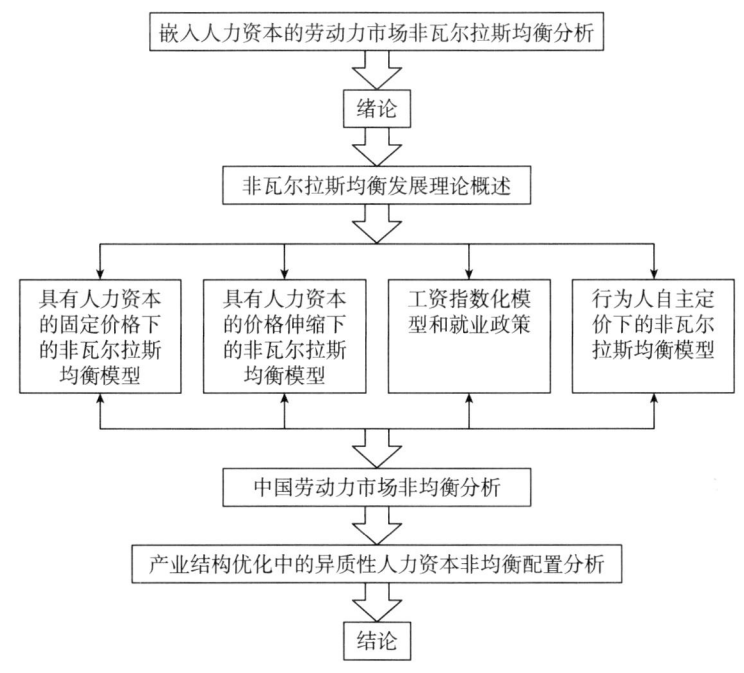

图1-1 本书框架结构

二 本书的研究方法

全书拥有共同的方法论：非瓦尔拉斯均衡分析方法，即包含非市场出清和不完全竞争的具有更多一般性和实用性的均衡方法。也就是说，在非出清市场和不完全竞争的情况下，研究供求不相等的市场是如何运行的一种方法。全书从严格市场出清的瓦尔拉斯一般均衡模型出发，继而将它们一般化到各种非瓦尔拉斯情况中，这样就将传统瓦尔拉斯模型的严格性与包含非出清市场和不完全竞争模型的一般性和适用性相结合。

相对于瓦尔拉斯一般均衡分析中考虑的只是价格信号和所有市场都出清的状况,非瓦尔拉斯均衡的主要特点是:数量信号在调整过程中和价格信号一样起重要作用,就价格而言,即使是可伸缩的,也不一定就调整到所有市场上的供给和需求都相等。可见,非瓦尔拉斯均衡是比瓦尔拉斯均衡更加一般的均衡,瓦尔拉斯均衡只是非瓦尔拉斯均衡的一个特例,价格—数量混合调节是非瓦尔拉斯均衡的基础。

非均衡理论的本质为,当价格机制对市场供需状况调整失效时,面对失衡的宏观市场,微观经济行为人在数量配额约束情况下,将价格信号和数量信号结合,形成有效需求和有效供给,建立在这种有效供给和有效需求基础上的经济将处于一种配额均衡状态,与瓦尔拉斯一般均衡不同的是,配额均衡把不同的经济状态归属于不同的非均衡区域,例如劳动力市场和产品市场都超额供给的区域、产品市场超额需求和劳动力市场超额供给的区域、产品市场和劳动力市场都超额需求的区域,产品市场超额供给和劳动力市场超额需求的区域。由于劳动力市场的交换关系具有长期性和契约性,用一般均衡范式研究劳动力市场并不是很适合。相反,在非市场出清的条件下研究劳动力市场更具有说服力。

之所以选择非瓦尔拉斯均衡方法为本书的研究基础,不仅因其理论与应用的迅速发展,更因为其理论特点非常符合我们的应用要求。

首先,非均衡的微观经济学基础更贴近现实。在瓦尔拉斯均衡状态,我们不必区分需求、供给和交易结果,在唯一的价格调整下,需求和供给始终等于实际交易额。但是,非瓦尔拉斯均衡理论不仅区分了实际需求(供给)和有效需求(供给),而且强调了有效需求和有效供给与实际交易结果之间的差别。当经济处于非均衡状态时,市场上的供求并不能时刻保持一致,市场中不确定因素的存在导致价格机制对供给和需求的作用机理失效,即失衡的供给和需求不会迅速恢复均衡。所以,当供求双方完成交换以后,一定会有某些经济行为人(或者处于需求一方,或者处于供给一方)的事前需求或事前供给愿望没能被满足,没能被满足的经济行为人受到数量约束,当市场处于供过于求时,供给者的供给愿望不能完全实现,受到数量约束,供给者处于短边。相反,当市场处于求大于供时，需求者的需求愿望不能完全实现，受到数量约束，需求者处于短边。

在以上供给和需求不能自行恢复均衡的情况下，非瓦尔拉斯均衡将配额机制引入，其主要内容是：面对不相等的供给和需求，市场最终将产生一个交换过程，使实现了的购买和销售在总量上相一致，这个市场交换过程就被称作配额机制，它是联系需求或供给和交易数量的一种计划的或市场的配置机制。配额机制可以分成两种类型：不可操纵的配额机制和可操纵的配额机制。在不可操纵配额约束情况下，行为人面临的交易界限仅取决于其他行为人的需求和供给，因此它不能对约束加以操纵。相反，在可操纵的情况下，行为人即使受到配额限制也能通过直接地或间接地预告更高的需求来增加他的交易量，故而操纵交易过程。如果配额机制是可操纵的，则需求和供给同行为人的真实交易意愿就没有关系，也不可能达到稳定状态。在本书中，假定所有的配额方案是不可操纵的。

配额机制具有性质：自愿交换和市场效率。自愿交换主要针对经济行为人的意愿度，强调行为人完全意愿的购买和销售。现实中，大多数市场都符合这个条件，本书假定这个性质总被满足。基于此，在所考察的市场中我们把行为人分成两类，受配额限制的行为人和不受配额限制的行为人，后者的交易额等于他们的理想需求或理想供给。我们注意到，在自愿交换情况下，总交易量比总供给和总需求都小。市场效率是指不可能在某一市场同时发现受制约的需求者和受制约的供给者，即不存在帕累托增进的趋势，它相当于所有交易都已进行完毕这样的一个概念。也就是说，如果市场中的行为人之间还有进一步交易的可能性，且交易之后互相都有利，则这个市场的交换组织是低效率的。如果配额机制同时具备自愿交换和市场效率两个性质，那么某一非均衡市场的总交易结果一定等于供给总量和需求总量两者之间的较小一方，即交易遵循"短边原则"。按照这个原则，处于短边上的所有行为人都能实现他们的供给和需求。因此，市场总交易量等于总供给和总需求中的最小值，如果一个处在短边上的行为人确实未能实现他的交易意愿，因而总交易量低于总有效需求和总有效供给，那么至少就有一个受配额限制的需求者和一个受配额限制的供给者同时存在，而这违背了配额方案的效率性。因此，短边原则是自愿交换和市场效率这两个假设的直接推论。

有效需求是指在某一市场上对某一产品的有效需求（或供给），是可以最大化行为人效用标准的交易，最大化不仅要满足通常的约束，并且还要满足其他市场的配额约束。具体来说，消费者的有效需求由他预算约束条件下的效用函数最大化，和对于其他市场上可察觉约束的考虑确定。同样，厂商在一个市场上的有效需求是他在技术约束条件下的利润最大化（或厂商的其他决策标准），及对其他市场上可察觉约束的考虑获得的。其中，可察觉约束是指行为人在每个市场获得最大交易界限形式的数量信号。

以上这些非瓦尔拉斯均衡特征和性质适合劳动力市场现状，我国是一个劳动力资源比较丰富的国家，供需失衡（指非瓦尔拉斯均衡）是常态，更多地表现为供给大于需求，长期处于短边的劳动者对提高劳动生产率和提高自身整体素质没有积极性，人力资本水平在要素生产中没有得到释放，不能为提高经济水平带来正外部效应。公开的或隐蔽的失业是长期需要解决的问题，在计划经济时期，劳动力价格和劳动力资源配置完全由中央统一操控，隐蔽性失业和歧视性失业都存在。在二元经济体制时期，农村剩余劳动力大量释放和国企改革中大量下岗职工，使劳动力供需失衡状况更加凸显，再加上我国人力资本配置失衡也比较严重，因此，面对失衡的劳动力市场，应用基于"短边原则"的非均衡理论工具分析劳动力市场及其运行也是一种合理的研究方式。

其次，非均衡理论为宏观经济学提供了微观经济学基础。John Maynard Keynes 的宏观经济理论没有统一的微观基础，《就业、利息和货币通论》发表以来，许多经济学家试图在一般均衡理论里寻找凯恩斯理论的微观基础，结果发现这两者难以结合。非瓦尔拉斯均衡理论主要从数量信号入手，宏观经济关系与微观经济行为选择相一致，从而将两者有效地结合起来，既发展了传统的微观经济理论，又为宏观经济理论提供了一个微观基础。其中，Barro、Robert J.、Herschel I. Grossman 等非均衡经济学家在他们的非均衡模型中，真正用规范的数学工具对供给普遍不足的非均衡现象进行了分析，通过数理推导证明了数量信号如何对经济运行产生影响，这对研究社会主义计划价格或市场弱价格信号条件下的经济运行具有启发性。所以说，非均衡理论的力量在于：在价格缺乏完全弹性的情况下，它为研究市场非均衡提供了一个严谨的理论分析框架。

通常价格刚性条件下的非瓦尔拉斯均衡状况存在三种，产品市场和劳动力市场都处于供给大于需求的凯恩斯失业均衡，产品市场超额供给和劳动力市场超额需求的古典失业均衡，以及产品市场和劳动力市场都超额需求的抑制性通货膨胀均衡。本书的第三章是以 Barro、Robert J.、Herschel I. Grossman 的固定价格非均衡模型为基础展开研究，之后几章主要从 Benassy 和 Jean-Pascal 的研究思路展开研究，但仍然以一般的非均衡模型为基础。

第三节 研究内容与结构安排

主要通过研究 Benassy 和 Jean-Pascal 的著作《宏观经济学：非瓦尔拉斯分析方法导论》和《不完全竞争与非市场出清的宏观经济学：一个动态一般均衡的视角》，寻找新的研究切入点，结合我国劳动力市场非均衡发展现状，考虑将人力资本要素引入非瓦尔拉斯均衡模型。在中国构建和谐社会的历史背景下，研究劳动力市场和产品市场非均衡发展问题具有重要的理论与现实意义。

第一章　绪论。本章是本书的概要，概述了全书的要旨。首先，简要概括非瓦尔拉斯均衡理论的渊源和发展现状，以及研究非均衡的理论和现实意义。其次，介绍了本书的研究思路和框架结构，以及使用的基本研究方法。最后，提出了研究的创新之处和不足之处。在此背景下，沿着均衡理论向非均衡理论过渡的思路，紧紧跟随非均衡理论发展脉博，对劳动力市场均衡、非均衡相关概念进行了仔细推敲，为后义做铺垫。

第二章　文献综述。本章主要是对相关文献进行梳理。从一般均衡理论到非均衡理论、资本主义非均衡理论研究到社会主义非均衡理论研究、经济非均衡理论研究到要素市场非均衡理论等多角度展开研究，重点研究包含人力资本要素的劳动力市场非均衡理论框架，为研究劳动力市场非均衡发展提供坚实的理论支持。在理论综述中，详述了非瓦尔拉斯均衡理论的产生、发展、特点及演化过程。

第三章　具有人力资本的固定价格下的非瓦尔拉斯均衡模型。本章首先从劳动力市场非均衡存在的特征事实出发，分析劳动力市场非均衡存在的客观性，其次从一般均衡与非均衡的辩证关系出发，探讨了劳动力市场非均衡的普遍存在性和必然性，最后从理论根源和事实根源出发讨论了导致劳动力市场非均衡发展的根本原因，为探索劳动力市场非均衡发展现状和总结非均衡运行规律做好铺垫。

本章的第一部分构建了包含人力资本的瓦尔拉斯一般均衡模型，分析具有人力资本和不考虑人力资本情况下的就业、产出的决策差异，以及经济政策的有效性差异。另外，本部分计算了在这个模型中作为基准点短暂瓦尔拉斯一般均衡的参数，之后我们要以推导出的包含人力资本的瓦尔拉斯一般均衡值作为研究基准。

第二部分重点研究固定价格下的非瓦尔拉斯均衡模型，其理论模型基础是 Barro、Robert J.、Herschel I. Grossman（1971）提出的宏观一般非瓦尔拉斯均衡模型，该模型能够很好地诠释宏观非均衡状态。基于此，本部分对已有非均衡模型进行修改并将人力资本要素嵌入，构建、分析具有人力资本的固定价格非均衡模型，探讨引入人力资本因素后非均衡模型的差异性和非均衡市场如何变化，以及对不同的非均衡区域的经济政策效应的影响。

本章的结构如下：第一部分是本章引言；第二部分是模型的基本假设；第三部分构造包括人力资本因素的瓦尔拉斯一般均衡模型，并进行求解和分析，为后面各章做铺垫；第四部分构建刚性价格条件下的非瓦尔拉斯均衡模型，并进行数理推导和政策效应分析；第五部分依据构建模型解释我国现状并提出相应的政策建议；在此基础上得出本章小结。

第四章　具有人力资本的价格伸缩下的非瓦尔拉斯均衡模型。本章在第三章模型的基础上做了修正，将假设条件继续放松为：价格工具有向上的伸缩性，同样加入了人力资本因素，在短期均衡框架中研究这种不对称的伸缩性，我们仍在非均衡的多重区域做研究，并计算经济政策在每个区域的效果。

本章的结构如下：第一部分是本章引言；第二部分是模型的基本假设；第三部分构造包括人力资本因素的伸缩价格下的非瓦尔拉斯模型，在三个不同的非均衡子区域进行讨论，并进行数理推导和政策效应分析；第四部分依据构建的模型提出有效的政策建议；在此基础上得出本章小结。

第五章 工资指数化和就业政策。第三、第四章构建的非均衡模型都是在短期名义工资是刚性的假设条件下，对价格进行非对称性讨论的。但是，事实上，工资收入者试图捍卫的不是工资的名义值，而更多的是工资的实际值，这一点常常是通过与价格有关的或明或暗的工资指数化达到的。所以本章要在一个同前几章十分相似的模型框架内研究这种工资指数化过程以及它对经济政策有效性的影响，同样分析引入人力资本因素是否对工资指数化过程产生影响。

本章的结构如下：第一部分是本章引言；第二部分是模型的基本假设；第三部分构造包括人力资本因素的工资指数化模型，并进行求解和分析；第四部分依据构建的模型提出相应的政策建议；在此基础上得出本章小结。

第六章 行为人自主定价的经济学分析。在前两章中所用的一般微观经济模型非常实用，它使我们能够建立具有严格微观基础的非瓦尔拉斯宏观经济均衡。本章构建的包含人力资本因素的宏观经济模型主要内容包括：不完全竞争模型、经济行为人依据需求曲线制定价格的行为模型。仍然以前几章的内容和模型为基础，在一个不完全竞争的模型框架中内生价格和工资，分析经济行为人依据需求曲线自主定价的情形。

本章的第一部分分析厂商决定价格和家庭决定工资的情形，为使解释更加清晰，这里使用主观需求曲线。第二部分分析在一定的时期内，价格和数量由工资既定情况下的短期的非瓦尔拉斯均衡确定，其中商品价格是厂商在与前一部分所研究的相似的在不完全竞争框架下确定的。

本章的结构如下：第一部分是本章引言，第二部分构造厂商决定价格、家庭决定工资的不完全竞争模型；第三部分构造工资既定情况下的厂商定价模型，并对模型进行求解和经济分析；第四部分给出行为人自主定价下的经济政策有效性分析；在此基础上得出本章小结。

第七章 中国劳动力市场非均衡问题分析。第三、第四、第五、第六章主要研究嵌入人力资本因素的非瓦尔拉斯均衡理论和模型，研究假设条件逐渐放松情况下，非均衡模型的构建、数理推导和政策效应分析。本章基于中国劳动力市场的现状，构建了劳动力市场单一市场非均衡模型并作非均衡度考察，构建了劳动力市场和商品市场的双市场非均衡模型，重点考察了市场之间的溢出影响。

本章结构如下：第一部分是本章引言；第二部分概述我国劳动力市场非均衡运行现状，主要从劳动力供求失衡、市场非竞争性失衡以及制度性失衡三方面展开研究；第三部分构建我国劳动力市场非均衡经济计量模型，给出实证结果和经济政策分析；第四部分构建我国劳动力市场和商品市场非均衡经济计量模型，给出实证结果和经济政策分析；在此基础上得出本章小结。

第八章 产业结构优化中的异质性人力资本非均衡配置分析。第七章实证分析了劳动力市场单一市场非均衡模型并进行实证检验，本章将异质性人力资本引入产品市场和劳动力市场双市场模型，人力资本分为初级、中级、高级人力资本，研究异质性人力资本的产业优化配置和区域配置，重点考察了异质性人力资本、产业集聚对产业结构优化的作用机制。

本章结构安排如下：第一节引言；第二节理论和现实框架；第三节构建检验模型，选取各变量的衡量指标，并对数据和变量进行说明；第四节对异质性人力资本、产业集聚与产业结构之间的关系进行实证分析；第五节做区域差异实证分析；第六节得出结论并给予政策启示。

第九章 总结和归纳本书的主要结论。

第四节 本书的贡献与创新

一 本书的贡献

本书基于大量有关劳动力市场理论和非瓦尔拉斯均衡理论研究的中外文献，深入剖析和准确把握前人的研究成果，力争在非均衡理论和实践方面有所突破。

本书以 Benassy 和 Jean‑Pascal 的非瓦尔拉斯均衡分析为基本研究范式，将人力资本因素引入并对模型进行修改，研究分析劳动力市场非均衡发展状况，目前从这个角度对劳动力市场非均衡发展问题做研究还处于初始阶段，在理论框架、逻辑推理，特别是理论与实践的结合等方面尚处于摸索中，但是从选题到研究的过程中，本书力图做到两方面的贡献：一是丰富瓦尔拉斯一般均衡理论和模型，拓展非瓦尔拉斯均衡理论和模型；二是在丰富理论的同时对现实中的劳动力市场发挥更多的指导作用。

二 本书的创新

1. 观点创新

主要是非均衡数理模型方面的创新，在非瓦尔拉斯均衡模型的基础上，将人力资本因素引入，并重新全面地对模型进行数理推导，研究人力资本因素内生化和外生化对模型整体结构、模型构成要素、不同区域的经济政策效应造成的影响。全书始于具有人力资本因素的瓦尔拉斯一般均衡分析，然后将假设条件逐渐放松，构建嵌入人力资本因素的非瓦尔拉斯均衡模型，重点分析非均衡子区域在考虑人力资本要素和不考虑人力资本要素的情况下的差异性。

2. 理论运用创新

本书从劳动力市场非均衡发展的现状出发，以更为一般的非瓦尔拉斯均衡为基本研究范式，应用逻辑严谨的数理推导证明、分析、解释我国劳动力市场非均衡发展问题。力求做到理论研究框架更贴切，理论解释有力度，提出的观点有新意，建议的措施具有高效性。

第五节　本书的不足与展望

（1）由于尝试性地将非瓦尔拉斯模型进行拓展并运用于劳动力市场学研究，理论与实践的融合有一定难度。

（2）由于非均衡模型是在一定的前提假设条件下进行逻辑推理的，所以将我国劳动力市场严格归属于哪个非均衡子区域和对劳动力市场非均衡程度进行准确度量存在一定困难，用数量研究有一定难度，本书缺乏贴切性的定量研究。

（3）目前有关非均衡的评价标准很不统一，而且存在一定的难度，这就需要在以后的进一步研究和实践过程中不断完善。

（4）有关劳动力市场非均衡发展问题研究，内容丰富、涵盖广泛，本书仅仅是从非均衡数理模型上作了粗浅探讨，更多的内容，比如劳动力市场分割、劳动力流动、劳动力投资、劳动力雇用歧视、城乡劳动市场非均衡、异质性人力资本等问题在本书中未得到体现。

（5）由于劳动力市场非均衡问题的研究具有广阔的空间，所以在本书的后续研究进行中，希望能将非瓦尔拉斯均衡理论和模型应用到实际问题中，能与劳动力市场实际非均衡问题紧密结合，并将劳动力资源与产业、产业结构相结合，进行更加全面而细致的研究，使非均衡理论和市场理论的研究内容更丰富、体系更完善。

第二章

文献综述

非瓦尔拉斯均衡一个重要内容是"短边原则",即市场的最终交易取决于总供给和总需求中较小的一方,通过短边原则,市场可以实现自愿交换和市场效率;另一个重要内容是市场之间"溢出效应"的存在,在溢出效应的作用下,一个市场的非均衡能够传递到另一个市场——Benassy 和 Jean–Pascal 的《市场非均衡经济学》。[①]

本章主要对有关劳动力市场非均衡发展的基本理论进行评述,通过理论梳理,客观综述非均衡理论的研究历程和发展方向,以此作为本书的理论指导和分析框架。理论梳理的基本思路是由瓦尔拉斯一般均衡理论开始,沿着非均衡理论(产生、发展)以及非均衡理论推广运用的发展历程逐步展开。这种演进式的理论梳理,不仅有助于我们把握非均衡理论的发展脉络,而且对瓦尔拉斯一般均衡研究范式过渡到非均衡研究范式有一个清晰的认识,重要的是认识到"非均衡"是劳动力市场的常态,对劳动力市场的瓦尔拉斯一般均衡分析只是一个特例,这为我们研究劳动力市场的非均衡性提供了理论依据。此外,本章对"均衡"与"非均衡"之间的辩证关系进行了分析,帮助人们清楚辨析这两个概念,特别是容易混淆的经济学中"非瓦尔拉斯均衡"。

---

① [法] Benassy、Jean–Pascal:《市场非均衡经济学》,袁志刚译,上海译文出版社 1989 年版,第 36 页。

第一节 瓦尔拉斯一般均衡理论

一 "均衡"概念的界定

"均衡"起始于西方经济学，它最初由物理学引入，物理意义强调任何体系内部的所有变量存在相关关系和溢出影响，在彼此不断的、持续的作用下，使系统最终趋于稳定的形式。将其引用到经济学中，其内容是在市场体系中，经济行为人在制度背景下的行为选择，具体的均衡意义为，经济行为人为了满足自己的偏好，基于市场机制做出行为选择，不断调整行为选择，使最终达到一种稳定的态势。因此，以下从狭义和广义讨论。

一是狭义概念，重点强调瓦尔拉斯一般均衡，该状态是通过应用价格机制达到供给和需求相一致，在这种均衡中，所有交易者都仅通过价格调整做出行为选择，交易者的有效需求（供给）等于理想需求（供给），此均衡不考虑时间演化过程，将事件过程过滤掉，动态失衡调整瞬间完成，因此，这种前期既定的均衡假设排除了市场运行中一切意外的状况，现实中的非均衡价格导致的不符合短边原则的交易不存在，也就是说，交易者没有遇到过过度供给或过度需求的数量配额约束，宏观经济体系中的数量约束不在考虑范围之内。

二是广义的"均衡"是指一个系统的状态由于本身的规律性总能恢复原状，能够由内部控制机制或社会规律的作用而不断再生产的正常状态。广义均衡既包含瓦尔拉斯一般均衡，也包括非瓦尔拉斯均衡，非均衡理论囊括了瓦尔拉斯一般均衡理论，将瓦尔拉斯一般均衡作为一个非均衡研究的特例，因为非均衡研究的内容主要有，市场中所有交易者在做出行为选择是将数量信息和价格信息同时考虑，并强调了二者的约束机制，经济行为人在选择其有效供给和需求行为时基于这两种机制的共同作用，市场最终达于的均衡状态不是理想供给和理想需求的均衡，而是有效供给和需求的状态，且这种均衡状态是较稳定的状态，最终的偏离也会趋于均衡。可以说，瓦尔拉斯一般均衡是价格机制的结果，非瓦尔拉斯均衡是价格机制和数量机制共同作用的结果，重点是数量机制的作用，故称其为"配额均衡"。

从市场集聚程度和市场之间的经济行为主体能否相互影响角度出发，将均衡区分为一般均衡和局部均衡。①局部均衡（个别市场均衡）：局部市场均衡分析主要研究一个经济框架的某一单独部分，是以经济框架中其他条件不变为前提假设，即在市场其他假设条件不变情况下，所考虑市场的供需之间的均衡。代表人物是 Marshall，著作为《经济学原理》。②一般均衡（市场整体均衡）：是指一个经济整体处于均衡的状态，研究一个经济体中各种商品和要素的供求与价格相互影响、相互作用，以及所有市场之间存在溢出影响，最终结果是所有市场同时达于均衡。代表人物是 Leon Walras，著作为《纯粹政治经济学要义》。

二 一般均衡理论的演化过程

对市场供求的初步认识始于局部均衡，即在其他条件给定的情况下对某一局部市场单独进行考察。法国经济学家 Leon Walras 在《纯粹政治经济学要义》① 中最早提出并详细阐述了一般均衡理论，进行数理推导并构建了瓦尔拉斯一般均衡模型。瓦尔拉斯一般均衡理论是现代微观经济理论的重要部分。Leon Walras 认为，各种经济现象都是通过数量关系相互作用和相互影响体现出来，这些数量关系在一定条件下达成均衡，各种商品的供给、需求和价格的存在受其他商品的价格和供求的影响，即任何局部的变动势必影响其他局部的变动，只有当整个价格体系中每种商品的供给和需求都相等时，才形成一般均衡。他特别强调，将经济变量之间的关系用函数形式表示并求值，更具有科学性。Leon Walras 的一般均衡理论是一种无时间概念的静态理论，该理论的前提假设是：存在一个交换经济，供给 n 种物品，设 $S_i(i=1, 2, \cdots, n)$ 表示 n 种物品的供给量，P_i 为物品 i 的价格，而物品 i 的总需求 $D_i = D(P_1, P_2, \cdots, P_n)$ 是所有物品价格的函数，在此基础上，Leon Walras 为了寻找一组均衡价格 P_e，满足：$D_i(P_e) = S_i$，他加入了另外两个假设．一是总需求恒等于总供给的假定。上述各种物品供求方程是通过 $\sum P_i \cdot D_i = \sum P_i \cdot S_i$，即"瓦尔拉斯定律"联系起来的，它意味着总需求在任何价格条件下都等于总供给，或超额需求（供给）总和为零；二是瓦尔拉斯

---

① ［法］Leon Walras：《纯粹政治经济学要义》，蔡受百译，商务印书馆1989年版，第230页。

体系中的这组均衡价格 P_e 是通过"拍卖人""喊价"的方式传递信息，价格在未达到均衡前是不发生交易的，所有交易都是按均衡价格进行。可以看出，瓦尔拉斯一般均衡理论框架主要是强调同时性，即将某经济体系中的各种商品、各种市场的供给和需求以及价格的上下浮动同时考虑，考虑所有市场所有商品和要素的理想供给和理想需求，以及市场最终交易额之间的相互关系和溢出影响，其理论根源是边际价值论和理性原则，该理论的核心内容是考察市场整体趋于均衡的价格探寻问题。在前提假设和约束条件下，通过经济变量之间的联系构造多元联立方程组，并在方程组基础上不断探寻和调整，最终实现均衡价格，市场将按这组瓦尔拉方程的"实际解"进行生产和交换。可以说，Leon Walras 第一次用一种规范的形式对一般均衡理论做出完整而充分的论述。

尽管 Leon Walras 给予了一般均衡理论更加规范的解释，但仍有较多缺陷：①瓦尔拉斯体系彻底剔除了经济活动中的不确定因素的影响，即未考虑时间概念；②瓦尔拉斯体系是一个完全排除了货币因素的物物交换体系；③Walras 研究了联立方程组存在问题，却没有注意到方程本身的性质，线性不相关和模型无法剔除以下特殊情况的均衡解：免费物品实际交易中的零价格出现和商品在实际交易中出现的负价格问题。

一般均衡理论后来由 Vilfredo Pareto、Hicks、John Richard、Ronald Neumann、Paul A Samuelson、Kenneth J. Arrow、Debreu、Lionel Mckenzie 等不断地修改、推进、创新。他们基于瓦尔拉斯一般均衡理论框架，将逻辑较严谨的数学推理应用到均衡理论研究中，重点用集合论、拓扑学进行深入研究，其成果都是在非常严格的假定条件之下做出证明，均衡解具有唯一性和稳定性。

事实上，任何实体经济通常是以非均衡状态运行的。我们不能说一般均衡理论本身是失败的，是一种理论谬误。只能说在做研究时，前提假设太过严格可能导致理论不能适用于现实市场状况。瓦尔拉斯一般均衡理论本身目的是确立均衡存在的逻辑可能性，对于如何实现均衡没有任何表述，Leon Walras 认为，竞争机制作用下的市场会通过不断调整或"摸索"的过程实现均衡，Mark Blaug 认为，瓦尔拉斯理论发展至今，在探寻区域均衡途径方面的研究仍然很模糊，他强调区域经济达到最终均衡的前提假设条件是，设计一种能够实现区域均衡状态的制度背景，否则经济运行的发展方向难以确定，即如果没有前提假设经济最后未必一定趋于均衡状态。Frank H. Hahn（1973）认为，瓦尔拉斯一般均衡的起始到发展都是在严格的假设条件和模糊的主张下进行的，这种脱离实际的假设没法对现实世界做出解释，其研究的实际意义也欠缺，不能将宏观经济和微观经济很好地融合。因此，需要改变这种研究思路，探寻更一般、更严谨、对现实更有解释力的思路，从一般均衡理论过渡到非均衡理论进行研究和拓展是必经之路也是必然之选，是理论研究演进的必然规律。

三 瓦尔拉斯一般均衡到非瓦尔拉斯均衡的发展过程

大部分微观经济学理论都建立在价格变动使市场出清的假说之上，隐含在这些理论背后的基本思想是充分快速的价格调整足以使每个市场实现供求相等。因此，在分散决策的经济中，这些价格是引导资源有效配置的重要信号。在这种传统理论中，阐述最详尽的是瓦尔拉斯一般均衡理论，但起始研究是从局部均衡模型开始，在同Marshall的名字联系在一起的局部均衡传统中，对各个市场的研究是在从属其他市场变量保持不变的假设下分别进行的。考察一种特定商品按价格 p 同计价物（通常为货币）相交换的一个市场。在这个市场上供给者和需求者用 $i=1$，2，…，n 表示，他们的需求与供给可以分别表示为价格水平 p 的函数 $d_i(p)$，$s_i(p)$，这些函数是建立在每个行为人都能按照提出的价格购买或销售他所愿意交易的数量假设之上。单个的需求和供给函数可以加总，以得出总需求曲线 $D(p)$，$S(p)$：

$$D(p) = \sum_{i=1}^{n} d_i(p), S(p) = \sum_{i=1}^{n} s_i(p) \qquad (2-1)$$

均衡价格 p^* 是由总供给和总需求相等来决定，即 $D(p) - S(p)$。

同局部均衡相反，瓦尔拉斯的一般均衡理论明确提出了诸市场间存在相互依赖关系，诸行为人具有同时决策的行为有：交易量是所有价格的反应函数和所有商品进行交换。假设在考察期内有 $h(h=1,2,…,l)$ 种商品进行交换，商品能够按照向量 p 给出的相应价格互相交换，p 的分量是 p_h，$h=1$，2，…，l，行为人 i 的交易量是该价格向量 p 的函数，所有行为人接收到了同样的价格信号 p，并且假设他们能够在这一价格体系中交换到他们需要的任何东西。于是，我们得到用 $d_i(p)$，s_i

(p) 表示的向量需求函数和向量供给函数，分量 $d_{ih}(p)$，$s_{ih}(p)$ 分别表示行为人 i 需求或供给商品 h 的数量，这些向量函数是在对所有行为人都能实现其意愿交易量的假定下，通过达到每个行为人的特有标准最大化而独立构造的。这些函数满足每个行为人的预算约束：

$$\sum_{h=1}^{l} p_h d_{ih}(p) = \sum_{h=1}^{l} p_h s_{ih}(p) \qquad (2-2)$$

把每个行为人的需求函数和供给函数叠加起来，就得到了每种商品总需求函数和总供给函数：

$$D_h(p) = \sum_{i=1}^{n} d_{ih}(p), S_h(p) = \sum_{i=1}^{n} s_{ih}(p) \qquad (2-3)$$

瓦尔拉斯一般均衡价格向量 p^* 使所有商品的总需求和总供给保持平衡，即：

$$D_h(p^*) = S_h(p^*), h = 1, 2, \cdots, l \qquad (2-4)$$

行为人 i 实现的商品交易是等于 $d_{ih}(p)$ 还是 $s_{ih}(p)$ 取决于行为人是需求者还是供给者。鉴于以下结构，这些交易在个人和市场两方面都是一致的。

$$\sum_{h=1}^{l} p_h^* d_{ih}(p) = \sum_{h=1}^{l} p_h^* s_{ih}(p), i = 1, 2, \cdots, n \qquad (2-5)$$

$$\sum_{i=1}^{n} d_{ih}(p^*) = \sum_{i=1}^{n} s_{ih}(p^*), h = 1, 2, \cdots, l \qquad (2-6)$$

最后这组等式确保在瓦尔拉斯一般均衡状态下，每个行为人实际上能够如其所愿地交换每种商品。这是对行为人关于他有能力这样做的假设的事后证明，是构成瓦尔拉斯一般均衡的需求和供给的基础。瓦尔拉斯式的经济系统存在一个"拍卖者"，他依靠一些隐含的机制（著名的"试错"过程）来不断调整价格系统，直到达到一个能实现瓦尔拉斯均衡的价格向量 p^* 为止，此时市场就实现了稳定的均衡态，所有市场上的供给和需求相匹配，任何行为人不受任何数量配额的限制。

事实上，对真实世界的极少数市场而言，如股票市场，用瓦尔拉斯式描述很贴切，通过一个真实存在的拍卖者，从制度上保证这些市场的供求相等，但对那些拍卖者缺位的市场而言，瓦尔拉斯式的描述很明显就是不完全的，其中，Arrow（1959）指出，有两个瓦尔拉斯模型的重要特征值的强调，这也是瓦尔拉斯一般均衡所忽略的要素：

一是所有行为人接收到了价格信号（实际上是同样的价格向量），但没有哪个行为人实际发出价格信号，因为价格是由隐含的瓦尔拉斯"拍卖者"决定的。

二是所有行为人都发送了数量信号（瓦尔拉斯的需求和供给），但没有行为人利用这些数量信号，虽然他们在市场上是可以获得的。

此外，关于市场出清假设的贴切性问题也是值得讨论。在市场完全出清的假设下，经济学家能够构造一个精确，一致的市场经济运行模式，而且有必要估计这些模型的贴切性和真实性。通常我们会注意到只有极少数市场在结构上满足市场出清假设，供求和需求相等仅在一些特殊的市场上才能满足，在这些市场上，存在特殊的行为人（拍卖人）负责寻找市场出清价格，在这个价格找到之前，市场没有任何交易发生，这些市场只代表了现实市场的一小部分。尽管市场出清未能得到"制度"上的保证，人们仍然可以满意地把它当作市场运行状况的一种近似。对于完全"竞争"市场，如某些农产品或原材料市场这是真的，但是这种市场十分罕见，在许多情况下，一些抵制"供求法制"的力量发挥作用，以至于即使作为一种近似，竞争市场出清的假设也不再能被接受，造成这种状况的原因是多方面的：

一是某些价格受到制度约束。这种状况尤其出现在很多价格被长期固定的计划经济中，在传统经济体系中，当某些服务价格由行业组织或政府加以固定（如最低工资或某些行业薪金）的时候，这种情况也会出现。

二是许多商品价格是在不完全竞争的市场结构中形成的，在这种结构中，商品差异和广告已部分取代价格竞争，寡头倾向也多有发展。价格不再由供求相等决定，对于供求条件的变化，价格反应也大为减弱。

三是我们考察的劳动力市场。很明显对于"市场条件"的每一微小变化，都相应地调整工人的工资，这从社会来说是不可行的。劳动力市场的交换关系比商品市场更具长期性和契约性，因此"现货市场范式"并不是很适用于劳动力市场。即使作为一种近似，市场出清假设在这些市场也比在其他市场更不能接受。

由于以上原因，非常有必要建立一种市场出清假设不起关键作用的市场经济运行理论，放弃所有市场每时每刻都完全出清和市场完全竞争的假设，可以得到更一般化的结果：

一是交易不是总等于市场上所表现的需求和供给，结果是一些行为人受到了配额约束，除了价格信号外，数量信号也形成了。

二是因为这些数量信号，需求和供给论须加以充分修改，仅仅考虑价格因素的瓦尔拉斯需求须被更一般的有效需求所代替，后者同时考虑了价格信号和数量信号。

三是价格理论也必须以这样的方式得到改进，即包含非出清市场的可能、数量信号的存在、行为人自身对理性的价格制定决策负责。在由此而产生的框架中，我们会回想起传统的不完全竞争理论。

在非市场出清模型中需要做一个市场出清模型从本质上说不可能做出的重要区分：需求、供给和最终交易。需求和供给用符号表示为$\tilde{d}_{ih}$，$\tilde{s}_{ih}$，它们是每个行为人在交易发生之前向市场发送的信号，它们反映行为人初步估计所愿意进行的交易，行为人能否实现这种意愿交易并没有保证，因此供给和需求不是必然匹配的。实际交易，即产品的购买和销售，用d_{hi}^*，s_{hi}^*来表示，它们反映了市场上最终实际发生的交换，因此符合传统的会计恒等式。更具体地说，在每个市场h，总购买一定等于总销售，如果经济系统中有n个行为人，就可以表示为：

$$D_h^* = \sum_{i=1}^n d_{ih}^* = \sum_{i=1}^n s_{ih}^* = S_h^* \qquad (2-7)$$

在非市场出清的模型中，因为价格不总是导致市场出清，所以有：

$$\tilde{d} = \sum_{i=1}^n \tilde{d}_i \neq \sum_{i=1}^n \tilde{s}_i = \tilde{S} \qquad (2-8)$$

从任何可能不相等的需求和供给所组成的集合出发，交易过程必定会产生一个满足式(2-7)的一致交易。只要$\tilde{D} \neq \tilde{S}$交易过程中的供给或需求不能得到满足，一些行为人必然受到配额约束。交易的精确度显然取决于每个市场的特定交换组织，对于每一个特定的交换组织，我们都有一个作为交换过程数量表达式的配额方案同它联系在一起，这个配额方案以出现在该市场的所有行为人的需求函数和供给函数的形式给出每个行为人的交易水平。在现实生活中这可以通过许多方式来实现，如均衡分配、排队、比例配额、优先选择权等，具体形式的确定由特定的市场组织结构决定。这里将配额计划称为所要考察的市场上交换过程的一种数学表示,在这类配额计划中,每个行为人的交易是这一市场上所有行为人供给和需求的函数。如果每个行为人在市场上接收到一个数量信号,根据所处的位置不同表示为 $\bar{d}_i$, $\bar{s}_i$,这一数量信号表示了他所能购买和销售的最大数量,此时的配额计划可以简单地表示为:

$$d_i^* = \min(\tilde{d}_i, \bar{d}_i), \quad s_i^* = \min(\tilde{s}_i, \bar{s}_i) \qquad (2-9)$$

此处的数量信号是市场上其他行为人需求和供给的函数。

非瓦尔拉斯均衡理论就是以市场非出清和非完全竞争为制度背景,并将数量信号引入,重点分析配额约束下交易者的行为选择。下面阐述非均衡理论的演化历程和经济学基础。

第二节 非瓦尔拉斯均衡理论

一 非瓦尔拉斯均衡理论的产生、概述及评价

1. 非瓦尔拉斯均衡理论产生的理论背景

新古典综合派对凯恩斯的经济思想的曲解:①新古典综合派用IS-LM模型来阐释《通论》的基本思想,用新古典经济学的均衡分析框架解释凯恩斯的理论,其实质是将凯恩斯的非均衡理论曲解成了一般均衡理论;②新古典综合派认为劳动市场的非均衡是由于货币工资向下刚性导致的,如果不存在货币工资的刚性,劳动力市场始终处于均衡状态;③篡改了凯恩斯的四物品经济模型;④对投资、利率和货币政策作用等问题的曲解;⑤对非自愿失业原因的误解。

非瓦尔拉斯均衡学派是在全面深入研究"凯恩斯革命"的过程中产生的,认为凯恩斯理论是在静态模型中讨论市场行为和动态调整过程。如 Robert Wayne Clower (1966) 对凯恩斯理论的评价为,古典理论重点研究均衡状态,但不能保证其唯一性,凯恩斯理论重点研究非均衡状态,将劳动力市场供给和需求一致的状况考虑为现实的。非瓦尔拉斯均衡学派在对凯恩斯理论不断探索中,形成了自己的"均衡观",创立了比新古典更"一般"的均衡理论。Benassy、Jean-Pascal (1990) 对此作出的评论为:"非瓦尔拉斯分析方法,是在价格机制作用下,同时

将价格信号和数量信号考虑到整个经济运行体系中，为宏观经济模型寻找了微观基础，创造出了一系列包含传统微观经济学概念的非瓦尔拉斯均衡方法，但是非瓦尔拉斯方法并不是'反瓦尔拉斯'，相反，它只是在更为一般的假设下应用那些在瓦尔拉斯理论中一直很成功的方法。"

20世纪70年代之后，学术界在将货币理论和一般均衡理论的融合时，出现了很多困难，例如哈恩难题、不能在一般均衡理论中说明货币价值的存在性，以及在实际应用中出现了失业与均衡不相容的局面等，这就导致新古典综合派在遵循瓦尔拉斯定理时陷入困境，遭到非均衡学派的强烈批评。与新古典综合派相反，非均衡学派认为，瓦尔拉斯充分就业均衡是非瓦尔拉斯失业均衡的一个特例，他们强调非瓦尔拉斯均衡的现实意义与理论意义，认为现实中的常态（失业、生产能力闲置、市场非出清）需要突破原有的瓦尔拉斯一般均衡框架，在更一般的层面上加以解释，并且逐渐寻求建立在非瓦尔拉斯均衡基础上的货币模型，彻底放弃古典理论框架回到"凯恩斯"，致力于构建全新的经济分析框架。

Maurice Allais 在"一般经济理论与最大效率理论"中建立了许多市场经济模型，将一般经济均衡理论和最优化问题相结合，细致分析了其中的理论意义。Allais 认为，瓦尔拉斯一般均衡模型前提假设太过严格，经济系统中的所有行为人只遵循唯一给定的价格，一切失衡状态经济系统瞬时就可自行恢复到稳定的均衡状况，不需要借助经济手段和外部力量。他将这种在不现实条件下构建的模型称为"单市场经济模型"，并随后构建了"多市场经济模型"，其理论含义是允许价格自行上下浮动，而且可根据实际经济状况使价格在不同经济中、不同市场中有不同的数值，市场价格不断调整使交易渐进均衡。另外，该模型囊括了竞争和非竞争制度背景下的各种市场形态，重点是将动态调节引入分析实际经济问题和经济现象。可见，Allais 的"多市场经济模型"相比于"单市场经济模型"更具有现实性和一般性，但由于 Allais 追求效用最大化的方式是以私人、自由和实现剩余为主，所以在政策主张上极力反对凯恩斯主义的政府干预。从形式上看，Allais 的多市场模型已具有非均衡性，其理论背后的实质还是在均衡框架下做研究，但这已是较大的突破，该理论一直发展到20世纪60年代 Don Patinkin 的《货币、利息与价格》出现，它是非均衡理论的一个里程碑。在这之前，20 世纪 30 年代的 Cairns 在著作《就业、利息和货币通论》中体现了非均衡的构思，而且 Patinkin 强调 Cairns 是非均衡研究的第一人，至今已经有许多经济学家如 Clore、Lai Rong Hovde 等为非均衡发展做出贡献，直到 20 世纪 70 年代，以法国经济学家 Benassy 和 Jean – Pascal 为代表创立了非均衡理论流派。

2. 非均衡理论的概述

经 Arrow、Debreu 严密表述的瓦尔拉斯一般均衡理论，是刻画传统微观经济学的最精致的理论，对待他们，非均衡学派不是一味地否定，而是认真做了一番加工改造的扬弃工作，在更为一般的假设下，创造出融前者于自身之中的更为一般的非瓦尔拉斯均衡方法和更为一般的非瓦尔拉斯均衡概念。

非瓦尔拉斯均衡学派认为，瓦尔拉斯一般均衡理论有两个重要的缺陷：第一，它把价格变动是所有市场都出清的假设作为全部理论赖以展示的逻辑前提，而这个假设实际上并不具有普遍的真实性，确切地说，它只能代表现实市场中极小的一个部分。第二，在瓦尔拉斯一般均衡分析中，行为人只能接收和利用由市场决定的价格信号，对购买和销售的数量做出选择，而不能接收和利用由市场决定的数量信号，做出理性的价格决定。为克服这两个缺陷，建立一个描述不能自动出清时分散化经济运行状况的理论模型，非瓦尔拉斯分析从一开始就放弃了市场出清假设，由此引出的结果既广泛又深刻，特别表现在以下几个方面：

一是市场通行的价格不必等于它的市场出清值。市场实现的交易与市场的供给和需求不同、不完全相等时，各市场最终交易水平，由该市场特有的配额方案，以及出现在该市场中所有行为人的需求函数和供给函数共同决定。在交易过程中，市场上形成的数量信号的性质随配额方案的特定类别而变化。

二是行为人向市场发送的，已不再是只作为价格信号函数的理想需求和理想供给信号，而是同时作为价格信号和数量信号函数的有效需求和有效供给的信号。数量信号的引入导致了传统选择理论的重铸。一个市场的有效需求和有效供给是使行为人在受其他市场上遇到或预期到约束限制下实现目标函数最大化的交易，它们根据数量约束是否确定，以及行为人是否决定价格而采取各种不同的形式。

三是行为人可以制定价格，并以此修正他们所面临的数量约束。刻画价格制定者（买者或卖者）决定的价格同预期数量约束（其他行为人的总供给和总需求）之间关系的供求曲线，作为求解最优价格的重要限制条件，充分体现了数量约束在非瓦尔拉斯均衡行程中的作用。

四是对于未来时期预期的形成，同时利用了价格信号和数量信号，将过去（可以假设为既定的）和现期价额—数量信号函数的预期嵌入目标函数，可以说明预期对现期决策的影响，可以展开对动态多时期问题的研究。

从没有拍卖人市场就不会自动出清这个假定出发，非瓦尔拉斯理论在保留和运用瓦尔拉斯理论中一般均衡和最优化分析等行之有效的方法的基础上，对传统的交易、供求、价格和预期等理论进行了全面的修正和多方面的扩充，创造出了一系列适于在供求不平衡和价格、数量混合调整这种更为一般的情况下描述单个市场和整个经济运行的非瓦尔拉斯均衡概念。作为瓦尔拉斯一般均衡概念的扩展和一般化，非瓦尔拉斯均衡理论具有三个重要特征：引入价格刚性、引入数量信号和数量调节；即使价格具有伸缩性，也不一定就能调整到使所有市场都供求相等。瓦尔拉斯一般均衡概念被认为只适用于所有市场同时出清的特殊情况，非瓦尔拉斯均衡概念却适合于范围从完全刚性，经过垄断竞争到充分伸缩性的多种价格形成制度。实际上，固定价格和完全伸缩价格均衡不过是有界浮动价格均衡中，价格变动上下限相等及上限为正无穷、下限为零这样两种特例，至于垄断竞争框架下的瓦尔拉斯一般均衡则更是传统不完全竞争理论在价格决定内生化方向上的延伸和拓展。因此，非瓦尔拉斯学派认为非瓦尔拉斯均衡是一种比瓦尔拉斯一般均衡更为一般的均衡概念，它的最大特征是引入了价格刚性和数量调节，它的理论力量在于为研究价格缺乏弹性情况下的资源配置问题提供了严谨的分析框架。

"非均衡"等同于"非瓦尔拉斯均衡"，是针对瓦尔拉斯均衡而言的，是指在某一特定的商品市场和劳动力市场上价格调节不能促使供求均衡，经济行为人的购买或销售不仅受传统价格信号的影响，而且受到经济人在某市场上所遇到的供给和需求方面的数量约束，也就是说，在非均衡市场上需要通过价格信号和数量信号的共同调节最终可以达至均衡。袁志刚（1994）认为，非均衡是指由相互作用的变量构成的某一经济系统，这些变量的值经过价格信号和数量信号的不断调整，最终导致该系统不再存在继续变动的趋势，此时的经济处于稳定状态。另一种表述是：在价格机制作用下，如果经济中存在供给与需求的不相等，而且这种不相等不能恢复到相等的状态，那么各种经济力量将会根据自己的具体情况而调整到彼此相适应的位置上，并在这个位置上达到均衡（厉以宁，1998）。非均衡理论将瓦尔拉斯一般均衡理论拓展为：第一，全面考察价格机制，即从价格的高度僵硬性到价格的高度伸缩性，并考察不同市场上的不同价格决定形式；第二，重点引入数量信号的分析，因为数量信号对供求关系和价格制定都有影响；第三，短期均衡是在价格和数量共同调节下实现的；第四，认为"预期"同时受价格信号和数量信号的影响。

从非均衡理论看，瓦尔拉斯一般均衡是暂时的、相对的，而非瓦尔拉斯均衡才是经常的、绝对的。非均衡理论认为，通过对起初互不相等的有效需求和有效供给进行数量和价格上的共同调节，来实现一个对买卖双方来说供求相等的成交额，这一成交额就是市场均衡值。可见，非均衡理论中强调数量调节的作用是为了对价格调节的完全有效性进行否定的。当市场处于非均衡状态时，配额机制开始发挥作用：当供不应求时，配额约束对买方起作用，最终交易额等于供给量；当供过于求时，配额机制对卖方起作用，最终交易额等于需求量。通常对非均衡的研究从微观和宏观两个方面进行。

具体来说，非瓦尔拉斯均衡有如下性质：

一是非瓦尔拉斯均衡对现实的解释力更强。在实际经济问题中，达到瓦尔拉斯均衡的理想前提假设没有实际意义，以往所遵从的价格变动是市场上所有供给和需求一致的机制也逐渐被人们怀疑，众所周知，实体经济时刻处于非均衡运行状态，市场供求相等、市场完全出清只是正常市场运行中的一个偶然状况，非均衡态才是比较稳定的态势。与完全竞争条件下的一般均衡相比，非瓦尔拉斯均衡的研究范围更广、对现实的解释力更强，其具体内容是，某一经济体系中的所有可变元素将自己的状况与市场背景相结合调节到彼此不再变动的趋势，非均衡强调瓦尔拉斯一般均衡是均衡区域某一点的均衡值，其解释范围也只是特定的均衡点处，如果将其认为是具有解释经济问题的通用性，就会有点欠妥性，但是将数量信号和价格信号同时考虑的非均衡理论范围较广，对实际经济问题的实用性也较强，得出的研究结果也较合理。

二是非瓦尔拉斯均衡将宏观经济学和微观经济学有效地连接起来。凯恩斯通论出版之后，人们逐渐发现，其理论基础很难找到微观理论支撑，其理论观点欠缺说服力，因此，大量经济学家不断地努力，希望寻找到相应微观理论与其相配套。但是，经过不断摸索和实证后发现凯恩斯的宏观理论较难找到与其相匹配的微观基础，后来非均衡理论出现并发展为宏观理论找到了微观支撑，其中的关键点是数量信息的获得和数量约束的使用，基于此，才将宏观经济学和微观经济学融合起来，并高效使用于实际经济问题，最终结果就是微观理论得到了丰富和宏观理论有了结构框架严谨的微观支撑。所以说，非均衡理论的严谨性和对现实问题的普遍适用性使其得到很好的发展。

三是非均衡的理论框架和研究范式很适合解释和分析社会主义经济问题。Barro、Robert J. 和 Herschel I. Grossman 等构建的价格完全刚性的非均衡模型，都是用逻辑严谨、框架较完善的方式进行研究，重点证明了需求过剩现象和失衡原理，以及如何突破数量约束来操纵整个市场运行，对数量信号的研究是想发现数量信号的作用和影响力，他们的非均衡理论虽然具有很大的局限性，但是对于我国经济发展初期计划价格下的经济运行具有较强的指导性。所以说，抓住非均衡的实质，允许价格上下浮动的制度背景下研究非均衡市场和经济，为经济达到事后均衡提供严谨的框架。

3. 非瓦尔拉斯均衡的评价

非均衡学派通过对凯恩斯经济学的重新解释与对新古典综合经济学的批判，打破了长期以来在西方经济学中占主导地位的均衡观念，对已有的一般均衡理论进行了修正与发展，建立起了与现实更加接近的均衡经济理论，非瓦尔拉斯均衡理论为宏观经济学和微观经济学的有机结合提供了现实基础，为解释失业和通货膨胀等非均衡问题提供了令人信服的微观分析基础，为传统计划经济体制运行提供了有效的分析工具，为市场经济条件下研究市场整体失衡提供了理论背景。但是，非均衡理论也存在很多不足之处。

非瓦尔拉斯均衡的不足：

一是理论演化中存在某些理解偏误。虽然 Clower 和 Lai Wing Hovde 从新的视角诠释了凯恩斯经济学，但对于能否辨认出凯恩斯的贡献遭到质疑，其论述中存在一个谬误：断言凯恩斯理论是反瓦尔拉斯一般均衡理论的，但事实上凯恩斯理论不是"反"瓦尔拉斯均衡理论，凯恩斯体系也不是同瓦尔拉斯一般均衡作斗争的结果。相反，凯恩斯反对的是以马歇尔和庇古为代表的新古典经济学，瓦尔拉斯模型不可能是凯恩斯反叛正统经济学派时针对性的目标。Clower 和 Lai Wing Hovde 的论证也是对新古典综合派理论的批判。后来，Lai Wing Hovde（1976）也承认凯恩斯革命实际上是针对马歇尔的，进一步澄清其目的是通过批判已经渗入凯恩斯理论中的瓦尔拉斯成分以重新确立凯恩斯的思想。

二是对于价格既定的非均衡分析法更适合做短期分析而不是用长期分析。

三是非均衡理论的某些方面稍显简单且缺乏缜密的逻辑，其不成熟的理论体系还需要不断地发展和完善，虽然非均衡不能完全替代其他理论，但不可否认的是它对西方经济起到了推动作用。对非均衡更清晰的解释是：是一种在更一般的假设下的均衡，其方法沿用了瓦尔拉斯一般均衡理论中通用的方法。

二 非瓦尔拉斯均衡理论的发展

非均衡理论源于 Cairns 1936 年出版的《就业、利息和货币通论》中，Cairns 认为决定资本主义产出与就业的是货币经济关系而不是新古典经济学强调的实物关系，其分析工具也不应该是传统的瓦尔拉斯一般均衡理论，而是动态化的更"一般"的均衡理论。他认为，在资本主义经济中，经常性失业问题取决于社会的总就业量和总产量水平的有效需求。在通常情况下，有效需求是不足的，一般总会有"非自愿失业"存在，市场机制本身不能完全有效地促使总需求与总供给相等，"萧条和失业"就会不可避免出现。这就暗示着：瓦尔拉斯一般均衡是非瓦尔拉斯均衡调节中的一个极限值，是经济正常运行中的某一种状态，他发现并分析的劳动力供需失衡才具有普遍性，故称为《就业、利息和货币通论》。可见，凯恩斯宏观经济模型中已经包含了非均衡的思想，他的宏观经济理论包括：一是论述了不完善的市场和不充分的竞争导致市场上供求不均衡,市场处于非均衡运行中;二是考虑了瓦尔拉斯一般均衡理论从未提到的信息不确定性和非对称性问题;三是非均衡市场达于事后均衡需要价格信号和数量信号的共同作用,经济行为人依据数量约束和价格约束做出行为选择;四是在货币经济背景下分析实际经济问题,指出物物经济的缺陷和复杂性,强调了货币经济背景下商品市场间的溢出影响和非均衡传递性,并初步讨论了预期的作用。因此,学者将 Cairns 称为引入数量信号分析经济问题的创始人,并将数量约束和价格约束混合使用以期达到调节经济的目的,其中重点分析了劳动力市场运行中的工资和收入调节机制,基于此,Cairns 的宏观经济理论应当被看成非均衡理论较早的表述。

20 世纪 60 年代初,在 Cairns《就业、利息和货币通论》的基础上非均衡理论得到了进一步发展,越来越多学者深入剖析 Cairns 的经典内容并探索对现实的指导意义,其中的一个观点是一切宏观非均衡问题都必须有相应的微观经济基础与之相匹配才比较完善,这样的宏观理论对非均衡问题才具有解释力。因此,非均衡理论是在凯恩斯宏观经济理论需要一个微观基础而现有的微观价格理论本身又有缺陷的这两种力量共同作用下产生的,主要代表人物有:Patinkin、Clower、Leijonhufvud、Barro 和 Grossman 等。

D. Patinkin 起初是对一般均衡理论做研究的经济学家,但在《货币、利息和价格》中,在对非自愿失业进行分析时,他认为非自愿失业是有效需求不足而不是实际工资太高的缘故,应该用非均衡理论加以分析。在一般均衡理论中,厂商只需根据价格进行行为选择,但在非均衡中,厂商需要同时观察数量信号和价格信号,并在此基础上遵循利润最大化原则进行生产。同时,他强调商品市场的非均衡状态会传递到劳动力市场并造成劳动力市场非均衡运行,也就是说,可以通过操纵商品市场的配额约束来间接影响劳动力市场的非均衡状态。

20 世纪 60 年代中期,有"现代非均衡理论之父"之称的 Robert Wayne Clower 是历史上首次公开排斥非均衡的学者,她在论文"凯恩斯的反革命"(1965)中深入分析认为,在凯恩斯理论中起着重要作用的消费函数和瓦尔拉斯一般均衡理论的消费函数在逻辑上是不一致的,这种不一致表现在:凯恩斯所述的消费是收入的函数,而一般均衡理论中，消费者在消费中唯一要考虑的是商品的价格。Clower 实际强调的问题是：凯恩斯消费函数理论与标准的微观理论如何才能做到协调一致。Clower 的理论中重点分析了处于失业中的家庭消费行为，家庭消费计划同时受到实际收入和劳动供给量的约束，家庭有效需求函数为 C = f（W/P，N），当不考虑劳动供给数量约束时，家庭消费仅受价格信号调节；当考虑劳动供给受到数量约束时，家庭消费计划取决于实际收入水平（WN/P），劳动力供给受到配额约束致使家庭就业不足，收入随之减少，"溢出效应"导致家庭在预算约束下的有效消费不足。Clower 区分了"名义需求"与"有效需求""自愿交易""市场效率""短边原则"等。此外，他明确反对古典理论强调的"唯一决定"机制，反对两大要素市场仅靠价格调整使市场供求一致的观点，同时提出了双重决策机制，认为市场出现的供求失衡（供给过剩或需求过剩）现状可以用这个双重决策机制来分析。Clower 的"双重决策"假定考虑了在非均衡情况下，数量约束在微观需求函数中的情况，这与凯恩斯的宏观消费函数是相一致的，并强调：由于货币中介、市场多样性以及交易复杂性的作用，供给和需求在时间和空间上存在很大的不一致性，非均衡交易也是常态，这就需要建立一种更能贴近现实的、动态的"一般过程分析"模式，其中包含金融中介和经济行为人特征，目的是实现市场机制无法自行完善的调节。所以说，Clower 的非均衡理论为凯恩斯非均衡的宏观经济学寻找了微观基础。

Axel S. B. Leijonhufvud 指出，瓦尔拉斯一般均衡理论的一个根本弱点就是忽视了不确定因素与搜寻、传递信息的成本问题，在不完全信息与搜寻信息产生的交易成本存在的条件下，价格不可能瞬时调整到市场出清，厂商对市场需求变化的最初和最直接的反应并不是价格调整，而是数量调整。在"失业问题"方面，瓦尔拉斯均衡强调价格调整会立即消除供求失衡状况，但凯恩斯理论中，不完全信息和交易成本的存在，使价格不能及时做出调整，经济体系反而先会对数量信号做出反应，减少销售量，增加库存，随着库存积压过多，工厂被迫减产，减少对劳动的需求量，导致失业增加，经济萧条。因此，Axel S. B. Leijonhufvud 强调非均衡才是常态。

Robert J. Barro 和 Sanford J. Grossman 在 1971 年发表的《收入和就

业的一般非均衡模型》一文中，综合了 D. Patinkin 和 Clower 的研究成果，将局部均衡分析拓展为包括商品市场和劳动力市场的宏观经济一般非均衡分析，重点从家庭视角分析商品市场的超额需求对劳动市场及家庭储蓄的影响。若价格给定，家庭在商品市场上受到配额约束，处于短边的家庭在配额机制作用下，有效需求小于意愿需求。相反，若价格具有伸缩性，超额需求的力量就会迫使价格上升，需求减少，直到市场恢复均衡。Barro、Robert J. 和 Herschel I. Grossman 全面地论述了数量调节的作用，建立了收入和就业的一般非均衡数学模型，主要根据产品市场和劳动力市场供需失衡状况将两市场分为四种状况，并认为瓦尔拉斯一般均衡是该模型中非均衡区域相交的一个特殊收敛点，非均衡理论才是宏观经济学中真正的"通论"，Barro、Robert J. 和 Herschel I. Grossman 的固定价格非均衡模型是在信息不充分、刚性价格的情况下建立的，为很多宏观经济问题奠定了微观基础。之后，很多经济学学者为非均衡发展做出了贡献，如在计量应用方面比较著名的是 R. Portes、A. Santorum、D. H. J. P. Lambert、E. Malinvaud 等经济学家。

20 世纪 70 年代后，覆盖面较广的非瓦尔拉斯均衡理论在经济学领域被提了出来，其代表人物是法国经济学家 Benassy、Jean – Pascal 和匈牙利经济学家 Janos Kornai。

非均衡学派的主要代表人物 Benassy、Jean – Pascal，其著作内容主要包括：市场非均衡经济学、非瓦尔拉斯分析方法、不完全竞争与非市场出清的宏观经济学：一个动态一般均衡的视角、货币经济中的新凯恩斯非均衡理论、垄断价格制定的非均衡方法和一般垄断均衡等。此外，基于前人的非均衡理论成果，Benassy 首次创立了一个完整的、严谨的、逻辑性强的非均衡理论框架，其贡献主要体现在：①进一步将非均衡理论微观化，考察了非均衡条件下的实际交换过程，研究了不同的配额机制，及与之相联系的均衡状态；②放松了价格刚性的假定，考察了价格内生化的非均衡模型，研究面临数量约束的交换者如何通过价格变化来操纵配额约束；③强调了基于自愿交换和市场效率的"短边原则"，研究了市场之间的溢出效应。Benassy、Jean – Pascal 的非均衡框架为非均衡理论更好地应用于现实经济奠定了很好的微观基础，他指出，非瓦尔拉斯均衡理论是在批判一般均衡体系不现实的假设前提和否定均衡理论价格调节的完全有效性的同时，引入数量调节，建立非瓦尔拉斯均衡数学模型研究经济人行为，解决一些具体经济问题，如失业和长期抑制型通货膨胀等。Benassy、Jean-Pascal 总结为，"非均衡理论的核心是在价格机制调整失效的情况下，配额约束成为资源配置的新研究范式"。Benassy、Jean-Pascal 把非瓦尔拉斯均衡理论称为"配额均衡论"，其核心要点包括，当市场失衡导致价格未能达于均衡价格，即失败交易下的价格，这种非均衡价格暂时呈刚性的，当供需失衡出现时，市场交易者不断调整自身的有效需求和有效供给，同时，市场本身也会产生不断转换和自我恢复的过程，最终结果是实际交易量为零，即总供给等于总需求。不可操纵的配额机制强调交易者受到配额约束但不能通过各种手段来操纵这种约束，如不能通过操纵成本来间接操纵数量约束，交易者被迫处于长边，行为选择受到短边行为人和市场环境的影响，此时的市场是失效的。相反，可操作配额机制的核心要点是，应用成本收益分析操纵约束，如果边际收益较大，选择操纵成本进而操作配额约束的行为是正确的，因为此时市场是帕累托增进的，实际交易者的有效需求越来越接近理想需求，其意愿交易越容易实现。自愿交换和市场效率是配额机制的要点。自愿交换是表达交易者的意愿度，强调人们的自愿性，即在市场上根据市场价格和自己的接受能力可以任意买卖意愿偏好的产品数量，这与我们现有的市场经济运行现状很相符。配额机制的市场效应强调市场的非均衡度，如果市场中任意两个交易者相遇，他们彼此都受到了数量和价格的约束，则他们会很快选择进行交易，使彼此的满意度随之提高，对整个市场体系来说是帕累托增进的，这就说明只要有交易机会存在，市场就会有效运行否则市场是失效的。只要这两个交易者实现意愿交易，或者某一方实现了偏好满足，市场最终只存在一方被配额约束，此时的市场状态是稳定的，且具有较高的有效性。综合以上描述，我们知道，如果交易者处于一个实现自我愿望和市场高效运行的市场，则市场整体的结局和个人交易的结果就是最终交易额等于处于短边一方的交易数量，这就是非均衡理论中经典的"短边原则"。因此，Benassy、Jean-Pascal 构建的宏观经济问题的微观基础框架凸显出非均衡市场运行的普遍性、统一性、客观性和贴切性，还指出非均衡理论考虑了时滞性、预期性以及调节过程的动态性，重点分析了从微观非均衡到均衡状态的跨期动态调节。此外，Benassy、Jean-Pascal 构建的微观非均衡模型突出了市场之间的溢出影响，也就是说，一个市场的供需失衡会很快传递到另一个市场并促使该市场出现失衡状况，同样其他市场的失衡状态也会传到该市场，因此，在做市场失衡调整时，可以通过调整其他市场的失衡策略来间接调整本身市场的失衡现状，Benassy、Jean-Pascal 的这种溢出效应分析将经济体系中单独的要素和市场有效地融为一体，为分析宏观经济问题提供了微观基础和微观行为选择。在政策实施方面，基于非均衡理论能给予更符合市场状况的意见措施。所以说，以 Benassy、Jean-Pascal 为代表的非均衡学派，应用数学逻辑推理支撑非均衡理论，对实际的指导性较强，也较符合现实经济的运行。但是，Benassy、Jean-Pascal 的非均衡理论存在局限性：其一，由于他的非均衡模型结果是基于交易者追求效用最大化的原则推出的，模型选取采用道格拉斯函数，所以，他的研究范围较窄，过分注重了交易者的个人满足度；其二，价格信号和数量信号的影响仅体现在非均衡市场的自发调节中，而未体现在计划调节中，如市场外的力量（政府制订计划）所发挥的作用，会使 Benassy、Jean-Pascal 非均衡模型的适用性受到限制。

Janos Kornai 基于 Benassy 的非均衡理论和模型，进一步提出非均衡在两大经济体系（资本主义和社会主义）普遍存在，并突出强调非均衡分析更适合于社会主义经济问题，这在其力作《短缺经济学》和《反均衡》中也有体现，他重点分析了社会主义经济史和经济演化路径，强调伴随社会主义经济运行的短缺和非均衡态具有普遍性和路径依赖性，在此基础上构建了宏观和微观的非均衡模型，其著作中深入剖析的有关中国经济改革的历史对我国经济发展产生了很大的启发性。非瓦尔拉斯均衡论首先形成于他的《反均衡》（1971）一书，在书中，Janos Kornai 主要运用实证分析法证明：社会主义经济和资本主义经济中普遍存在的不是供求相等的一般均衡市场，而是供求失衡的"卖方市场"或者"买方市场"，前者只是后者中的一个特例，经济中普遍存在的是非均衡"常态"，但是他并不是完全地否定所有均衡，仅仅否定瓦尔拉斯均衡。另外，Kornai 是第一个运用非均衡思想研究计划经济体制的社会主义经济学者，形成了适合分析计划经济体制的非均衡理论，他认为

"不同体制的暂时和长期波动均会与瓦尔拉斯一般均衡相脱离"。他将传统计划经济体制和非均衡理论相结合,提出了短缺经济理论。对于短缺经济的起因,Kornai 和所谓的非均衡学派的观点是有分歧的,Kornai 认为"体制因素对短缺起决定作用",而非均衡学者认为短缺是由固定价格机制导致的。Kornai 认为要消除长期、持续存在的短缺状况,必须从根本上进行制度变迁,制度变革影响行为选择,间接导致市场趋于平衡。此外,学者 Howard、Portes、Winter 等根据中央集权国家的特点构建非均衡经济模型。

众所周知,非均衡经济学除了理论方面的研究外,在计量方面研究也很有成就,基于前期经济学家关于非均衡理论方面的研究,非均衡计量模型的构建是由简单的单市场模型过渡到多市场模型,单市场模型基于短边法则构建模型并进行估计,主要研究学者有 Porters 和 Winters。之后,学者构建的多市场非均衡模型是将调解方程加入,突出非均衡特性和调节过程,估计技术是从最小交易法逐渐发展到非线性极大似然二步估计法,考虑到经济系统是由多个市场构成,且市场之间存在溢出影响,仅从单市场方面进行分析过于片面,而溢出影响的存在正是非均衡经济研究的重点。因此,构建多市场模型成为研究重点,但是,从非均衡机制、建模条件、模型估计等方面看,多市场非均衡模型要比单市场非均衡模型复杂得多,难度也较大,原因包括:其一,交易条件。单市场非均衡模型基于短边原则构建,多市场模型受到更多客观因素影响,需要同时考虑多个市场特性进行建模和估计;其二,市场之间的溢出效应是多市场非均衡模型的主要特性,也是众多单市场非均衡模型积聚成多市场非均衡模型的关键环节。19 世纪 80 年代之后,Sneesses 构建了在垄断竞争情况中,有关投资与就业权衡的宏观经济多市场配给模型,Artus、Larogue 和 Michele 构建了数量配额机制下的宏观季度多市场模型,Kooiman 和 Kloek 构建了荷兰多市场模型和对外贸易的双市场整合非均衡模型,之后,有关多市场非均衡计量模型较少。

西方的非均衡理论经历了漫长的发展过程,无论从微观层次还是从宏观层次都取得了巨大的进展,非均衡理论所孕育的潜力是无限的,无数经济学家都在不断地发掘与探索,并把它应用于更广泛的领域之中,这些都为研究中国经济和中国劳动力市场奠定了基础。

非瓦尔拉斯均衡理论起源于西方市场经济领域，它详述了具有西方制度特征的发达市场经济的动态过程，但是社会主义制度下的经济所展现出的很多特点与典型的非瓦尔拉斯均衡的特征十分相似，所以用非瓦尔拉斯均衡理论分析我国计划经济和市场经济并存的二元经济体制既具有挑战性又具有前瞻性和现实性。

国内非均衡理论的研究起始于20世纪80年代，90年代进展最快，一些经济学家如厉以宁、张守一、袁志刚、王少平、张世英等分别从非均衡理论和计量两方面展开研究。

学者厉以宁使用非均衡理论深入细致剖析了中国经济运行现状，他总结了前人关于非均衡理论研究成果，并给予适合中国国情的非均衡定义概述，分析社会主义经济状况，特别对中国经济发展路径进行了详细研究，厉以宁深受西方经济学家的影响，全面深入研究了中国实体经济和实际供给体系的本质特征，强调了针对中国国情下的经济和社会现状，明确所需的研究理论，同时强调我国经济现状适合用非均衡理论和模型分析的重要性。在其著作《社会主义政治经济学》中，分析了宏观经济和微观市场的不均衡性，认为供求失衡和结构失衡是长期存在的，理论上所陈述和证明的均衡状态始终为静态均衡，均衡的持续性较小且不稳定，其前提假设太过于苛刻而失去了理论最初的追求。相反，现实中的经济体系是一种不断调整的动态均衡，这种均衡的持续性较强，一旦偏离也只是暂时的，最终结果必定趋于均衡。基于此，厉以宁研究了我国经济发展中的动态相对平衡。他认为，纵观我国历史脉络和未来的发展趋势，其呈现的非均衡状态通常为需求相对过剩，这从实际微观数据也可以得到证实，但是，在我国特有的经济和社会制度背景下，为了经济和社会能够更好、更快地发展，为了尽快和世界经济接轨，为了技术创新和经济整体效率，虽然需求过剩是一种非均衡状态，但是适当的需求过剩从长期来看对经济发展较为有利，也即"基于平衡，但不以平衡为理想境界"的著名命题，这一论断奠定了厉以宁在中国非均衡理论研究的地位。

在20世纪80年代末出版的《非均衡的中国经济》中，基于中国持续存在的非均衡运行状况，厉以宁从多个微观层面细致地研究了非均衡的根源，主要内容有：资源配置失衡、产业结构扭曲、制度创新变迁等，并在此基础上形成了中国两类经济非均衡，其一，市场不完善、价格不灵活、数量约束存在、经济行为人能够自主决策的非均衡，主要指发达的、较成熟的市场经济非均衡；其二，市场不完善、价格不灵活、数量约束存在，但经济行为人不能自主决策的非均衡，微观经济单位的行为附属于行政机构，主要指我国二元体制下的经济非均衡。厉以宁指出，面对中国目前所处的二元体制下的经济非均衡状况，首要任务是进行制度改革与创新，融合市场机制和行政机制，数量调节对达到配额均衡起关键作用，我们需要循序渐进地由非均衡走向均衡。

张守一在非均衡研究方面的主要贡献是建立了非均衡的生产理论模型，构建就业、消费、投资的三市场非均衡模型，在全面总结中国非均衡经济特征的基础上，为我国经济体制改革提出了很多独有的见解。樊纲重点分析了均衡、非均衡及其可持续性问题，他指出在不完全否定均衡理论的基础上，非均衡更是一种常态，强调我国经济非均衡的原因更多的是体制因素，并提出许多可行的体制改革措施。

袁志刚教授在1997年出版了《非瓦尔拉斯均衡理论及其在中国经济中的应用》一书，他认为目前中国是二元体制下的发展中经济，其中劳动力市场非均衡现象最为突出：劳动力供给是无限的，劳动力短缺现象在中国计划经济中没有存在过，经济中存在大量隐蔽的或公开的失业。简单地将非瓦尔拉斯均衡理论及模型引入是不符合实际的，应将非瓦尔拉斯分析方法和中国经济实际运行现状相结合，研究市场的运行规律和微观行为选择，重点分析政府、企业、家庭，总结出混合经济的经济效率特征，如大多数商品既包括计划价格进行配置的部分，也包括根据市场进行配置的部分。对企业来说除了完成计划指标，更重要的是根据市场信号自行调整投入和产出；对家庭来说，由于中国特有的人口包袱导致家庭唯一的限制来自对劳动力的供给配额，但是商品可以自由在市场中买到。针对中国实际状况，对非瓦尔拉斯均衡模型进行拓展和创新，使之更符合我国不同体制下的经济问题，这非常具有研究价值。

张世英教授在非均衡方面的研究主要集中于"中国特色"的模型构建和估计，建立的模型有"中国宏观经济非均衡模型""双市场非均衡模型的建模方法——中国资本市场和货币市场非均衡模型""非均衡模型的可解性研究""多市场非均衡模型的建模方法"等，具体讨论了这些模型在不同经济背景下的稳定性、反馈调节、最优控制等问题。

国内的学者对于将非瓦尔拉斯均衡理论应用到中国实际经济问题方面做出了巨大的贡献，在各领域取得了许多创新性的研究成果。在劳动力市场方面，学者张务伟应用非均衡理论分析了城乡劳动力市场非均衡问题，赵静茹分析了劳动力结构失衡问题，王成璋等构建了中国劳动力市场非均衡计量模型。目前，在有关劳动力、劳动力市场方面的宏观非均衡模型中，还较少有详细对作为不同人力资本载体的劳动力进行研究的，对于中国庞大而复杂的劳动力市场体系来说，仅从单一方面做研究还远远不够，应用非均衡理论对中国劳动力市场非均衡分析的也较少，仅有的研究也只是停留在理论概述和应用层面，对于计划和市场并存的二元体制以及差异性人力资源短缺的中国来说，协调和改善劳动力市场的有效运行，对解决失业问题、人力资源配置问题、劳动力合理流动以及经济和谐发展等问题起到关键性作用。

三　非瓦尔拉斯均衡理论的经济学基础

1. 非瓦尔拉斯均衡的基本概念

非瓦尔拉斯均衡（Non–walrasian Equilibrium），又称非均衡（Disequilibrium）或数量调整均衡（Quantitative Rationing Equilibrium）：它所指的不是失衡，而是一种广义的均衡，具体来说，它不是瓦尔拉斯一般均衡理论强调的市场出清状态，而是市场构成要素相互作用和不断调节，最终收敛于一点并保持不变。非均衡中的市场出清是指追求最大利益的经济行为人既没有能力也没有动力改变市场上存在的超额需求或超额供给的状态。

意愿交易是指经济行为人在某一价格下愿意购买或者愿意出售的商品数量。意愿交易是交易行为发生之前经济行为人向市场发出的一种"意愿交易"信息。有效交易行为是指经济行为人实际的成交量，实际发生了购买和销售行为，此时的交易称为有效需求和有效供给。可见，意愿供求是交易前的主观意图，交易数量是交易后的事实。

数量约束和配额机制：

数量约束是指交易中的经济行为人在市场上受到商品数量或其他非价格数量（如收入水平等）制约的状况，数量约束也称为数量配额。

配额机制是指用一组函数（n 个）来表示每个市场 h 的一种组织：$z_{ih}^* = F_{ih}(\tilde{z}_{ih}, \cdots, \tilde{z}_{nh})$（其中 $i = 1, 2, \cdots, n$，z_{ih}^* 表示行为人 i 在市场 h 的净交易额），对于所有的 $\tilde{z}_{1h}, \cdots, \tilde{z}_{nh}$ 有 $\sum_{i=1}^{n} F_{ih}(\tilde{z}_{1h}, \cdots, \tilde{z}_{nh}) = 0$ 成立，即每笔交易都是该市场所有行为人净有效需求的函数，净交易之和等于零，配额函数的具体形式取决于每个市场通行的交换机制。

配额机制应该满足的两个性质为自愿交换和市场效率。自愿交换是指没有行为人被迫超过他的愿望进行交换或改变他的交易符号，用数学方法表示为 $|z_{ih}^*| \leq |\tilde{z}_{ih}|$、$z_{ih}^* \cdot \tilde{z}_{ih} \geq 0$。市场效率是指人们不可能在同一市场上既找到受配额限制的需求者又找到受配额限制的供给者，因为两者结合就蕴含着"短边原则"，即处于市场短边上的行为人可以实现其交换意愿。数学方法表示为 $\left(\sum_{i=1}^{n} \tilde{z}_{jh}\right) \cdot \tilde{z}_{ih} \leq 0 \Rightarrow z_{ih}^* = \tilde{z}_{ih}$，其中 $\tilde{z}_{jh}$ 是指商场中除行为人 i 之外的其他行为人的有效需求。

2. 非瓦尔拉斯均衡的微观分析

基于以上基本概念，通过分析受到数量约束的家庭和企业在其他市场上的行为表现，构建非瓦尔拉斯均衡条件下的微观经济学框架。

首先，分析数量约束下的家庭行为。

数量约束下的家庭行为是指在商品市场受约束下的劳动供给和在劳动市场受约束下的商品需求，具体可分为以下几种情况叙述（见图 2-1）。

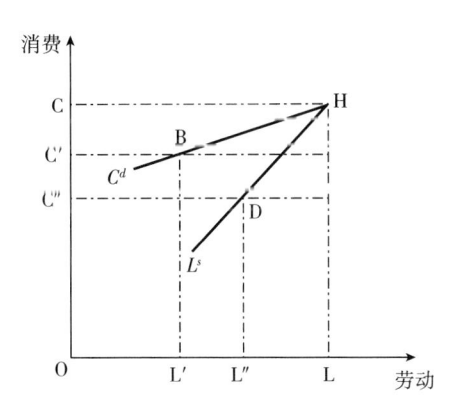

图 2-1 数量约束下的家庭行业

一是当两个市场都完全出清时,家庭能够在劳动市场实现其意愿供给,劳动的有效供给等于意愿供给,数量为 OL;与此同时,可以在商品市场实现其意愿需求,对商品的有效需求等于意愿需求,数量为 OC;两者相较于 H 点。

二是当家庭在劳动力市场受到数量约束以及存在非自愿失业时,有效劳动供给 OL' 小于意愿劳动供给 OL,导致家庭的收入减少,劳动力市场的溢出效应使商品市场的有效需求减少到 OC',小于意愿需求 OC。

三是当家庭在商品市场上受到了数量约束,即能实现的有效需求为 OC'' 小于意愿需求 OC 时,家庭的选择之一就是减少在劳动力市场的供给量,将劳动供给减少到 OL''。

四是当家庭在商品市场上的意愿需求不能得到满足时,在不减少劳动供给的情况下,继续提供 OL 的劳动,劳动者会将多余的 LL'' 劳动带来的货币储蓄起来,因为这些货币不能在商品市场消费出去。

图 2-1 给出了数量约束下的家庭行为,其中横轴为劳动,纵轴为消费,其中 HB 线为受数量约束时的家庭商品需求曲线,HD 线为受数量约束时的家庭劳动力供给曲线。因为随劳动供给的增加消费也会增加,因此商品需求曲线斜率为正;同理,当消费增加时家庭会有更大的动力来提供更多的劳动,所以家庭劳动供给曲线的斜率也为正值。

其次,分析数量约束下的企业行为。

数量约束下的企业行为是指商品市场存在数量约束时的劳动需求(指企业需要多少劳动,要受企业能在商品市场上卖掉多少商品的约束)和在劳动市场存在数量约束时的商品供给(指企业能生产出多少商品要受雇用多少劳动的约束)情况。

具体可分为以下几种情况来阐述(见图 2-2)。

一是市场完全出清时,企业可以在劳动市场上实现意愿需求(购买 OL 的劳动),也可以按照意愿供给来销售 OX 的商品,两者会合于 F 点,两个市场都达到均衡状态。

二是当企业在商品市场受到数量约束,即不能按计划出售自己生产的商品时,有效的商品供给小于意愿商品供给,面对超额供给的商品市场,企业可以选择减少雇用的劳动数量从而减少生产降低成本,比如说

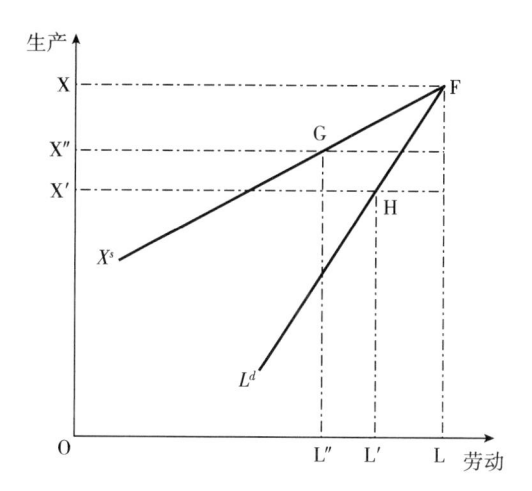

图 2-2 数量约束下的企业行为

在商品市场上的有效供给为 OX 时,劳动需求从 OL 减少到 OL′,则实现商品供求的相等,这时就产生非自愿失业 LL′。

三是在商品市场受到配额约束的企业,在雇用量既定的前提下,即不减少工人或工作时间,仍雇用 OL 的劳动量,而将过剩产品 XX′作为库存,这样可以实现商品市场的供求平衡。

四是劳动市场的数量约束对商品生产的影响,当企业在劳动力市场受到数量约束时,例如只能购买到 OL″的劳动量,小于自己意愿的 OL 数量,生产就不会达到意愿的水平,商品的供给就只能是 OX″,而非是 OX。

图 2-2 给出了数量约束下的企业行为,其中的横轴为劳动,纵轴为商品,FC 线为受数量约束时的企业商品供给曲线,FH 线为受数量约束时的企业劳动力需求曲线。因为随劳动投入的增加产量也会增加,商品供给曲线斜率为正;同理,随着产量的提高需要的劳动力也越来越多,企业劳动需求曲线的斜率也为正。

3. 非瓦尔拉斯均衡的宏观分析

已构建的宏观非均衡模型通常基于非瓦尔拉斯均衡理论和研究范式。非均衡模型的详细内容包括两点:一是数量信息和数量约束的存在,以及由此引出的配额操纵机制;二是市场之间非均衡态具有的传递性，即溢出效应的存在。非均衡模型中的前提假设是对一般均衡模型的延伸，其假设重点是：主要研究产品市场和劳动力市场构成的货币经济体系，市场中共存在三个交易人：厂商、家庭和政府，家庭和企业的目标函数采用道格拉斯函数，并且他们最终追求的是个人效用最大化。产品和劳动力分别以 P、W 与货币交换，而且假定 P 和 W 短期内是既定的，假设行为人和市场分别满足自愿交易和无摩擦性，且"短边原则"始终贯穿于市场运行中，市场供给失衡时，交易者将自身意愿和市场机制相结合，不断调整自身有效需求和有效供给，使市场最终交易额取决于处于市场短边的交易者的交易量，长边的交易者受到配额约束，如果这种配额约束是可操纵的，长边的交易者可以选择某一经济行为来间接操纵配额约束来提升自己的意愿度。可以看出，非均衡理论是强调价格机制失效的情况下，供给与需求也难以恢复到均衡，将数量信号引入，并指出其在失衡调解中的重要性，交易者最终成交的是有效交易额，基于这些有效交易额的经济将处于一种配额均衡。大致将其分为以下几种类型：

一是产品市场和劳动力市场都超额供给的区域。家庭和厂商在劳动力市场和产品市场均受到数量约束，市场实际交易额等于有效劳动力需求，这就间接导致有效消费也受到劳动力供给量的影响。因此，家庭会在数量约束条件下选择劳动供给与消费使自己的效用最大化，厂商通过决定有效劳动需求量，以使产出满足家庭和政府的总需求，同时实现自己的利润最大化。政府的作用就是实施相应的宏观调控政策，政府需要借助某种外力，例如调整政府支出、减少税收、增加直接投资以及重新配置家庭收入等，扩大市场需求，促使整个经济发挥需求乘数效应，在不断的调整中实现充分就业、经济稳定的均衡趋势。

二是劳动力市场超额供给、产品市场超额需求的区域。当参数落入该区域时，位于短边的厂商可以是供给或需求，即自身的意愿能达到满足，但是在两市场都位于长边的家庭不得不受到配额约束，且可操纵的空间较有限，所以双市场的最终交易额取决于厂商意愿需求和意愿供给。在政策措施方面，可以考虑同时将价格水平和工资水平做出调节，采取刺激经济的宏观政策，以达到经济整体水平的提高。

三是劳动力市场和商品市场都超额需求的区域。在此区域，在不同的市场上双方都受到配额约束，厂商在劳动力市场位于短边，家庭在产品市场位于短边，家庭决定劳动力市场的有效交易数量，厂商决定产品市场的有效交易量，其中的决定原则是，家庭将市场的配额约束与自身最大满足度相结合，决定了劳动力的有效供给，即市场的交易量。同样厂商将市场配额约束和自身满意度，以及劳动力市场溢出影响（配额约束）相结合来决定市场最终的交易额（有效供给量），此外假设政府具有优先购买权，则政府可以实现理想交易量。"供给乘数"机制作用于整个区域的政策实施中。此区域政府支出对私人消费有100%挤出效应。

四是商品市场存在超额供给，劳动市场存在超额需求。通常当商品市场存在超额供给时，企业的理性行为选择是压缩生产、减雇工人、降低成本，而不是继续增加资本投入和增加劳动力雇用来扩大生产，所以这种组合是有内在矛盾的，为此不再讨论。

非均衡宏观分析的研究思路：将商品市场和劳动力市场中呈现的三种非均衡状态用同一张图的不同区域表示。为此目的，首先要研究市场中的企业和家庭的市场行为，其次研究市场的非均衡状况，最后研究非均衡的不同组合。

首先，企业的市场行为。企业的市场行为是在劳动力市场上雇用劳动力进行生产，然后将产品在商品市场销售，追求利润最大化的企业会选择雇用较少劳动力而达到最大化产出。企业购买的劳动量和供给的商品都是真实工资的函数，变量之间存在负相关关系。函数形式为：$L^d = f(W/P)$，$Y^s = f(W/P)$，这两个函数都是减函数，此处的 L 表示劳动力，Y 表示商品，W/P 表示真实工资，上标 s 和 d 分别表示供给和需求。

其次，家庭的市场行为。家庭的市场行为是供给劳动，获得收入购买商品，在效用最大化原则下，家庭会尽可能少出售劳动而获取较多的收入。家庭对劳动的供给和对商品的需求是真实工资和家庭初始财富的函数：在劳动时间不变的条件下，真实工资与收入同方向变动，初始财富与商品的需求是同方向变动。家庭对劳动的供给是真实工资的增函数和初始财富的减函数，具体函数形式为：$L^s = f(W/P, \bar{M})$，$Y^d = f(W/P, \bar{M})$。其中，$\bar{M}$ 表示初始财富，其他符号含义不变。

最后，家庭与企业在劳动力市场的行为。图2-3给出的是劳动力市场上劳动者的供给与需求行为。其中，横轴为劳动力成交量，纵轴为真实工资水平，L^d为企业有效劳动需求曲线，L^s为劳动力供给曲线。

劳动力市场的供给与需求（见图2-3）：当劳动需求不变时，根据劳动供给函数是初始财富的减函数，随着初始财富的减少劳动供给曲线向右下方移动，它与劳动需求曲线的交点决定了新的均衡点和新的真实工资，这种变化反映了初始财富与真实工资之间的正相关关系，将这种正相关关系联系起来的就是$L^s=L^d$的劳动力市场均衡路径，这一均衡路径将真实工资—初始财富平面分成了两部分（见图2-4），一部分是劳动力超额供给的区域（均衡路径的左边）；另一部分是劳动力超额需求的区域（均衡路径的右边），$L^s>L^d$的原因是，当真实工资不变时，若初始财富减少，劳动供给会增加，从而供给大于需求，右边的情况同理可推知。

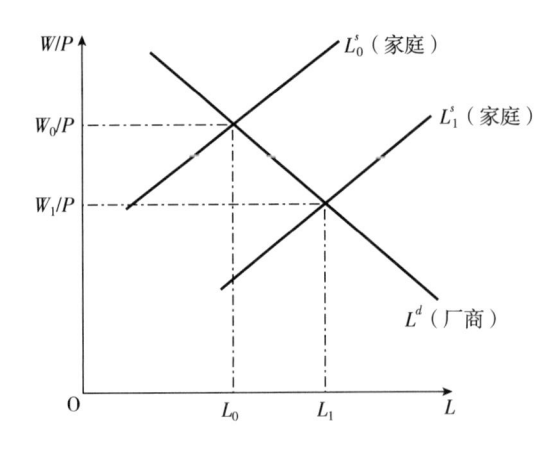

图2-3 劳动力市场的供给与需求

商品市场的供给与需求（见图2-5）：商品供给曲线是真实工资的减函数（因为真实工资越高，即成本越高，商品供给越少，供给曲线向下倾斜，这不同于常见的供给曲线的形状），商品需求曲线是真实工资和初始财富的增函数。当真实工资不变时，初始财富的增加导致对商品需求的增加，商品需求曲线向下移动，与商品供给曲线交于一个新的均衡点和新的真实工资，这一变化反映了真实工资和初始财富之间的负相关关系，将这种负相关关系联系起来的就是 $Y^s = Y^d$ 的商品市场均衡路径。这一均衡路径将真实工资和初始财富平面分成了两部分（见图 2-6）：一部分是商品超额供给的区域（均衡路径的左边）；另一部分是商品超额需求的区域（均衡路径的右边）。$Y^s > Y^d$ 的原因是当真实工资不变时，企业的商品供给不变，若初始财富减少，商品需求会减少，从而供给会大于需求；右边的情况同理可推知。

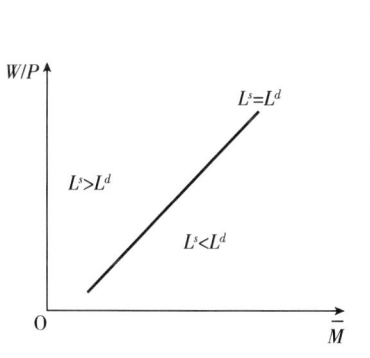

图 2-4 劳动力市场均衡

图 2-5 商品市场的供给与需求

观察图 2-4 和图 2-6 可知，两图分别反映了劳动力市场和商品市场的非均衡情况，将它们放在一起就可以组合成宏观非均衡的不同类型（见图 2-7）。图 2-8 描述了宏观非均衡三个区域：K 区、C 区、R 区，第四种类型反映了消费不足存货增加的情况，这种情况在市场经济下不存在。K 区域：称为凯恩斯区域，因为两个市场都是超额供给而需求不足，传统凯恩斯主义主张实施增加财政支出、减少税收等刺激需求的手段；C 区域：称为古典区域。古典失业的根源在于真实工资过高，政策意见是刺激企业增加劳动需求，以缓解劳动市场上需求不足供给过多的矛盾；R 区域：称为抑制性通货膨胀区域。政策意见是增加劳动和商品的有效供给，例如增加劳动供给或商品供给。

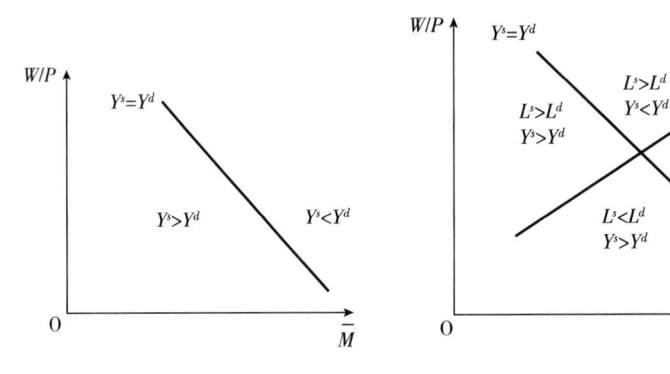

图 2-6　商品市场均衡

图 2-7　商品市场和劳动市场非均衡组合

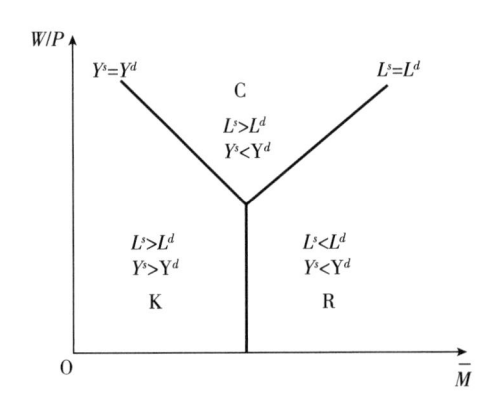

图 2-8　宏观非均衡三大区域

第三节　劳动力市场理论

处于不同时期、不同社会背景的经济学家对劳动力、劳动力市场的论述有截然不同的观点。古典经济学是在完全竞争的制度背景下研究劳动力市场的，劳动力市场最终能达到供求平衡，劳动力的供求依靠完全有效的工资机制调节。劳动力市场非均衡运行的主要研究者有 Lewis、Todaro、Morris、Spencer，他们提出的理论对我国劳动力市场问题很有针对性。本节开始于劳动力市场的一般理论，然后概述演化路径，最后梳理中国劳动力市场问题的文献。目前，这样的文献概括为以下几个方面：二元体制下的城乡劳动力市场研究、城乡劳动力市场分割、劳动力市场结构及绩效分析、内部劳动力市场运行机理、劳动力市场歧视、劳动力市场资源配置问题等。有关市场供给、需求和最终交易额的研究方法通常包括一般均衡理论和非均衡理论，其中应用一般均衡理论对劳动力市场做研究的相对较多，应用非均衡理论对劳动力市场进行研究的文献相对较少。本书认为，应用非均衡理论和拓展的非均衡模型对劳动力市场进行研究是很有意义的，因为劳动力市场非均衡发展是经济发展的常态，是重要的制度问题、社会问题、经济问题，与市场本身、体制转型和制度变迁有着必然的内在联系。劳动力资源合理、有效的配置是劳动力市场分析的核心问题，也是劳动力市场有效运行的最终目的，而劳动力资源的配置与重新配置，是以市场的价格和数量信号为导向，以市场竞争为动力，以劳动力流动为条件的，而且与其他要素市场密切相关。在现有的经济制度环境下，不断完善的市场竞争环境、顺畅的劳动力流动不仅能促进劳动力资源的合理、高效配置，劳动力供需双方的满意度不断提高，而且提高了劳动力市场的运行效率。非均衡理论的核心是价格—数量共同调节的配额机制、自愿交换和市场效率，以及市场之间的溢出影响。可见，非均衡理论适合分析我国劳动力的现状。

一　劳动力市场一般理论

1. 劳动力内涵、构成及特点

劳动力或劳动能力的广义概念的核心是人体，是具有生命意义的个体所包含的，是个体使用工具或者某种辅助手段生产、创造，并能很好地利用创造成果，是个体的体力和智力的总和。劳动力作为商品，其有用性和功能性也是由个体付出的劳动时间决定，即单位劳动效率决定，其影响因素有自然、社会、历史、制度依赖和道德因素等。劳动力的价值大致包括二点：供给个人持续存活下去的价值，即维持基本生活能力的物品；个体要想继续存活下去需要有的智力和体力，这也是劳动力价值的体现；自然界持续存在下去的意义在于个体不断地繁衍后代，这就需要资源、能量等能源的支撑。

劳动力的特点：

其一，劳动力与劳动力所有者不可分割。劳动力不具有独立存在性，在劳动力市场中交易的是劳动力的使用权，而且只是使用权的让渡和转让。

其二,劳动力的形成和再生产是社会的结果。劳动力的形成条件是社会需求劳动;劳动力形成周期较长且不能储存;劳动力必须保证每天有最起码的维护生命的收入或生活条件;劳动力具有生命期和生理间歇周期。

其三,劳动力在劳动过程中具有能动性特点。任何生产都是与人的劳动密切相关,劳动推进生产力的发展,提高生产效率以及创新。其他资源的开发利用、创新程度都要受到劳动力资源开发程度、利用程度的制约。这一切经济活动最终的目标就是提高劳动者自身和整个社会的福利水平。

劳动力资源,也称劳动资源,是所考察的范围内(如一个国家、一个地区、一个部门、一个企业、一个年龄段、一个性别组内)全部人口具备劳动能力但尚未进入劳动过程的工作者或已进入劳动过程的初级劳动者。劳动力资源包括劳动力。

劳动力资源具有如下特点:

其一,社会性。劳动力资源的社会性是指在特定社会环境中,自然人与社会相互作用而实现社会化的过程和结果。在我国的国情中,人的社会化是指个人通过挖掘和展现学习、生活和生产的基本技能,逐渐认识自身的角色、地位以及适应自身角色的行为规范、价值观等,把自己培养成有理想、有道德、有文化、有纪律的人的过程。劳动力资源的社会性主要体现在以下几方面:①劳动力需要通过不断的脑力和体力劳动中发挥出来,且给予一定的补偿和激励;②劳动力的价值观形成包含道德和历史的因素,因为不同的自然和社会环境、不同的风俗习惯和意识形态使劳动力形成不同的人生观和价值观;③"给予报酬才能使这种特殊商品所有者的种族永远延续下去"。

其二,被动性。主要包括三方面内容:①劳动者生产活动的报酬是工资,当收入和财富达到一定程度后,会存在劳动与闲暇的替代;②要使私人劳动变为社会劳动,必须通过商品交换实现价值,或者直接提供社会性的服务,在交换过程中商品生产者和服务者面对竞争压力,劳动力资源存在一定程度的被动性;③劳动力只有在生产中才能发挥作用和实现社会化,而在现代社会中,个人的技能是有限的,只能在有限的职业范围内劳动，也就是劳动力在一定范围内处于被动状态。

劳动力资源配置通常指在社会和经济快速发展中，寻找将劳动力资源分配到适合的产业或部门的途径，以满足社会需求和实现自身潜力的发挥。劳动力资源配置过程是调节供求失衡（非瓦尔拉斯均衡）的动态过程。劳动力资源有效配置是指，在经济规律作用下，寻找将劳动力资源配置到与其相结合并能发挥劳动力最大潜力的效率部门或某些领域的方式。实现劳动力资源有效配置的三种机制如下：

其一，社会机制。①法律保护劳动力资源的配置，通过规章制度保护公民受教育权和合法收益权，如对工作时间、退休年龄以及有关童工和残障人士的合法权益方面所做的法律约束；②社会经济的快速发展以及产业结构的不断调整对劳动力的素质要求越来越高，追求个人效用最大化的劳动者有提高人力资本水平的渴求，这就要求劳动力的教育和培训在经济组织和社会组织中普遍存在；③需要国家采取灵活的政策措施有效缓解失业问题，将劳动力配置和再配置到更高效的位置。

其二，市场机制。Hayek（1945）强调，知识或信息在经济、社会活动中有重要作用，认为市场机制和价格机制的实质就是整合市场中零散的信息，目的是协调经济活动。通过这个信息平台，劳动力供给者能找到更适合自己的位置，用人单位找到自己想要的人力资源，这样既发挥了市场机制的基础性作用，也提高了组织效率以及劳动者的积极性、能动性和创造性。

其三，命令机制。用人单位通过将剩余控制权由营销决策转化为对企业家选择上，以此来节约交易成本和提高效率，还能保持最终的权力以确保自己的身份和地位。对于雇员来说，在职时积累和掌握的很多独有的、无形的人力资本，在解除合约后就可以带走，这会对企业造成很大损失，所以对无形人力资本的控制也是企业控制的难题。

2. 劳动力市场的含义和特点

劳动力市场又称劳动市场、劳工市场、职业市场、就业市场、求职市场、招聘市场、人力市场等，劳动力市场作为劳动力交换关系的总和，其涵盖的范围很广，可以理解为在遵循市场规律前提下，政府对劳动力资源进行合理配置的一种机制，以及对劳动力市场进行宏观调控的一种体现；还可以理解为劳动力市场为劳动力资源供给和需求提供信息和交易平台。主要体现为两点：①劳动力市场为劳动力交易提供了制度环境和自然环境，自然环境主要是指劳动力交换的空间和场所，制度环境既保证了劳动力交易的有效性和合法性，也为劳动力市场形成和运行提供了有效的制度保障和制度载体。②劳动力市场作为劳动力资源配置的一种机制，囊括了劳动力的供给、需求和价格等各构成要素之间相互联系和作用的制约关系及其功能。

目前，劳动力市场还没有一个公认的定义，理论界有多种理解。本书认为，劳动力市场是指在一定的社会制度和经济制度下，劳动力需求和供给经过动态性调节，使在一定的价格水平下劳动力供求不再有变动的趋势，是实现劳动力资源有效配置的机制和形式。

劳动力市场的特点：

劳动力市场作为生产要素市场之一，既拥有其他生产要素市场的通性，又有其独有的特性：主观能动性。综合表述为以下几点：

第一，劳动者作为劳动力商品的载体，劳动者与劳动力商品之间的不可分离性，以及劳动者在劳动力市场进行交易时，劳动者出售的只是劳动力商品的使用权，而劳动力商品所有权始终归劳动者所有，劳动力雇用者对劳动力出售者无任何处置权，这些都是其他生产要素市场所不具有的独有特性。

第二，从结构和空间上看，劳动力要素市场与其他要素市场一样也具有统一性。但是，由于不同区域之间的社会生产力发展程度不平衡，对劳动者的素质要求不同，在职业、技术和性别等方面存在偏见，再加上劳动力市场的制度性分割等原因，阻碍了劳动力跨区域自由流动，所以与其他要素市场不同的是劳动力市场是区域性市场。

第三，劳动力价格不是劳动者出售劳动力的唯一决定因素，除了价格因素外，劳动者在决定出售劳动力时更多地考虑到其他主客观因素，如经济发展程度、地理位置、工作和生活环境、个人的发展前景和福利待遇、子女的成长环境和教育等，这些要素在劳动者决定是否受雇中起着越来越重要的作用。但是，在其他生产要素市场，价格主要起决定性作用。

第四，相比于其他要素市场，劳动力要素市场对市场规制、制度约束方面有更高的要求。由于劳动力商品和劳动者之间的不可分离性，以及唯一出售的是商品使用权等特点，导致劳动力交易成功并投入生产时，受雇者仍具有自由支付使用价值的权利，如果受雇者选择较少投入使用价值时，最终可能导致卖者受损、市场扭曲以及社会混乱。所以，在劳动力市场交易时更多地受到法律、法规以及政府机构的影响和制约。

第五，与其他商品具有储存性，甚至在储存中可能发生价值增值的情况（如耕地的储存会使耕地的肥力增强）相比，劳动力商品不具有任何储存性，因为劳动力的存储就相当于失业，其结果就是劳动力资源利用率下降、阻碍经济发展和社会进步、劳动者身心受到伤害，甚至引起一系列社会问题。

3. 劳动力市场的作用

明晰劳动力市场的形成条件和劳动力市场在社会发展中所发挥的作用，对于劳动力市场成长和经济发展起关键作用。劳动力市场是在市场经济条件下实现人力资源优化配置、调节劳动力的供求关系，是劳动力资源合理、高效利用的有效手段，是企业提高劳动生产率，提高经济效益，保证社会再生产正常进行的必备条件。

劳动力市场的作用具体表现在以下几点：

第一，优化资源配置。首先，效率工资机制的实施，促使劳动力资源能够自发流动到合理的位置，促使不同地区和部门的劳动力资源实现更加合理的配置，并与所属地区和部门的生产资料有效结合，使整个经济体系持续稳定、和谐发展。其次，随着经济的快速发展和劳动力市场的不断完善，在价值规律和市场机制的作用下，劳动力商品的购买者和销售者拥有更多的自由选择权，劳动力市场朝着就业渠道多元化、就业形式多样化、就业观念市场化的方向发展。劳动力资源的合理配置既能更好适应企业灵活用工和劳动者灵活就业的需要，又能更好推动整个国民经济的有效运行。

第二，促进收入合理分配。在计划经济体制下，劳动者的收入遵循按劳分配原则，但由于制度因素和劳动力市场发育不完善，加上集体生产的劳动力难以计量，导致按劳分配原则只停留在形式上，收入也只是平均分配，劳动生产率较低。在市场经济体制下，把重点强调有效发挥市场的基础性作用、实行生产要素按贡献参与分配的分配模式，作为我国的基本国情。逐步地培育和完善劳动力市场，使劳动力商品在供求机制和市场机制的作用下进行自由交易，劳动者能够得到合理的价格和工资。

第三，促进经济增长。随着我国劳动力市场建设的稳步发展，劳动力自由流动越来越畅通，主要以农村剩余劳动力为主体，这就有效提高了劳动力的配置效率，增加流动群体的收入，推动经济稳步发展。

第四，推动商品经济充分发展。马克思曾指出，只有从劳动力成为商品开始"商品生产才普遍化，才成为典型的生产形式"。商品经济的快速发展是社会进步必经的历史阶段，交换是商品经济的最基本特征，只有不断完善市场经济体制，培育劳动力市场，实现劳动力商品化，才能充分发挥商品经济的潜力。其中，培育劳动力市场是关键，随着劳动力市场的渐进成熟，劳动力商品化加快，商品经济的作用增强，社会分工和生产社会化进程加快，推动社会进步。

4. 马克思的劳动力市场理论

马克思的劳动力市场理论体系具有完整性和科学性，主要包括劳动力商品理论、工资理论、相对过剩人口理论、劳资关系理论。

一是马克思对劳动力商品理论的概述。在新古典经济学体系中，并未明确区分劳动力和劳动力商品，将劳动力商品等同于其他生产要素（如机器）：资本家在遵循边际生产率原则基础上，购买和租用所需生产要素进行生产，以谋取最大化利润，要素所有者出售生产要素获得收入以实现自身效用最大化，资本和劳动的相关性对最终结果无影响，经济始终处于帕累托最优状态。但是，马克思在资本论中明确区分了劳动和劳动力商品，认为劳动力和劳动之间具有相关性和差异性，劳动力是"具有行为能力的人体都存在的、是人们生产使用价值时所用的体力和智力的总和"①，劳动是将这种综合能力付诸实践应用中，市场最终交易的是劳动力商品或劳动力商品的使用权，劳动是劳动力商品的资本主义应用，这是马克思在劳动力市场方面做出的最杰出贡献。此外，马克思还全面详述了劳动力商品的形成条件，价值和使用价值在劳动力商品

---

① 中共中央马克思恩格斯列宁斯大林著作编译局：《马克思恩格斯全集》（第23卷），人民出版社1972年版，第190页。

中的体现等问题。

二是马克思对工资理论的概述。马克思在《资本论》中将劳动力商品理论和劳动力价值理论作为研究劳动力工资理论的基础,指出资本主义的工资实质是劳动力价值或价格的转化形式,创新了工资本质论,认为工资机制是整个社会和经济有效运行的基础和保障,并重点分析了计时工资和计件工资。在对工资的国民差异分析中,认为不同国家的劳动强度和生产率的差别会引起工资的国民差异,基于此马克思创立了全新的劳动力工资理论。

三是马克思对失业理论(相对过剩人口理论)的概述。古典失业理论认为,如果工资具有伸缩性,则失业存在的可能性为零,如果现实中有失业现象,则一定是真实工资太高的结果。马克思认为,在市场经济体制下,失业是经济发展的常态,失业的本质归于劳动力商品的相对过剩,资本有机构成提高导致与资本相结合的劳动力人口减少,失业人口增加。马克思所指的失业人口包括三种形式:流动形式(主要指临时性失业)、潜在形式(主要指农村过剩劳动力)、停滞形式(主要指劳动时间长而工资较低的职业),这三种失业形式的存在对资本主义经济的快速发展发挥"蓄水池"作用。他将失业人口与工资变动理解为"工资变动的最终决定因素是过剩人口相对量的变动,而不是实际就业人口数量的变动"①,以上观点构成了马克思失业理论——相对过剩人口理论的重要内容。

5. 劳动力供给理论

劳动力供给,是指在某一特定市场工资水平条件下,劳动力供给的决策主体(个人或家庭)愿意并且能够提供的劳动量。② 市场经济条件下,能够体现劳动力供求关系的指标是劳动力价格,即劳动力供给者在一定的劳动时间内愿意接受的工资率。从决策主体角度可将劳动力供给分为三类:①个别劳动力供给,是指劳动者个人在一生中有关劳动总量所做出的行为和决策,通常与劳动者年龄相关,即相比于年老,年轻时愿意供给更多的劳动力;②家庭劳动力供给,是指有劳动能力的劳动者

---

① 马克思:《资本论》(第1卷),人民出版社1975年版,第692页。
② 胡学勤、秦兴方:《劳动经济学》,高等教育出版社2004年版,第80页。

建立家庭以后，所有家庭成员共同向社会提供的劳动量总和；③社会劳动力供给，是将个人和家庭所能提供的劳动量加总求和。①

影响劳动力供给的因素主要包括：经济因素和非经济因素。经济因素主要有宏观经济政策、经济周期、工资水平等；非经济因素主要有自然、社会的客观因素（如人口规模、人口结构、教育水平、制度因素等）、供给者的主观因素（如自身条件、偏好、观念等）。

假设其他条件既定，将工资水平 W 看作影响劳动力供给 S 的唯一解释变量，相应的劳动力供给函数为：$S=f(W)$，供给曲线见图2–9，它遵循一般市场规律，即其他条件既定时，工资率与劳动力供给量呈正相关关系。图2–10为个人劳动力供给曲线，该曲线向后弯曲的原因是个人愿意供给劳动量除了受工资率影响外，闲暇也起到重要作用，主要通过工资水平变动引起的收入效应和替代效应②来解释：若假定闲暇是正常品，随着工资率的提高，如果替代效应大于收入效应，劳动者更愿意增加工作时间而减少闲暇；如果收入效应大于替代效应，劳动者更愿意把时间花在闲暇上而减少劳动的时间。如果替代效应等于收入效应，则不影响劳动者的工时变动。向后弯曲的个人劳动力供给曲线就是依据替代效应和收入效应的对比分析得出的。度量工资率变动对劳动力供给量影响的指标是劳动力供给弹性，公式为 $E_s=(\Delta S/S)/(\Delta W/W)$，其中 E_s 表示劳动力供给弹性，$\Delta S/S$ 表示供给量变动的百分比，$\Delta W/W$ 表示工资率变动的百分比。依此可将劳动力供给分为三类：供给无弹性，即 $E_s=0$，即劳动力供给曲线是垂直的，劳动力供给量始终不变；$E_s<1$ 称为供给缺乏弹性，即工资率的变动大于供给量的变动；$E_s=1$ 称为单位弹性，即工资率的变动等于供给量的变动；$E_s>1$ 称为供给富有弹性，即工资率的变动小于供给量的变动；$E_s\to\infty$ 称为供给无限弹性，此时的劳动力供给曲线呈水平状，劳动力供给量对工资率变动非常敏感。

---

① 杨河清：《劳动力市场学》，中国人民大学出版社2006年版，第309页。
② 工资率变动的收入效应是指工资率变动对于劳动者的收入从而对工作时间所产生的影响；工资率变动的替代效应是指工资率变动对于劳动者消费闲暇与其他商品之间的替代关系从而对劳动者愿意工作的时间所产生的影响。

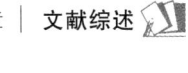

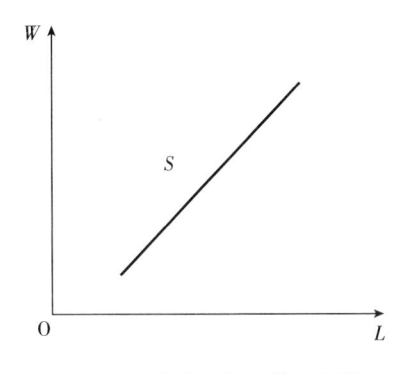

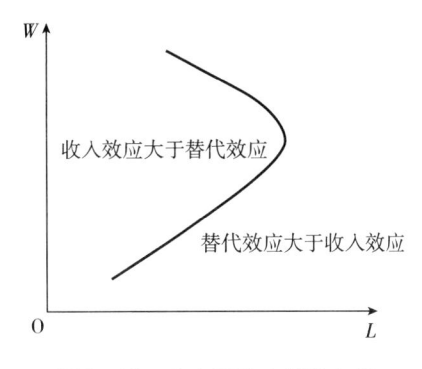

图 2-9　劳动力市场供给曲线　　图 2-10　个人劳动力供给曲线

6. 劳动力需求理论

劳动力需求,是指在某一时期的工资水平下,劳动力需求者愿意并能够购买到的劳动量。具体来说:一是体现劳动力购买者的意愿程度和支付能力;二是劳动力需求是一种派生需求,取决于市场对用人单位所生产的产品和服务的需求量;三是派生的劳动力需求除了受到市场对产品和服务需求的影响,还受到边际价值规律的影响,即边际收益和边际成本对比分析的影响。[①]

影响劳动力需求的因素主要包括:经济因素、制度因素以及技术因素等。经济因素包括生产的技术条件、相关生产要素价格、总需求水平等;制度因素是指对经济活动产生约束的社会和市场的正式和非正式的制度规则,如用工制度、福利制度、工资制度以及行为人自我意识形态等;技术因素是指在已有的技术水平约束下,为了得到最优生产量所需的劳动力数量。

假设其他条件既定的情况下,将工资水平 W 看作影响劳动力需求 D 的唯一解释变量,劳动力需求函数为: $D = f(W)$,图 2-11 为劳动力市场需求曲线,是所有企业需求曲线的加总,它遵循一般市场规律,即其他条件既定时,工资率与劳动力需求量呈负相关关系。主要通过劳动力需求弹性体现,公式为 $E_d = (\Delta L/L)/(\Delta W/W)$,其中 E_d 表示劳动力需求弹性, $\Delta L/L$ 表示需求量变动的百分比, $\Delta W/W$ 表示工资率变动的

[①] 胡学勤、秦兴方:《劳动经济学》,高等教育出版社 2004 年版,第 452 页。

百分比，依此将劳动力需求分为三类：需求无弹性 $E_d = 0$，即劳动力需求曲线是垂直的，劳动力需求量始终不变；$E_d < 1$ 称为需求缺乏弹性，即工资率的变动大于需求量的变动；$E_d = 1$ 称为单位需求弹性，即工资率的变动等于需求量的变动；$E_d > 1$ 称为需求富有弹性，即工资率的变动小于需求量的变动；$E_d \to \infty$ 表示劳动力需求无限弹性。

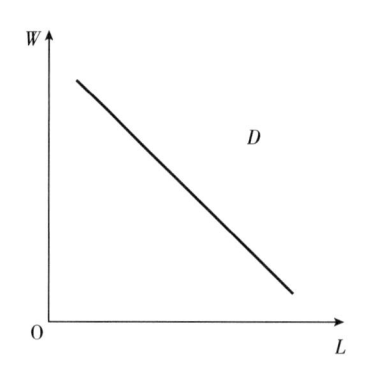

图 2-11 劳动力市场的需求曲线

二 劳动力市场均衡理论

劳动力市场均衡问题的研究起始于19世纪末，基于完全竞争角度的新古典学派认为，失业不可能存在。但是，1929—1933年的经济危机对新古典学派的"工资能够自动调节使劳动力市场达到充分就业"观点提出了挑战，在20世纪30年代凯恩斯创建了能够解释失业问题的均衡劳动力市场模型。在此基础上，很多新古典综合派和劳动经济学的代表人物：Paul A. Samuelson、Mr D. Hoffman、Ehrenberg、Smith, R. S. 、Campbell R. McConnell 等对劳动力市场均衡和非均衡问题进行了深入研究，并建立了比较完善的劳动力市场均衡与非均衡理论。

1. 劳动力市场均衡

劳动力市场均衡包括静态均衡和动态均衡：①劳动力市场静态均衡，是指在一定的工资水平下，劳动力需求恰好与供给相等的一种状态，是变量均衡，此时的工资水平为均衡工资水平或市场恰好出清的工资水平，实际就业量为均衡就业量。②劳动力市场动态均衡，是指在劳动力价格的波动下，在一个生产周期内，劳动力的有效供给量和有效需求量不断调整最终趋于均衡的状态,此种均衡是不稳定的、短暂的动态均衡,但这种不稳定状态最终会趋于均衡并保持不变。

劳动力市场均衡的意义主要包括三方面:

第一,劳动力资源的最优配置。所谓的劳动力资源最优配置是种理想的资源分配状态,对于复杂的劳动力市场来说,只有在完全竞争的假设下才可能实现资源帕累托最优配置的市场均衡(见图2–12)。

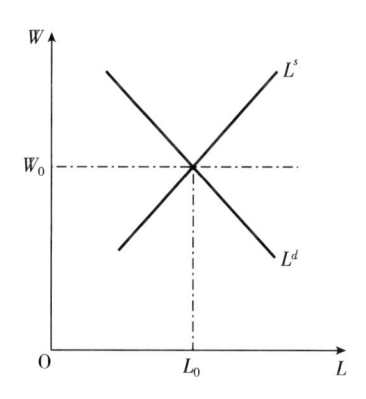

图2–12 劳动力市场均衡

第二,同质的劳动力获得同样的工资。同质劳动力获得同样的工资也是以完全竞争这个假设为前提的,即同一地区、同一行业、同一职业的劳动力完全同质,具有完全对称的信息、完全无流动障碍、完全无歧视。在上述假设下,整个劳动力市场处于理想的均衡状态,不存在劳动力的流动,不存在工资的差别,这是劳动力资源帕累托最优配置的前提条件。

第三,充分就业。劳动力市场的充分就业是指在某一工资水平之下,所有愿意接受工作的人,都获得了就业机会。完全竞争条件下的劳动力市场均衡可以实现充分就业,充分就业是劳动力资源有效配置的优化状态,充分就业并不是人人都有就业岗位,在充分就业状态下仍然存在一定数量的结构性失业和摩擦性失业,但是这些失业状态只是优化人力资源配置的动态调整过程,是经济发展和社会进步的需要。

2. 劳动力市场非均衡

与劳动力市场均衡相对应,劳动力市场非均衡,一方面是指劳动力需求量和供给量不一致的情况；另一方面是指在一定的价格波动下，劳动力供给和需求相互调整逐渐由非均衡趋于均衡的过程，是一种动态调节过程。在现实中，市场中劳动力的工资率和劳动力的供求关系彼此之间不会做出迅速反应，例如由于制度、习俗、当前经济发展状况等，劳动力的价格受到上限或下限约束，即劳动力价格不会随劳动力供需做出及时调整。因此，劳动力市场的均衡状态只是暂时的、特殊的，劳动力市场非均衡发展才是普遍的，我国劳动力市场非均衡主要表现在二元经济体制很明显、劳动力供求始终不均衡，制度和行政分割使区域、城乡之间劳动力流动受到限制，行业、产业和企业之间存在严重的歧视问题等。

3. 我国劳动力市场非均衡

现实的经济活动受到市场力量以及大量不确定因素的影响，导致劳动力市场呈现供需失衡、结构失衡、制度失衡等非均衡状态。我国劳动力市场存在两种非均衡状态：非市场均衡和市场非均衡，这种双重非均衡的并存现象凸显在当前劳动力资源配置中，明确这两种非均衡的性质和运行机制对分析劳动力市场非均衡发展提供一个新思路。

（1）劳动力供求的非市场均衡。劳动力供求的非市场均衡，是指在非市场环境（不是完全市场化）中，价格机制对劳动力资源的配置不发挥作用，而非市场力量（行政或计划）在劳动力配置中起决定作用，在这种力量作用下实现劳动力供求均衡。可见，当非市场力量（行政机制）不存在失灵状态时，非市场均衡总是稳定的，这种非均衡可用如下模型来描述（见图2-13）。假设：计划经济时期或二元体制中的计划部分，劳动时间和工资水平为外生给定，企业附属于政府，无自主经营决策权，此时的劳动力供给曲线和劳动力需求曲线都是垂直的。其原因：一方面，从单个劳动力供给者角度看，在劳动时间和工资率给定的情况下，收入和闲暇之间不存在替代效应，劳动者追求最大限度的闲暇才是实现个人效用最大化的唯一途径，劳动力供给量随工资变动的替代效应和收入效应是无效的，即个人劳动力供给曲线无弹性。由于市场劳动力供给是个人劳动力供给的相加，在劳动时间和工资率既定的情况下，决定市场劳动量的唯一因素是所有劳动者数量，而与劳动力价格无关，所以市场劳动力供给曲线是一条完全缺乏弹性的垂直线；另一方面，劳动力市场总需求等于所有企业劳动力需求的加总，计划体制下的企业不遵循"最大化利润原则"进行生产经营，对劳动力要素的需求也不遵循"工资等于边际劳动产品"原则，而是以实现行政机构外生安排的计划目标最大化为目的，对劳动力要素的需求也由政府外生给定，完全不受工资率的影响，劳动力需求曲线也是一条完全缺乏弹性的曲线。在非市场条件下，劳动力供求量完全由政府进行配额，配额总供给等于配额总需求，这种均衡一旦实现就会稳定下来。非市场均衡时的劳动力资源配置是低效率的，企业无法实现利润最大化。

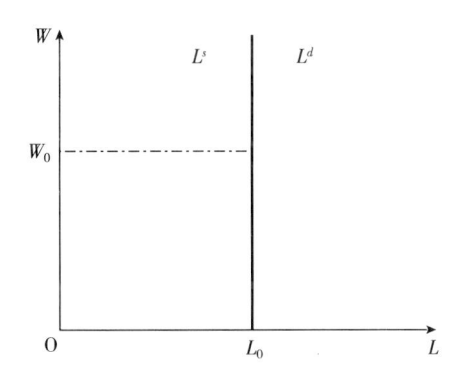

图 2-13 非市场均衡

（2）劳动力供求的市场非均衡。劳动力供求的市场非均衡，是指当价格机制和市场机制共同作用于劳动力资源的配置时，受外生变量和内生变量的影响，劳动力会相对稳定在一个供过于求的状态（见图 2-14）。模型假设：市场体制刚发育或二元体制中的市场部分，技术水平较低，劳动时间和工资水平有一定的自由性，企业以利润最大化为最终目的。据此有向上倾斜的劳动力供给曲线和向下倾斜的劳动力需求曲线。一方面，从单个劳动者的角度看，在工资率和劳动时间的调节下，劳动力供给的替代效应和收入效应都能发挥作用，我国收入通常较低，替代效应大于收入效应，个人的劳动力供给是工资率的增函数，由于劳动力市场劳动力总供给是个人劳动力供给的加总，故市场劳动力供给也是工资率的增函数，公式为 $L^s = f(W)$。另一方面，在市场体制下，追求利润最大化的企业遵循"工资等于边际劳动产品"原则，企业和市场的劳动需求都是工资率的减函数,公式为 $L^d = f(W)$。通常市场化下劳动力不能实现供需相等,工资率一般高于均衡时的工资率,其原因:一是二元体制中的计划配置使劳动力就业量一般会多于企业的实际需求量,外生给定的工资水平要高于市场调节下的均衡工资水平。在竞争机制作用下,如果市场部分想从计划部分雇用更多的劳动力,就必须提供高于计划配置的工资水平,而计划配置的工资水平本来就高于均衡工资水平,这就导致了工资刚性的存在。二是工资的二重性,即工资既是劳动力的价格又是劳动者的收入报酬,决定了工资存在向上刚性。工资刚性的存在,导致供求规律影响下的价格趋于均衡水平受到制约,实际工资高于均衡工资水平,劳动力供给大于劳动力需求,于是劳动力供求的市场非均衡就形成了。虽然劳动力市场非均衡伴随着失业,但这种非均衡下的劳动力资源配置是相对高效率的。

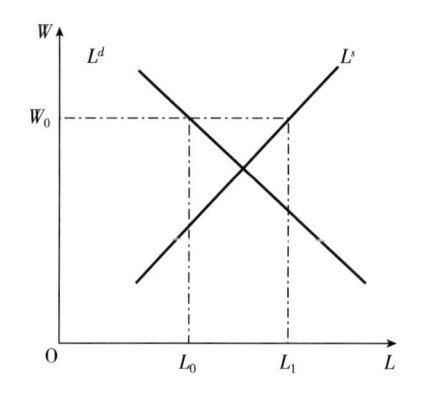

图 2-14 劳动力市场非均衡

三 人力资本理论

在 20 世纪后半期,科技进步推动产业结构的升级和调整,推动社会、经济的不断进步,劳动力市场和供需结构随之不断地调整和改变,劳动者的知识、技能等逐渐成为经济增长的主要推动力,越来越多的西方经济学家开始对劳动者的技能、素质等感兴趣,继而人力资本理论应运而生。1935 年,美国经济学家 Walsh 在其著作《人力资本观》中首次提出了人力资本的概念,并对个人的教育费用及个人收益进行比较,对教育的经济效益进行了分析。1959 年，Schultz 提出了人力资本理论，指出人力资本对促进国民经济增长的重要性。1964 年，Becker 在其著作《人力资本》中，从微观层面对人力资本理论进行研究，被称为"经济思想历史长河中人力资本投资革命"的起点。

1. 人力资本投资均衡模型

Becker 将人的能力和素质的形成归于人力资本投资，人力资本水平与劳动生产率和收入报酬是同向关系。Becker 假设某项人力资本投资的收益贴现值是下列函数：

$$PV = \sum_{t=1}^{n} E_t/(1+r)^t \qquad (2-10)$$

其中，PV 为投资人力资本带来的收益，E_t 为 t 期收益，r 为贴现率。可见，人力资本投资收益与贴现率是反向关系。

假设人力资本投资费用为 F，投资放弃的机会成本为 C。比较 F 和 C 可以看出人力资本投资的可取性。比较人力资本投资与其他投资的内部收益率大小可以看出人力资本投资的可取性。根据收益等于成本的恒等式，可得人力资本投资的内部收益率 i 为：

$$\sum_{t=1}^{n} E_t/(1+i)^t = F + C \qquad (2-11)$$

根据已有理论，人力资本存量为 H_t 与收入同比例变动，工资可表示为：

$$W_t = wH_t$$

其中，w 为人力资本的租金价格。假定人力资本增量为：

$$\Delta H_t = f(\tau) - \delta H_{t-1} \qquad (2-12)$$

其中，$f(\tau)$ 表示时间 τ 生产函数，H_{t-1} 表示上一个时期的人力资本积累，δ 表示人力资本的折旧率。

可以看出如果 $F = 0$，则人力资本培训的成本为 wH_t。

Becker 认为人力资本投资的均衡条件为：投资的边际成本等于未来收益的现值，这就间接与劳动者年龄、投资量、收入密切相关。

第一，年龄与最优人力资本投资量呈反向变动。主要表现为：其一，年龄增长增加人力资本积累，增加报酬，促使边际成本增加；其二，在有限的工作时间范围内，相对于年轻阶段，老年阶段的人力资本投资的可预期收益在下降。可见,越早进行人力资本投资越容易可获得更多的收益。

第二,年龄—收入曲线向上倾斜且呈凹形。因为收入与人力资本投资同比例变动,而且收入增长速率随年龄增长而递减。

第三,Becker 从人力资本投资要素入手构建人力资本投资均衡模型,数理推导得出最优投资时期和最优投资量,但唯一的缺陷是没有对投资影响收入做解释,其优点是间接地给出了年龄和收入之间的关系,这为工资计量模型奠定了基础。

2. Mincer 的人力资本收益模型

Mincer(1974)将个人人力资本投资行为的最终选择归于报酬极大化的追求。人力资本投资因素中的正规教育和后期的工作经历决定了收入的多少,并且 Mincer 构建了以下两个人力资本收益模型。

(1) 正规教育收益模型。该模型的基本假设:正规教育是指没有参加工作之前的在校教育,将其收益率设为 ρ,学校教育的机会成本是放弃教育参加工作的潜在收入,将其设为 $y(t)$,也即学校教育的成本为 $y(t)$,该成本的预期收入增加为 $\hat{y}(t)$。假如 T 表示一生的工作时间,则 $\hat{y}(t)$ 在短期内的现值为:

$$y(t)\int_{t}^{T}e^{-\rho(\tau-t)}d\tau = \hat{y}(t)[1-e^{-\rho(T-t)}]/\rho \qquad (2-13)$$

由于投资收益等于成本,可知 $\hat{y}(t)/y(t) = \rho/[1-e^{-\rho(T-t)}]$。如果假设一生的工作时间 T 远大于短期学习时间 t,则可简化为 $\hat{y}(t)/y(t) = \rho$。进而:$\ln y(t) = \ln y(0) + \rho t$,将其用普通最小二乘法进行估计。Mincer 收集数据实证检验了该模型,结果证明,在校正规教育时间与未来报酬具有显著正相关关系,但是这个方程式对收入变动的解释程度却非常小,其原因可能是个体在后期工作经历中的人力资本积累不足导致收入变动不明显。因此,他将该模型拓展为一般收入模型。

(2) 一般教育收益模型。Mincer 将正规教育收益模型中的假设条件放松为个体在工作中继续进行人力资本投资,主要途径是在职培训。根据前文可知,人力资本的最优投资量与年龄反向变动。也就是说,未进入工作环境之前的学校教育更重要。

设 $s(\tau) \in [0,1]$ 表示接受 t 年学校教育之后并工作 τ 年的个体,进

一步接受培训的时间,个体的人力资本 $h(t+\tau)$ 的轨迹为:

$$\dot{h}(t+\tau) = \rho_x s(\tau) h(t+\tau), \quad \forall \tau \in [0, T-t] \quad (2-14)$$

其中,固定值 ρ_x 指工作中的培训回报率。做关于 $\tau = 0$ 和 $\tau = x$ 的积分,可得工作 x 年的人力资本存量:

$$h(t+x) = h(t) e^{\rho_x \int_0^x s(\tau) d\tau} \quad (2-15)$$

假设学校教育 $y(t+\tau) = A[1 - s(\tau)] h(t+\tau)$,其中,$A$ 表示人力资本的生产率。因此,具有 x 年工作经历的个体收入 $y(t+x)$ 为:

$$y(t+x) = [1 - s(x)] y(t) e^{\rho_x \int_0^x s(\tau) d\tau} \quad (2-16)$$

可见,参加工作的个体收入取决于他的工作报酬 $y(t)$ 和在职培训的时间。为了获得反映工资的方程,假设 $s(x) = s_0 - s_0(x/T)$,即个体用于积累人力资本的时间以线性方式随着结束培训时间的推移而减少,进而 $\int_0^x s(\tau) d\tau = s_0 x - (s_0/2T) x^2$,做对数处理可得:

$$\ln y(t+x) = \ln y(0) + \rho t + \rho_x s_0 x - \rho_x x^2 (s_0/2T) + \ln[1 - s(x)] \quad (2-17)$$

可见,劳动者的报酬与其受教育年限 t、工作经历年限 x 和工作经历年限的平方 x^2 有关。之后,Mincer 收集 1959 年的数据进行实证检验。分析得出:与仅仅考虑正规教育相比,将个人工作之后的"干中学"考虑到收入回归模型中,明显提高了方程的解释能力。

第四节　本章小结

本章是对瓦尔拉斯一般均衡理论、非瓦尔拉斯均衡理论、劳动力市场相关理论进行综述,综述了均衡理论和非均衡理论的区别与联系,以及非均衡理论的演进趋势、发展历程、经济学基础,强调非均衡并不是"反均衡",非均衡更具有一般性和现实性,更能够体现经济现象的持续性和动态性。瓦尔拉斯一般均衡是暂时的、相对的,非瓦尔拉斯均衡才是经常的、绝对的。非瓦尔拉斯均衡理论中强调数量调节的作用是为了对价格调节的完全有效性进行否定,从数量信号入手使宏观经济关系与微观经济行为的选择相一致,为宏观经济学和微观经济学的有机结合提供了现实基础。市场交易遵循"短边原则",市场之间的溢出影响是非均衡理论的重要内容。在劳动力市场理论中，简要分析有关劳动力市场的一般理论，然后综述劳动力市场理论的演化路径、供求理论、劳动力市场均衡与非均衡理论，最后概述人力资本理论。

第三章

具有人力资本的固定价格下的非瓦尔拉斯均衡模型

第一节 引言

从本章开始,我们将研究非瓦尔拉斯均衡的相关概念和构建一系列包含人力资本因素的宏观经济模型。考虑一个简单的经济系统,在不断放松的假设条件下做以下几方面研究:①瓦尔拉斯一般均衡;②刚性工资和刚性价格的非瓦尔拉斯均衡;③价格具有伸缩性的非瓦尔拉斯均衡;④工资指数化程度的经济效应分析;⑤行为人依据需求曲线自主定价的非瓦尔拉斯均衡。

通过对模型的构建、数理推导和经济学分析,我们可以看到具有人力资本因素和不考虑人力资本因素的模型构成和相应的经济政策效应存在差异,这些差异除了依赖于某个特定的价格机制和配额机制外,还依赖于经济系统内生决定的区域。本书中所有的包括人力资本的模型都将在同一个经济系统框架中加以分析和研究,唯一不同的是,模型的前提假设在逐渐放松,建立若干应用非瓦尔拉斯均衡分析法的宏观经济模型,使非瓦尔拉斯均衡理论对现实更具有解释意义,非瓦尔拉斯均衡分析法要比假设只有价格信号和所有市场出清的新古典分析法,以及只考虑超额供给的传统凯恩斯主义分析法更具有一般性和通用性,非瓦尔拉斯均衡模型的一个重要特征是它们内生地孕育着多个非均衡子区域,通过对区域的划分,能够使我们清晰地认知到,不同情况下各个参数落入不同区域,这样就将不同的经济问题归属于不同的非均衡子区域进行研究。本书通过引入人力资本因素来研究非瓦尔拉斯均衡模型可能发展的新情况,使非瓦尔拉斯均衡理论成为分析经济问题的更为理想的工具。

非瓦尔拉斯均衡理论的起源、发展及 Benassy、Jean–Pascal 微观非瓦尔拉斯均衡理论都说明了宏观非均衡现象必须从微观经济行为主体在非均衡环境下的行为变异中得到说明,Benassy、Jean–Pascal 首次用数学工具分析和证明了非瓦尔拉斯均衡的存在性,并创立了一个完整的、严谨的、逻辑性强的微观非均衡理论的基本框架,本章以非瓦尔拉斯均衡理论为基础,在 Barro、Robert J. 和 Herschel I. Grossman 的宏观一般非瓦尔拉斯均衡模型中加入人力资本因素,构建和数理分析具有人力资本的固定价格非瓦尔拉斯均衡模型,探讨模型变换后非均衡市场如何变化,对不同非均衡子区域的经济政策的影响,以及在不同的非均衡区域内政府的经济政策效应。

第二节 基本假设

模型的基本假设:考察一个高度简化的货币经济系统。该经济包含两个市场:产品市场和劳动力市场,三个行为人:厂商、家庭和政府。产品以价格 P 和货币交换,劳动以单位人力资本的价格 W 与货币交换,W 形成的工资率 $W(H) = W \cdot H$,这里的 H 是平均人力资本水平,产品价格 P 和单位人力资本的价格 W 在现期是刚性的,假设两个市场无摩擦,则每个市场的实际交易量遵循"短边原则"。

家庭:代表性家庭只消费两种物品,消费品 C 和闲暇 $(N_0 - N)$,N 为出售劳动力数量,剩余的收入以货币的形式进行储蓄用于下一期的消费,并受劳动初始禀赋 N_0、货币禀赋 $\overline{M}$、单位人力资本的价格 W、租金 π(厂商分配给家庭的全部利润)以及人力资本投资函数 $h(H)$ 的约束。在满足预算约束 $PC + M + N_0 h(H) = \overline{M} + WNH + \pi - PT$ 条件下,该家庭每期都要在消费和闲暇以及为下期而进行的货币储蓄之间做出选择,使其效用函数最大化,这个约束条件是基于 Smith 在《国民财富的性质和原因的研究》中所表述的:"工人增进的熟练程度,可与便利劳动、节省劳动的机器和工具一样被看作社会上的固定资本,学习的时候,固然要花一笔费用,但这种费用可以得到偿还,并赚取利润。"[①] 这一思想所构成的观点"工人增进的熟练程度可以扩展为可行技术、仪态、知识的了解、学习和掌握"。

假设效用函数采用柯布—道格拉斯函数形式,则该家庭的优化问题:

$$\begin{cases} \max U = \alpha_1 \ln C + \alpha_2 \ln M/P^e + \alpha_3 \ln(N_0 - N) \\ \text{s. t. } PC + M + N_0 h(H) = \overline{M} + WNH + \pi - PT \end{cases}$$

其中,$\alpha_1 + \alpha_2 + \alpha_3 = 1$,$0 < \alpha_i < 1$,$a_i(i=1,2,3)$是各变量体现效用度的参数指标,$P$ 为消费品价格,P^e 为预期的下期消费品价格,T 为政府实际税收,M 为货币储蓄,在人力资本投资函数 $h(H)$ 中,这里的人力资本投资指家庭所承担的平均投资,即按工作年限折现的单位时间的平均投资,H 是单位劳动力的平均人力资本水平,其性质为 $H \geq 1$,$h(1) = 0$,$h'(H) > 0$,$h''(H) > 0$,假设当 $H = 1$ 时,表示未进行人力资本投资就可获得的人力资本水平,即已有的人力资本存量,此假设使本模型在 $H = 1$ 时返回到 Barro、Robert J. 和 Herschel I. Grossman 模型;当 $H > 1$ 时,表示将人力资本因素引入该模型,考虑引入人力资本可能带来的模型结构、政策效应等的变化。$N_0 h(H)$ 为家庭的全部收入中用于人力资本投资的支出,函数 $W(H) = W \cdot H$ 表示与人力资本有关的工资率,本书认为对人力资本的价值度量不能作边际收益递减的假设,因而设其为线性函数。在本书中,$H = 1$ 表示不考虑人力资本因素的情况,$H > 1$ 表示将人力资本因素引入非均衡模型的情况。

厂商:代表性厂商拥有一个含有人力资本的严格凹的生产函数 $Y = F(NH)$,该生产函数反映了人力资本总量 NH 与最大产出量的关系,具有性质:$F(0) = 0$,$F'(NH) > 0$,$F''(NH) < 0$,表明人力资本总量为 0 时,没有产出;人力资本总量越大,产出越大;人力资本的边际产出递减。假设没有存货,厂商的利润为:$\pi = PY - WNH$,其中 Y 代表产品的销售量,这些利润完全分配给家庭,由于考虑单期问题,我们省略了生产过程中的物质资本要素。

[①] [英] 亚当·斯密:《国民财富性质和原因的研究》(上卷),郭大力、王亚南译,商务印书馆 1972 年版,第 269 页。

政府：政府的实际税收为 T，对商品的需求为 G。

第三节 具有人力资本的暂时瓦尔拉斯一般均衡模型

我们要计算在这个模型中作为基准点短暂瓦尔拉斯一般均衡的参数，之后以推导出的包含人力资本因素的瓦尔拉斯一般均衡值作为基准，分析具有人力资本因素的非瓦尔拉斯均衡状况。从计算产品市场和劳动力市场的瓦尔拉斯需求和供给开始。

首先，厂商最优规划问题：

$$\begin{cases} \max \pi \, (\pi = PY - WNH) \\ \text{s. t. } Y = F(NH) \end{cases}$$

一阶条件：

$\partial \pi / \partial (NH) = 0$，推出 $F'(NH) = W/P$，$NH = F'^{-1}(W/P)$，$Y = F[F'^{-1}(W/P)]$。

其次，家庭最优规划问题：

$$\begin{cases} \max U = \alpha_1 \ln C + \alpha_2 \ln M/P^e + \alpha_3 \ln(N_0 - N) \\ \text{s. t. } PC + M + N_0 h(H) = \bar{M} + WNH + \pi - PT \end{cases}$$

一阶条件：

$\dfrac{\partial U}{\partial H} = 0$，$\dfrac{\partial U}{\partial N} = 0$，$\dfrac{\partial U}{\partial C} = 0$，推出 $\dfrac{\alpha_1}{PC} = \dfrac{\alpha_2}{M} = \dfrac{\alpha_3}{WH(N_0 - N)}$，

$H = h'^{-1}\left(\dfrac{WN}{N_0}\right)$，$P = \dfrac{\alpha_1[\bar{M} - N_0 h(H)]}{\alpha_2 Y + \alpha_1 T - (\alpha_1 + \alpha_2)G}$，$\alpha_1 F'(NH) = \dfrac{\alpha_3}{(N_0 - N)H} \cdot [F(NH) - G]$

瓦尔拉斯一般均衡价格和均衡工资是市场供需一致的结果。由规划问题求解可知，劳动力市场出清意味着：$F'(NH) = W/P$，即在充分就业水平上瓦尔拉斯的实际工资等于劳动边际生产率，而产品市场出清意味着充分就业，产量等于消费和政府支出的和，即 $Y = C + G$。

将上面各式联立，可得瓦尔拉斯均衡中 N、Y、P、W、H 的均衡值，即：

第三章 | 具有人力资本的固定价格下的非瓦尔拉斯均衡模型

$$\begin{cases} H = h'^{-1}(WN/N_0) \\ NH = F'^{-1}(W/P) \\ Y = F(NH) \\ \alpha_1 F'(NH) = \alpha_3 [F(NH) - G]/[(N_0 - N)H] \\ P = \alpha_1 [\bar{M} - N_0 h(H)]/[\alpha_2 Y + \alpha_1 T - (\alpha_1 + \alpha_2)G] \end{cases}$$

下面分情况讨论引入人力资本的经济政策效应：

（1）将人力资本看成是影响瓦尔拉斯均衡值的外生因素。

均衡方程组的解：

$$\begin{cases} H = H^* \\ N = F'^{-1}(W/P)/H^* \\ Y = F(NH^*) \\ \alpha_1 F'(NH^*) = \alpha_3 [F(NH^*) - G]/[(N_0 - N)H^*] \\ P = \alpha_1 [\bar{M} - N_0 h(H^*)]/[\alpha_2 Y + \alpha_1 T - (\alpha_1 + \alpha_2)G] \end{cases} \quad (3-1)$$

经济效应分析：

首先，由式(3-1)中价格方程知，瓦尔拉斯一般均衡存在的一个必要条件是：$\alpha_2 Y + \alpha_1 T - (\alpha_1 + \alpha_2)G > 0$，$G < (\alpha_2 Y + \alpha_1 T)/(\alpha_1 + \alpha_2)$，说明政府的真实支出存在上限，上限范围除了受到税收影响外，还间接受到就业、人力资本水平的影响，因为产出 Y 由 $Y = F(NH^*)$ 决定。此外，价格和工资是政府支出的增函数，政府支出增加导致总需求增加促使价格上涨和产出增加，随之对劳动力需求增加和工资上涨。

其次，货币是中性的。产出和就业与货币供给无关。此外，由式 (3-1) 和 $Y = C + G$ 式推导出，$-1 < \partial C/\partial G < 0$，说明存在政府支出对私人消费的挤出效应，但不是完全挤出。根据 $Y = C + G$，$0 < \partial Y/\partial G < 1$ 可知，产出随政府支出的增加而增加，这里的产出增加是伴随政府需求增加导致价格上涨出现的。

再次，讨论政府支出和人力资本因素所引起的就业效应。

①分析政府支出对就业的影响。

由 $\alpha_1 F'(NH^*) \cdot (N_0 - N)H^* = \alpha_3 [F(NH^*) - G]$，推导出

$\partial N/\partial G = \alpha_3/[\alpha_3 F'(\cdot) - \alpha_1 F''(\cdot)(N_0 - N)H^* + \alpha_1 F'(\cdot)H^*]$

成立。

根据 $Y = F(NH^*)$，由 $\partial Y/\partial G = (\partial Y/\partial N) \cdot (\partial N/\partial G) = F'(NH^*) \cdot H^* \cdot (\partial N/\partial G)$ 和 $0 < \partial Y/\partial G < 1$，$\partial N/\partial G > 0$ 成立，即政府支出增加，总需求增加，产出增加间接促进就业率提升。

②分析人力资本对就业的影响。

令 $Z = \alpha_1 F'(NH^*) \cdot (N_0 - N)H^* - \alpha_3[F(NH^*) - G]$

由 $\alpha_1 F'(NH^*) = \alpha_3[F(NH^*) - G]/[(N_0 - N)H^*]$，推导出
$\alpha_1 F'(NH^*) \cdot (N_0 - N)H^* - \alpha_3 F(NH^*) = -\alpha_3 G < 0$，所以解存在的条件是：

$\widehat{Z} = \alpha_1 F'(NH^*) \cdot (N_0 - N)H^* - \alpha_3 F(NH^*) < 0$，于是，$\partial N/\partial H^* = -\widehat{Z}_{H^*}/\widehat{Z}_N$。

假设：$F(NH^*) = (NH^*)^\sigma$ $(\sigma > 1)$，$F'(NH^*) = \sigma(NH^*)^{\sigma-1}$，$F''(NH^*) = \sigma(\sigma-1)(NH^*)^{\sigma-2}$，则有

$\widehat{Z} = \alpha_1 F'(NH^*) \cdot (N_0 - N)H^* - \alpha_3 F(NH^*) = \alpha_1 \sigma(NH^*)^{\sigma-1}(N_0 - N)H^* - \alpha_3(NH^*)^\sigma$

$= N^\sigma H^{*\sigma}\{[\alpha_1 \sigma(N_0 - N) - \alpha_3 N]/H^*\} < 0$，于是

$\alpha_1 \sigma(N_0 - N) - \alpha_3 N < 0$，$N > \alpha_1 N_0 \sigma/(\alpha_1 \sigma + \alpha_3)$ 成立。

$\widehat{Z}_{H^*} = \alpha_1(N_0 - N)[F'(\cdot) + H^* F''(\cdot)N] - \alpha_3 F'(\cdot)N$

$= [\alpha_1(N_0 - N) - \alpha_3 N]\sigma(NH^*)^{\sigma-1} + \alpha_1(N_0 - N)NH^*\sigma(\sigma-1)(NH^*)^{\sigma-2}$

$= [\alpha_1 \sigma(N_0 - N) - \alpha_3 N]\sigma(NH^*)^{\sigma-1} < 0$

$\widehat{Z}_N = \alpha_1 H^*[F''(\cdot)H^*(N_0 - N) - F'(\cdot)] - \alpha_3 F'(\cdot)H^*$

$= \alpha_1(N_0 - N)H^{*2}\sigma(\sigma-1)(NH^*)^{\sigma-2} - (\alpha_1 + \alpha_3)H^*\sigma(NH^*)^{\sigma-1}$

$= H^{*2}\sigma(NH^*)^\sigma[\alpha_1\sigma(N_0 - N) - \alpha_3 N - \alpha_1 N_0]$

由于 $\alpha_1\sigma(N_0 - N) - \alpha_3 N < 0$，故 $\widehat{Z}_N < 0$，$\partial N/\partial H^* = -\widehat{Z}_{H^*}/\widehat{Z}_N < 0$，即就业量是人力资本的减函数，可以解释为：一方面，提高人力资本水平促使劳动生产率提高，导致既定的产出只需较少的劳动力投入就可以完成；另一方面，根据在充分就业的瓦尔拉斯情况下真实工资等于劳动力边际生产率，即 $F'(NH^*) = W/P$，人力资本水平的提高导致劳动力的边际生产率提高，可见，工资水平上涨到一定程度，劳动者就会选择减少劳动力供给而更多地增加闲暇等其他经济活动。

最后，讨论外生变量 G、T、H^* 引起的价格效应。

由 $P = \dfrac{\alpha_1 [\overline{M} - N_0 h(H^*)]}{\alpha_2 Y + \alpha_1 T - (\alpha_1 + \alpha_2) G}$，推导出

$$\frac{\partial P}{\partial G} = \frac{-\alpha_1 [\overline{M} - N_0 h(H^*)] [\alpha_2 (\partial Y / \partial G) - (\alpha_1 + \alpha_2)]}{[\alpha_2 Y + \alpha_1 T - (\alpha_1 + \alpha_2) G]^2},$$

由 $0 < \partial Y / \partial G < 1$，可知 $\alpha_2 (\partial Y / \partial G) - (\alpha_1 + \alpha_2) < 0$，$\partial P / \partial G > 0$。

同理，$\partial P / \partial T < 0$，$\partial P / \partial H^* < 0$，可以看出，在暂时的瓦尔拉斯一般均衡中，政府支出增加或税收下降能够提升价格水平。价格是人力资本水平的减函数，其中的作用机制是：人力资本水平提高，导致劳动的边际生产率提高。换言之，人力资本水平提高使在既定产出情况下生产成本下降，产品的销售价格也就随之下降。

（2）将人力资本看成是受外生变量影响的瓦尔拉斯一般均衡值。

均衡方程组的解：

$$\begin{cases} H = H^* \\ N = F'^{-1}(W/P)/H^* \\ Y = F(NH^*) \\ \alpha_1 F'(NH^*) = \alpha_3 [F(NH^*) - G]/[(N_0 - N) H^*] \\ P = \alpha_1 [\overline{M} - N_0 h(H^*)]/[\alpha_2 Y + \alpha_1 T - (\alpha_1 + \alpha_2) G] \end{cases} \quad (3-2)$$

由 $H = h'^{-1}\left(\dfrac{WN}{N_0}\right) = h'^{-1}(\cdot)\left(\dfrac{W}{H} \cdot \dfrac{NH}{N_0}\right) = h'^{-1}\left[\dfrac{W F'^{-1}(W/P)}{H N_0}\right]$，

$H = H\left(W, \dfrac{W}{P}\right)$

将 $NH = F'^{-1}(W/P)$ 与 $\alpha_1 F'(NH) = \dfrac{\alpha_3}{(N_0 - N) H} \cdot [F(NH) - G]$ 结合，可推导出

$$\alpha_1 F'[F'^{-1}(W/P)] = \dfrac{\alpha_3}{N_0 H(W, W/P) - F'^{-1}(W/P)} \cdot \{F[F'^{-1}(W/P)] - G\}$$

$$P = \dfrac{\alpha_1 \{\overline{M} - N_0 h[H(W, W/P)]\}}{\alpha_2 F[F'^{-1}(W/P)] + \alpha_1 T - (\alpha_1 + \alpha_2) G}$$

于是，均衡方程组变为：

$$\begin{cases} H = H(W, W/P), \ NH = F'^{-1}(W/P) \\ Y = F(NH) = F[F'^{-1}(W/P)] \\ \alpha_1 F'[F'^{-1}(W/P)] = \dfrac{\alpha_3}{N_0 H(W, W/P) - F'^{-1}(W/P)} \cdot \{F[F'^{-1}(W/P)] - G\} \\ P = \dfrac{\alpha_1\{\bar{M} - N_0 h[H(W, W/P)]\}}{\alpha_2 F[F'^{-1}(W/P)] + \alpha_1 T - (\alpha_1 + \alpha_2)G} \end{cases}$$

经济效应分析：

由于均衡方程组中各个均衡值没有给出具体的函数形式，故无法求出各个均衡值的具体值。但是，从这些均衡等式中，我们仍然能了解到不少东西，由均衡方程组中的第三、第四个等式可以推导出产品价格和工资水平，将求得的产品价格和工资水平代入第一个、第二个方程就得到产出、就业的均衡值。

上述瓦尔拉斯一般均衡分析，为本章以下部分和以后各章做了铺垫。下面首先研究价格和工资完全刚性下的非瓦尔拉斯均衡。

第四节　固定价格、固定工资的非瓦尔拉斯均衡模型

在有关失业理论的非均衡的文献中，"古典"理论认为失业是由于实际工资太高导致的，应通过降低实际工资的途径缓减失业，具体可以借助自由市场机制或者适当的收入和价格政策来达到；而"凯恩斯"理论认为失业是由于市场有效需求不足导致的，可以通过增加公共开支，缩减税收，或者各种用来鼓励消费与投资的刺激政策来达到就业的目的，但是这两种理论都有难以解释的问题。古典理论没有将这种情况考虑进去，即脱离瓦尔拉斯一般均衡，厂商就不能如愿销售全部产品，所以需要改变劳动需求函数达到目的；凯恩斯理论没有考虑到这样的情况，即厂商的均衡供给量可能小于实际有效需求量，厂商处于短边。这种有效需求过剩导致的失业是凯恩斯的判断失误。基于此，非均衡理论的杰出人物 Barro、Robert J.、Herschel I. Grossman、Benassy 和 Jean – Pascal 建立了刚性价格下的非均衡模型，该模型对原有非均衡模型进行了修改和完善，使"凯恩斯型"和"古典型"失业划分消失了，而是

内生性地产生多个区域,其目的是想说明在何种情况下,这些非均衡理论及相关的政策是恰当的。

本章在新的假设条件下研究非均衡模型,这里的假设不同于瓦尔拉斯模型的假设,假设在考察期中,价格和工资是完全刚性的,模型主要以 Barro 和 Grossman(1971,1976)提出的"固定价格"模型为基础,嵌入人力资本因素研究非均衡模型中各经济变量之间的关系和经济政策的有效性。模型仍然包括多个非均衡区域。

区域的划分:在固定价格非均衡的模型中,由劳动力市场和产品市场的交易决定每个市场的状态,每个市场都可能处于超额供给或超额需求,所以可以先验地预期有 4 种区域类型,即产品市场和劳动力市场都超额供给的区域、劳动力市场超额供给和产品市场超额需求的区域、产品市场和劳动力市场都超额需求的区域、产品市场超额供给和劳动力市场超额需求的区域,但是由于没有存货,厂商没有必要需求更多的劳动力去生产卖不掉的商品,故第四种状态(产品市场超额供给和劳动力市场超额需求)退化,本书从三个区域进行分析。

一 区域 A:商品市场和劳动力市场都存在超额供给

在两个市场都超额供给的情况下,家庭有闲置的劳动力,厂商有销售不出去的产品,家庭在劳动力市场面临 $\bar{N}^s$ 的供给数量约束,它等于厂商的劳动力有效需求 $\hat{N}^d$,显然,家庭的有效消费需求 $\hat{C}$ 也受到 $\bar{N}^s$ 的影响,所以家庭的行为是选择劳动供给与消费,在约束条件 $N \leq \bar{N}^s$ 下最大化自己的效用,家庭的优化问题为:

$$\begin{cases} \max[U = \alpha_1 \ln C + \alpha_2 \ln M/P^e + \alpha_3 \ln(N_0 - N)] \\ \text{s. t. } PC + M + N_0 h(H) = \bar{M} + WNH + \pi - PT \\ N \leq \bar{N}^s \end{cases}$$

其中,当 $H = 1$ 时,模型返回到传统的凯恩斯失业均衡模型。

家庭的消费需求和劳动供给以及人力资本水平可作为此问题的最优解求出:

一阶条件:

由 $\partial U/\partial H = 0$,$\partial U/\partial N = 0$,$\partial U/\partial C = 0$,推导出

$$H = h'^{-1}(W\bar{N}^S/N_0) \qquad (3-3)$$

$$N = N_0 - \frac{\alpha_3[\bar{M} + PY - PT - PC - N_0 h(H)]}{\alpha_2 WH} \qquad (3-4)$$

$$\tilde{C} = \frac{\alpha_2}{\alpha_1 + \alpha_2}\left[\frac{\bar{M} - N_0 h(H) + W\bar{N}^S H + \pi - PT}{P}\right] = \frac{\alpha_2}{\alpha_1 + \alpha_2}\left[\frac{\bar{M} - N_0 h(H)}{P} + Y - T\right]$$
$$(3-5)$$

由式(3-3)可以看出，人力资本水平 H 与单位人力资本的价格 W 和就业率 $\bar{N}^S/N_0$ 同方向变动，即高人力资本价格和高就业率是人力资本投资的两个关键动因。由式(3-5)有效需求可知，$\alpha_1/(\alpha_1 + \alpha_2)$ 为边际消费倾向，$C_0 = [\alpha_1/(\alpha_1 + \alpha_2)] \cdot [\bar{M} - N_0 h(H)]/P$ 为自发性消费，C_0 与家庭用于人力资本投资后的财富拥有量有关，即在价格不变的情况下家庭财富越多，自发性消费越大，但 C_0 与人力资本投资水平呈负相关关系，与价格也呈负相关关系。可见，C_0 并不是固定不变的值，它跟随经济环境的变化而变化。家庭对商品的有效需求函数为 $\tilde{C} = \tilde{C}(\bar{M}, P, Y, T, W)$，表示引入人力资本因素的凯恩斯失业区域中，有效需求 $\tilde{C}$ 除了受到外生变量 $\bar{M}$、P、Y、T 的影响外，还受到单位人力资本价格 W 的影响，但在无人力资本的凯恩斯失业区域中，有效需求 $\tilde{C}$ 不受单位人力资本价格 W 的影响，即 $\tilde{C} = \tilde{C}(\bar{M}, P, Y, T)$，这是两种模型的一个重要区别。

产品市场超额供给，产品的实际交易量 Y^* 等于家庭和政府对产出的总需求 $\tilde{Y}$，即：

$$\tilde{Y} = Y^* = \tilde{C} + G = Y^* = \left(\frac{\alpha_1}{\alpha_2}\right)\left[\frac{\bar{M} - N_0 h(H)}{P} - T + \frac{\alpha_1 + \alpha_2}{\alpha_1}G\right] \stackrel{\Delta}{=} Y(\bar{M}, T, G, P, W)$$

其中，$h(H) = h[h'^{-1}(WN/N_0)]$。

厂商的行为是决定劳动力的有效需求量 $\tilde{N}^d$，以使产出满足家庭和政府的总需求，即：

$$Y = F[\tilde{N}^d \cdot h'^{-1}(W\tilde{N}^d/N_0)] = \frac{\alpha_1}{\alpha_2}\left\{\frac{\bar{M} - N_0 h[h'^{-1}(W\tilde{N}^d/N_0)]}{P} - T + \right.$$

$$\frac{\alpha_1 + \alpha_2}{\alpha_1} G \}$$

实际劳动力交易量 N^* 等于厂商的劳动力需求量,而厂商的劳动力需求量等于厂商生产 Y 时所需的劳动力数量,由上式可解出 $\widetilde{N}^d$,$\widetilde{N}^d$ 为非瓦尔拉斯均衡的劳动力水平,记为 N_k,即 $\widetilde{N}^d = N^* = N_k$,$H_k = h'^{-1}(WN_k/N_0)$,角标 K 代表产品市场和劳动力市场都超额供给的区域。

非瓦尔拉斯均衡产出水平:

$$Y_k = F[N_k \cdot h'^{-1}(WN_k/N_0)] = \frac{\alpha_1}{\alpha_2}\{\frac{\overline{M} - N_0 h[h'^{-1}(WN_k/N_0)]}{P} - T + \frac{\alpha_1 + \alpha_2}{\alpha_1} G\} \quad (3-6)$$

从式(3-6)中可以识别出传统的凯恩斯乘数公式,α_1/α_2 是乘数,方括号中的项是自主需求。这个乘数来源于两个溢出效应的相互作用:①由就业函数(3-4)可知,对商品需求的减少可引致对劳动需求的减少。②由消费函数(3-5)可知,对劳动的需求减少可引发对商品需求的减少。这两种相互加强效应的结合就"乘数化了"自主需求的变化。

非瓦尔拉斯均衡的私人消费水平:

$$C_k = Y_k - G = \frac{\alpha_1}{\alpha_2}\{\frac{\overline{M} - N_0 h[h'^{-1}(WN_k/N_0)]}{P} - T + G\} \quad (3-7)$$

可用以上这些均衡表达式讨论内生变量对均衡值的影响:

(1)当 $H=1$ 时,即不考虑人力资本因素,$h(1)=0$,均衡表达式变为:

$$Y_k = F(N_k) = \left(\frac{\alpha_1}{\alpha_2}\right)\left[\frac{\overline{M}}{P} - T + \frac{(\alpha_1 + \alpha_2)G}{\alpha_1}\right] \quad (3-8)$$

①讨论外生变量 G,$\overline{M}$,T,P 对均衡产出和消费的影响:

由式(3-6)推出

$\partial Y/\partial G = (\alpha_1 + \alpha_2)/\alpha_2 > 1$,$\partial Y/\partial \overline{M} = \alpha_1/\alpha_2 P > 0$,$\partial Y/\partial T = -\alpha_1/\alpha_2 < 0$,

$\partial Y/\partial P = -\alpha_1 \overline{M}/\alpha_2 P^2 < 0$,私人消费 $C_k = Y_k - G = \alpha_1/\alpha_2(\overline{M}/ - T + G)$,$\partial C/\partial G = \partial Y/\partial G - 1 > 0$,

$\partial C/\partial \overline{M} = \partial Y/\partial \overline{M} = \alpha_1/\alpha_2 P > 0$,$\partial C/\partial T = -\alpha_1/\alpha_2 < 0$,$\partial C/\partial P = -$

$\alpha_1 \bar{M}/\alpha_2 P^2 < 0$。

②讨论外生变量 G，$\bar{M}$，T，P 对就业的影响：

令 $Z = \dfrac{\alpha_1}{\alpha_2}\left(\dfrac{\bar{M}}{P} - T + \dfrac{\alpha_1 + \alpha_2}{\alpha_1}G\right) - F(N_k)$

则 $\dfrac{\partial N_k}{\partial G} = -\dfrac{Z_G}{Z_{N_k}} = -\dfrac{\dfrac{(\alpha_1 + \alpha_2)}{\alpha_1}}{-F'(N)} > 0$，$\dfrac{\partial N_k}{\partial \bar{M}} = -\dfrac{Z_{\bar{M}}}{Z_{N_k}} = -\dfrac{\alpha_1/\alpha_2 P}{-F'(N)} > 0$，

$\dfrac{\partial N_k}{\partial T} < 0$，$\dfrac{\partial N_k}{\partial P} < 0$ 成立。

经济政策分析：

首先，货币不再是中性的。$\bar{M}$ 的增加能提高产出、促进就业和刺激私人消费。其次，通过减少税收或增加政府支出可以达到同样的效果。最后，价格上涨导致产出、就业和消费下降，其中的作用原理来源于收入效应，在劳动力超额供给的情况下，产品价格上涨，收入效应使购买力下降，产出随之减少，对劳动力要素的需求减少。所以说，凯恩斯"乘数"分析的传统结果在这一区域中完全成立。值得注意的是，政府支出的增加不仅没有挤出还能提高私人消费水平，这是凯恩斯非效率的一个突出特点。

(2) 当 $H > 1$ 时。

①尽管我们没有得到 N_k 的具体表达式，但仍可以用隐函数求导的方法分析各外生变量 W、$\bar{M}$、P、T、G 对均衡水平 N_k 的影响，为此：

令 $Z = \dfrac{\alpha_1}{\alpha_2}\left\{\dfrac{\bar{M} - N_0 h[h'^{-1}(WN_k/N_0)]}{P} - T + \dfrac{\alpha_1 + \alpha_2}{\alpha_1}G\right\} - F\left[N_k \cdot h'^{-1}\dfrac{WN_k}{N_0}\right]$

$Z_{N_k} = \dfrac{\partial Z}{\partial N_k} = -\dfrac{\alpha_1 N_0 h'(\cdot) h''^{-1}(\cdot)(W/N_0)}{\alpha_2 P} - F'(\cdot)\left[h'^{-1}(\cdot) + N_k h''(\cdot)\dfrac{W}{N_0}\right] < 0$，

$\dfrac{\partial N_k}{\partial G} = -\dfrac{Z_G}{Z_{N_k}} = -\dfrac{(\alpha_1 + \alpha_2)/\alpha_2}{Z_{N_k}} > 0$，$\dfrac{\partial N_k}{\partial \bar{M}} = -\dfrac{Z_{\bar{M}}}{Z_{N_k}} = -\dfrac{\alpha_1/\alpha_2 P}{Z_{N_k}} > 0$，

$\dfrac{\partial N_k}{\partial T} = -\dfrac{Z_T}{Z_{N_k}} = -\dfrac{(-\alpha_1/\alpha_2)}{Z_{N_k}} < 0$，$\dfrac{\partial N_k}{\partial P} = -\dfrac{-\alpha_1\{\bar{M} - N_0 h[h'^{-1}(\cdot)]\}/(\alpha_2 P^2)}{Z_{N_k}} < 0$，

$$\frac{\partial N_k}{\partial W} = -\frac{(-\alpha_1/\alpha_2 P)N_0 h'(\cdot)h''^{-1}(\cdot)(N_k/N_0) - F'(\cdot)N_k h''^{-1}(\cdot)(N_k/N_0)}{Z_{N_K}} < 0。$$

②讨论外生变量 W、$\bar{M}$、P、T、G 对人力资本水平的影响：

由 $H_k = h'^{-1}\left(\frac{WN_k}{N_0}\right)$，$\frac{\partial H_k}{\partial N_k} = h''^{-1}\left(\frac{WN_k}{N_0}\right) \cdot \left(\frac{W}{N_0}\right) > 0$，得：

$\frac{\partial H_k}{\partial G} = h''^{-1}(\cdot) \cdot \left(\frac{WN_k}{N_0}\right) \cdot \left(\frac{W}{N_0}\right) \cdot \left(\frac{\partial N_k}{\partial G}\right) > 0$，$\frac{\partial H_k}{\partial \bar{M}} = h''^{-1}(\cdot) \cdot \left(\frac{WN_k}{N_0}\right) \cdot$

$\left(\frac{W}{N_0}\right) \cdot \left(\frac{\partial N_k}{\partial \bar{M}}\right) > 0$，$\frac{\partial H_k}{\partial T} = h''^{-1}(\cdot) \cdot \left(\frac{WN_k}{N_0}\right) \cdot \left(\frac{W}{N_0}\right) \cdot \left(\frac{\partial N_k}{\partial T}\right) < 0$，$\frac{\partial H_k}{\partial P} = h''^{-1}(\cdot) \cdot$

$\left(\frac{WN_k}{N_0}\right) \cdot \left(\frac{W}{N_0}\right) \cdot \left(\frac{\partial N_k}{\partial P}\right) < 0$，$\frac{\partial H_k}{\partial W} = h''^{-1}(\cdot) \frac{N}{N_0}\left(1 + \frac{W}{N_k}\frac{\partial N_k}{\partial W}\right) > 0$。

③讨论外生变量 W、$\bar{M}$、P、T、G 对产出的影响：

由 $Y = F(NH)$，推导出 $\frac{\partial Y}{\partial G} = F'(\cdot)\left(H\frac{\partial N}{\partial G} + N\frac{\partial H}{\partial G}\right) > 0$，$\frac{\partial Y}{\partial \bar{M}} > 0$，$\frac{\partial Y}{\partial T} < 0$，$\frac{\partial Y}{\partial P} < 0$，$\frac{\partial Y}{\partial W} = F'(\cdot)\left(H\frac{\partial N}{\partial G} + N\frac{\partial H}{\partial G}\right) = F'(\cdot)\left\{\frac{N^2}{N_0} \cdot h''^{-1}(\cdot) + \left[\frac{NH}{W} + \frac{N^2}{N_0} \cdot h''^{-1}(\cdot)\right]\left(\frac{W}{N} \cdot \frac{\partial N}{\partial W}\right)\right\} > 0$。

④讨论外生变量 W、$\bar{M}$、P、T、G 对私人消费的影响：

由 $C_k = Y_k - G$，$\frac{\partial C}{\partial G} = \frac{\partial Y}{\partial G} - 1 > 0$，推导出 $\frac{\partial C}{\partial \bar{M}} = \frac{\partial Y}{\partial \bar{M}} > 0$，$\frac{\partial C}{\partial T} = \frac{\partial Y}{\partial T} < 0$，$\frac{\partial C}{\partial P} = \frac{\partial Y}{\partial P} < 0$，$\frac{\partial C}{\partial W} = \frac{\partial Y}{\partial W} > 0$ 成立。

经济政策分析：

在模型中引入人力资本因素并不改变传统凯恩斯主义政策的性质和效应。首先，货币禀赋 $\bar{M}$ 的增加能促使产出、就业和私人消费增加。通过减少税收或增加政府支出可以达到同样的效果。其次，价格上涨在收入效应的作用下导致产出、就业率和消费下降，凯恩斯"乘数"分析的传统结果在这一区域中完全成立。同样，在 $H > 1$ 中，体现了凯恩斯非效率的一个突出特点，即增加政府支出可提高私人消费水平。最后，引入人力资本因素后，货币禀赋或政府支出增加对人力资本水平的提高产生正效应，减少税收或降低价格也会间接提高人力资本水平。此外，单位人力资本的价格变动对人力资本水平具有正效应。表 3 – 1 给出了 $H=1$ 和 $H>1$ 时的经济政策对比分析。

表 3 – 1　　　　比较 $H=1$ 和 $H>1$ 各变量之间的相关性

	\multicolumn{3}{c}{$H=1$}	\multicolumn{4}{c}{$H>1$}
相关性分析	$\partial Y/\partial G>1$	$\partial N_k/\partial G>0$	$\partial C/\partial G>0$	$\partial Y/\partial G>0$	$\partial N_k/\partial G>0$	$\partial C/\partial G>0$	$\partial H/\partial G>0$
	$\partial Y/\partial \overline{M}>0$	$\partial N_k/\partial \overline{M}>0$	$\partial C/\partial \overline{M}>0$	$\partial Y/\partial \overline{M}>0$	$\partial N_k/\partial \overline{M}>0$	$\partial C/\partial \overline{M}>0$	$\partial H/\partial \overline{M}>0$
	$\partial Y/\partial T<0$	$\partial N_k/\partial T<0$	$\partial C/\partial T<0$	$\partial Y/\partial T<0$	$\partial N_k/\partial T<0$	$\partial C/\partial T<0$	$\partial H/\partial T<0$
	$\partial Y/\partial P<0$	$\partial N_k/\partial P<0$	$\partial C/\partial P<0$	$\partial Y/\partial P<0$	$\partial N_k/\partial P<0$	$\partial C/\partial P<0$	$\partial H/\partial P<0$
	$\partial Y/\partial W=0$	$\partial N_k/\partial W=0$	$\partial C/\partial W=0$	$\partial Y/\partial W>0$	$\partial N_k/\partial W<0$	$\partial C/\partial W>0$	$\partial H/\partial W>0$

综上所述，通过构建和求解刚性价格下的非瓦尔拉斯均衡模型，并结合表 3 – 1，得出如下结论：

首先，无论是否包含人力资本因素，均不改变凯恩斯经济政策的效果。根据得出的传统凯恩斯的"乘数"公式可知，增加公共支出或减少税收对生产和就业具有正效应，对私人消费和人力资本水平的提高也发挥正效应。其作用机理不难理解为：政府支出减少或税收水平提高使实际收入下降，对产品的总需求减少，产出下降，对劳动力要素需求的减少导致家庭在预算约束下减少劳动力供给量和减少对人力资本的投资。因此，增加政府支出能够起到缓解失业和降低产品过剩的作用。减少税收也能起到同样的作用。另外，将人力资本因素嵌入模型后，凯恩斯主义政策对提高人力资本发挥正效应，即货币禀赋增加、政府支出增加或税收下降对人力资本水平的提高具有正效应。因此，在两个市场都供给过剩的区域，由于社会的有效需求不足，人们往往持币观望，既不消费，也不投资，致使失业增加，社会无法达到充分就业，可以通过增加政府支出或者降低税率来降低失业率，降低价格，增加货币财富也能产生同样的效果。

其次，在 $H=1$ 中，降低价格对就业有良好的效果，而工资水平的变动对就业却不起作用。后面这个结论主要归因于我们对模型的假设，即工资收入和利润收入的消费倾向完全相同，因此，总消费并不取决于实际收益 Y 在工资和利润之间的分配情况。如果工资收入的边际消费倾向高于利润收入的边际消费倾向（例如，厂商只分配部分利润给家庭），消费函数就会正相关地取决于工资。相反，在 H>1 中，价格和工资的变动对就业和人力资本水平都发挥效应。降低价格可以有效地缓解失业和促进就业，提高工资水平会进一步导致失业增加，因为在劳动力超额供给的情况下，提高工资对于缓解失业所带来的效用要小于家庭把更多的收入用于消费、闲暇或人力资本投资中所带来的效用，所以工资上涨既能有效消除失业，又可以间接地促使人力资本水平提高。

最后，从均衡私人消费水平 $C_k = Y_k - G$ 可以看出一个重要的结果是，C_k 随公共支出水平提高而增加，可见，在产品市场和劳动力市场都超额供给的区域，由于政府支出增加并不像瓦尔拉斯情况下那样，要以减少个人消费为代价，所以在此区域不存在挤出效应。相反，它还容许个人消费增加。

下面需要决定对于哪些参数值来说，我们会位于这个区域。首先，由于劳动力市场普遍存在超额供给，故有 $N^* \leqslant N_0$，也即 $Y^* \leqslant Y_0$。其次，由于商品市场上普遍存在超额供给，所以 Y^* 低于产品市场没有限制时厂商愿意提供的数量，其解由下列规划得到：

$$\begin{cases} \max \pi \, (\pi = PY - WNH) \\ \text{s. t. } Y = F(NH) \\ N \leqslant N_0 \end{cases}$$

由一阶条件，可得 $Y^* \leqslant \min\{Y_0, F[F'^{-1}(W/P)]\}$。

把上述两个条件结合起来，可得到两个市场都超额供给区域，对应于由下式定义的参数子集：

$$\begin{cases} Y^* \leqslant Y_0 \\ Y^* \leqslant \min\{Y_0, F[F'^{-1}(W/P)]\} \end{cases}$$

二 区域 B：劳动力市场超额供给，产品市场超额需求

劳动力市场超额供给，厂商在劳动力市场处于短边，产品商场超额需求，厂商在产品市场也处于短边，此时经济所处的状态是家庭有闲置劳动力且家庭对产品的需求不能得到满足，总是处于短边厂商可以实现瓦尔拉斯一般均衡的劳动力需求 N^d 和产品供给 Y^s，厂商的优化问题为：

$$\begin{cases} \max \pi\,(\pi = PY - WNH) \\ \text{s. t. } Y = F(NH) \end{cases}$$

由一阶条件求出厂商对劳动的有效需求：

$$\widetilde{N}^d = F'^{-1}(W/P)/\widetilde{H}^d \tag{3-9}$$

其中，$\widetilde{H}^d = h'^{-1}(W\widetilde{N}^d/N_0)$ 是对人力资本水平的有效需求，代入式（3-9）得 $\widetilde{N}^d = \dfrac{F'^{-1}(W/P)}{h'^{-1}(W\widetilde{N}^d/N_0)}$，从中解出非瓦尔拉斯均衡的劳动交易量 $\widetilde{N}^d = N_C$，非瓦尔拉斯均衡产出 $Y_C = F(N_C\widetilde{H}^d)$，角标 C 代表劳动力市场超额供给和产品市场超额需求的区域。

对比分析有人力资本因素和无人力资本因素的古典型失业区域的情况，分析外生变量对均衡就业水平 N_C 的影响。

（1）当 $H = 1$ 时，即不考虑人力资本因素时，家庭在两个市场受到限制，厂商却不受数量约束的限制。从而，厂商可以实施瓦尔拉斯一般均衡的就业和销售计划，产出和就业的均衡值为：

$$N^* = N_C = F'^{-1}(W/P),\ Y^* = Y_C = F[F'^{-1}(W/P)]$$

可知，$\partial N^*/\partial G = 0$，$\partial N^*/\partial \bar{M} = 0$，$\dfrac{\partial N^*}{\partial T} = 0$，

$\dfrac{\partial N^*}{\partial (W/P)} = F''^{-1}(\,\cdot\,) < 0$，$\dfrac{\partial N^*}{\partial W} = F''^{-1}(\,\cdot\,) \cdot \dfrac{1}{P} < 0$，$\dfrac{\partial N^*}{\partial P} = F''^{-1}(\,\cdot\,) \cdot \left(\dfrac{W}{P^2}\right) > 0$

$\dfrac{\partial Y^*}{\partial G} = 0$，$\dfrac{\partial Y^*}{\partial M} = 0$，$\dfrac{\partial Y^*}{\partial T} = 0$，$\dfrac{\partial Y^*}{\partial (W/P)} = F'(\,\cdot\,)F''^{-1}(\,\cdot\,) < 0$

经济政策分析：从以上数理推导可以看出，在劳动力超额供给和产品市场超额需求的情况下，经济处于古典失业均衡，全部古典结论都是适用的：减少实际工资能增加产出和就业，降低名义工资和提高产品价格也能发挥同样的作用。此时的凯恩斯政策措施对就业和产出没有效果，凯恩斯经济政策的主要影响是进一步加剧了产品市场的超额供给。若假设政府在产品市场上有优先权，则私人消费为：$C_C = Y_C - \min(G, Y_C)$，政府支出对私人消费有 100% 的挤出效应，但此时的挤出效应不是通过瓦尔拉斯中的价格机制发生的，而是通过直接数量配额进行的。

（2）当 $H > 1$ 时，即考虑在模型中引入人力资本因素，产出和就业

的均衡值：
$$\begin{cases} N^* H = N_C H = F'^{-1}(W/P) \\ Y^* = Y_C = F[F'^{-1}(W/P)] \end{cases}$$

①分析外生变量对就业 N^* 的影响：

令 $Z = N_C h'^{-1}(WN_C/N_0) - F'^{-1}(W/P)$ （3-10）

则：$\dfrac{\partial N_C}{\partial G} = -\dfrac{Z_G}{Z_{N_C}} = 0$，$\dfrac{\partial N_C}{\partial \overline{M}} = -\dfrac{Z_{\overline{M}}}{Z_{N_C}} = 0$，$\dfrac{\partial N_C}{\partial T} = -\dfrac{Z_T}{Z_{N_C}} = 0$

$\dfrac{\partial N_C}{\partial (W/P)} = -\dfrac{Z_{(W/P)}}{Z_{N_C}} = -\dfrac{-F''^{-1}(\cdot)}{h'^{-1}(\cdot) + N_C h''^{-1}(\cdot)(W/N_0)} < 0$

$\dfrac{\partial N_C}{\partial W} = -\dfrac{Z_W}{Z_{N_C}} = -\dfrac{N_C h''^{-1}(\cdot)(N_C/N_0) - F''^{-1}(\cdot)(1/P)}{h'^{-1}(\cdot) + N_C h''^{-1}(\cdot)(W/N_0)} < 0$

$\dfrac{\partial N_C}{\partial P} = -\dfrac{Z_P}{Z_{N_C}} = -\dfrac{-F''^{-1}(\cdot)(-W/P^2)}{h'^{-1}(\cdot) + N_C h''^{-1}(\cdot)(W/N_0)} > 0$

②分析外生变量对人力资本水平的影响：

根据 $H = h'^{-1}\left(\dfrac{WN}{N_0}\right)$，有 $\dfrac{\partial H}{\partial G} = h''^{-1}(\cdot) \cdot \dfrac{W}{N_0} \cdot \dfrac{\partial N}{\partial G} = 0$，$\dfrac{\partial H}{\partial \overline{M}} = 0$，$\dfrac{\partial H}{\partial T} = 0$，$\dfrac{\partial H}{\partial (W/P)} < 0$，$\dfrac{\partial H}{\partial P} > 0$，$\dfrac{\partial H}{\partial W} > 0$ 成立。

③分析外生变量对产出的影响：

由 $Y = F(N^*H)$，推导出 $\dfrac{\partial Y}{\partial G} = F'(\cdot)\left(H \cdot \dfrac{\partial N}{\partial G} + N \dfrac{\partial H}{\partial G}\right) = 0$，

$\dfrac{\partial Y}{\partial \overline{M}} = F'(\cdot)\left(H \cdot \dfrac{\partial N}{\partial \overline{M}} + N \dfrac{\partial H}{\partial \overline{M}}\right) = 0$，$\dfrac{\partial Y}{\partial T} = 0$，$\dfrac{\partial Y}{\partial (W/P)} < 0$，$\dfrac{\partial Y}{\partial P} > 0$，

$\dfrac{\partial Y}{\partial W} = F'(\cdot)\left\{\dfrac{N^2}{N_0} \cdot h''^{-1}(\cdot) + \left[\dfrac{NH}{W} + \dfrac{N^2}{N_0} \cdot h''^{-1}(\cdot)\right]\left(\dfrac{W}{N} \cdot \dfrac{\partial N}{\partial W}\right)\right\} > 0$。

经济政策分析：

首先，通过以上的分析可知，在劳动力超额供给和产品市场超额需求区域，加入人力资本因素后，所用的古典型政策和无人力资本时的情况是一致的。此时能影响就业和产出的因素是实际工资，就业和产出是实际工资的减函数。但是，政府支出、税收的变动对产出和就业无影响，货币供给也是中性的，政府支出对私人的挤出效应是市场通过数量配额进行的，私人消费也不是完全被挤出。

其次，当产品市场超额需求时，价格上涨促使厂商增加产量，随之对劳动力的需求增加，就业率就会上升，家庭就有动力进行人力资本投资。另外，在劳动力超额供给的情况下，降低 W 对就业有良好的效果，但会给产出带来负效用，这就是政府实施经济政策带来的实际矛盾后果。

最后，引入人力资本因素后，实施凯恩斯主义政策对人力资本水平有效，即政府支出增加、货币禀赋增加或者税收减少为人力资本水平提高带来正效应。另外，实际工资、名义工资和价格的上涨都会导致人力资本投资增加，进而人力资本水平提高。表 3-2 给出了 $H=1$ 和 $H>1$ 情况下各变量之间的相关性。

表 3-2　　　　　当 $H=1$ 和 $H>1$ 时各变量之间的相关性分析

	$H=1$		$H>1$		
相关性分析	$\partial Y/\partial \bar{M}=0$	$\partial N/\partial \bar{M}=0$	$\partial Y/\partial \bar{M}=0$	$\partial N/\partial \bar{M}=0$	$\partial H/\partial \bar{M}=0$
	$\partial Y/\partial G=0$	$\partial N/\partial G=0$	$\partial Y/\partial G=0$	$\partial N/\partial G=0$	$\partial H/\partial G=0$
	$\partial Y/\partial T=0$	$\partial N/\partial T=0$	$\partial Y/\partial T=0$	$\partial N/\partial T=0$	$\partial H/\partial T=0$
	$\partial Y/\partial P>0$	$\partial N/\partial P>0$	$\partial Y/\partial P>0$	$\partial N/\partial P>0$	$\partial H/\partial P>0$
	$\partial Y/\partial W<0$	$\partial N/\partial W<0$	$\partial Y/\partial W>0$	$\partial N/\partial W<0$	$\partial H/\partial W>0$
	$\partial Y/\partial(W/P)<0$	$\partial N/\partial(W/P)<0$	$\partial Y/\partial(W/P)<0$	$\partial N/\partial(W/P)<0$	$\partial H/\partial(W/P)<0$

综上所述，通过建立和求解非瓦尔拉斯均衡模型，并结合表 3-2 得出如下结论：

首先，无论是否包含人力资本因素，均不改变凯恩斯经济政策效果，即在两种情况下凯恩斯政策是无效的。但是，唯一能够影响产出和就业的变量是实际工资，降低实际工资能促使产出和就业增加。另外，与劳动力和产品都超额供给区域不同的是，加入人力资本因素后，此区域的凯恩斯政策对提高人力资本水平无效用，但在 A 区域中凯恩斯主义政策对人力资本水平的效应是，增加货币禀赋和政府支出或者减少税收均能提高人力资本水平。

其次，在 $H=1$ 和 $H>1$ 中，提高价格对就业、产出以及人力资本水平有良好的效果，其作用机制为：产品涨价，促使产出增加，对劳动力要素需求增加，就业率上升，激励人力资本投资增加。变动名义工资水平带来的经济效应在 $H=1$ 和 $H>1$ 情况中存在差异。在 $H=1$ 中，就业和产出是名义工资的减函数，在劳动力市场超额供给和产品超额需求的情况下，降低工资能消除失业和增加产品供给；在 $H>1$ 中，就业是工资的减函数，产出是工资的增函数，工资水平的上涨也会促使人力资本水平提高。

最后，从均衡私人消费水平 $C_k = Y_k - G$ 可以得到一个重要的结果是，政府支出对私人消费有 100% 的挤出效应，但此时的挤出效应主要通过数量配额机制达到。相反，在产品和劳动力都超额供给的区域却不存在挤出效应。

下面需要决定变动哪些参数值能使市场状况位于这个区域。

劳动力市场超额供给有 $N^* \leq N_0$，或 $F'^{-1}(W/P) \leq N_0$ 成立；产品市场超额需求有 $C(Y_C, P, T) + G \geq Y_C$，等价于 $Y_C \leq Y_K$ 成立。

三 区域 C：劳动力市场和商品市场都超额需求

当劳动力市场和产品市场都存在超额需求时，厂商的劳动需求得不到满足，家庭的消费品需求也得不到满足，劳动交易量 N^* 由家庭有效劳动供给决定，即 $N^* = \tilde{N}^s$，商品实际交易量 Y^* 由企业有效供给决定，即 $Y^* = \tilde{Y}^s$，家庭消费受到数量约束为 $C \leq \bar{C}(=\tilde{C}^s)$，其中 $\tilde{C}^s$ 为有效消费供给，$\bar{C}$ 是家庭在产品市场面临的消费约束。假设政府支出大于税收收入，政府在产品市场上拥有优先权，并且产量可满足政府需求。

家庭在预算约束与商品需求数量约束条件下，最大化自己的效用来决定有效的劳动供给量 $\tilde{N}^s$，家庭的效用最大化问题：

$$\begin{cases} \max U = \alpha_1 \ln C + \alpha_2 \ln M/P^e + \alpha_3 \ln(N_0 - N) \\ \text{s. t. } PC + M + N_0 h(H) = \bar{M} + WNH + \pi - PT \\ C \leq \bar{C}(=\tilde{C}^s) \end{cases}$$

一阶条件：

由 $\partial U/\partial H = 0$，得 $(\alpha_2/M)[WN - N_0 h'(H)] = 0$。

由 $\partial U/\partial C = 0$，得 $\alpha_1/C = \alpha_2 P/M$。

由 $\partial U/\partial N = 0$，得 $(\alpha_2/M) \cdot (\partial M/\partial N) - \alpha_3/(N_0 - N) = 0$。

人力资本水平为 $H = h'^{-1}(WN/N_0)$。

非瓦尔拉斯均衡的劳动数量用 N_i（i 代表产品市场和劳动力市场都超额需求的区域）表示：

$$N_i = \widetilde{N}^s = N_0 - \frac{\alpha_3[\bar{M} + P(G-T) - N_0 h(H)]}{\alpha_2 WH} \quad (3-11)$$

$$N_i = \widetilde{N}^s = N_0 - \frac{\alpha_3[\bar{M} + WNH + \pi - PT - \bar{P}C - N_0 h(H)]}{\alpha_2 WH}$$

此式显示了一个新的溢出效应：如果 $\bar{C}$ 减少，$\widetilde{N}^s$ 就会减少。换言之，家庭若不能够按其意愿进行消费，就会减少劳动力供给。

实际劳动力成交量的均衡解：$N_i = N_i(\bar{M}, G, T, P, W)$，非瓦尔拉斯均衡人力资本水平：$H_i = h'^{-1}(WN_i/N_0)$，进一步推导出 $N_i = N_0 h'(H_i)/W$ 代入式（3-11）得出：

$$N_i = \frac{N_0 h'(H_i)}{W} = N_0 - \frac{\alpha_3[\bar{M} + P(G-T) - N_0 h(H_i)]}{\alpha_2 W H_i} \quad (3-12)$$

其中 $\bar{M} + P(G-T) - N_0 h(H_i) \geq 0$。

（1）当 $H=1$ 时，因为存在对劳动力的超额需求，交易数量 N_i 等于有效劳动力供给 $\widetilde{N}^s$，由式（3-12）得到均衡劳动力数量：$N_i = \frac{N_0 h'(1)}{W} = N_0 - \frac{\alpha_3[\bar{M} + P(G-T)]}{\alpha_2 W}$，进而

$$\frac{\partial N_i}{\partial G} = -\frac{\alpha_3 P}{\alpha_2 W} < 0, \quad \frac{\partial N_i}{\partial \bar{M}} = -\frac{\alpha_3}{\alpha_2 W} < 0, \quad \frac{\partial N_i}{\partial T} = \frac{\alpha_3 P}{\alpha_2 W} > 0, \quad \frac{\partial N_i}{\partial P} = -\frac{\alpha_3(G-T)}{\alpha_2 W} < 0, \quad \frac{\partial N_i}{\partial W} = \frac{\alpha_3[\bar{M} + P(G-T)]}{\alpha_2 W^2} > 0$$

因为存在对产品的超额需求，产品市场上的交易等于企业的有效供给，有效供给（因为厂商在劳动购买上受到了约束）等于可获劳动力供给数量所能生产的最大产量，即：

$$Y^* = F(N_i), \quad \frac{\partial Y^*}{\partial \bar{M}} = F'(\cdot)\frac{\partial N_i}{\partial \bar{M}} < 0, \quad \frac{\partial Y^*}{\partial G} = F'(\cdot)\frac{\partial N_i}{\partial G} < 0, \quad \frac{\partial Y^*}{\partial T} > 0, \quad \frac{\partial Y^*}{\partial P} < 0, \quad \frac{\partial Y^*}{\partial W} > 0$$

我们再次假设政府在产品市场上拥有优先权，并且产量可满足政府

需求。此时家庭在产品市场上的购买量为 $\bar{C}$，即 $\bar{C} = C^* = Y^* - G$。因为增加政府支出会减少产出，所以，此处政府支出对私人消费有100%的挤出效应，即政府支出的增加会使私人消费以更大的份额减少。

经济政策分析：

首先，当恢复到传统的抑制型通胀均衡时，即不考虑人力资本因素，各外生变量对提高人力资本水平无影响。

其次，在劳动力和产品市场都超额需求的区域中，对内生变量的政策效果与劳动力和产品都超额供给的区域中的情况完全相反。具体而言，增加政府支出和货币的初始禀赋会减少就业和产出，提高税率水平也会增加产出，降低失业率，其中的作用机理为：政府支出增加为实际劳动力交易量带来负效应，因为产品市场已经出现短缺，家庭消费得不到满足，再加上政府消费优先于家庭消费，此种配置会进一步减少家庭消费，进而家庭的劳动供给减少；减少税收会使家庭实际收入增加，由于家庭在产品市场的需求得不到满足，家庭会减少劳动力供给而增加休闲等其他经济活动，产出随之减少，产品市场的短缺状况没有得到有效改善。此外，货币供给是非中性的，财富的增长会间接导致家庭减少劳动力供给，缩减劳动时间，人们愿意把更多的时间和财富用于闲暇。因此，这类区域背后的机制是"供给乘数"，在这种机制作用下，用于消费的产品数量的减少会引起劳动供给减少，劳动力供给减少又进一步促使产量减少，这种作用会循环往复地持续下去。

最后，就业和产出是价格的减函数，是工资水平的增函数。价格在这个区域的经济政策效果与劳动力和产品都超额供给区域的情况是一致的，降低价格会给产出和就业带来正效应。提高工资水平对缓解失业状况和增加产品供给发挥作用。

（2）当 $H > 1$ 时，$h'(H) > 0$，$h''(H) > 0$，由均衡表达式（3-12）可知，若把人力资本因素考虑到模型中，外生变量变动促使人力资本水平提高和就业增加。

①分析外生变量 G、$\bar{M}$、T、P、W 对就业的影响：

令 $Z = N_0 - \dfrac{\alpha_3 \{\bar{M} + P(G-T) - N_0 h[h'^{-1}(WN_i/N_0)]\}}{\alpha_2 W h'^{-1}(WN_i/N_0)} - N_i$ （3-13）

$$Z_{N_i}=\frac{\partial Z}{\partial N_i}=\frac{-\alpha_3[(W/N_0)h'^{-1}(\cdot)]\{N_0h'^{-1}(\cdot)h'(\cdot)+[\overline{M}+P(G-T)-N_0h(\cdot)]\}}{\alpha_2 W[h''^{-1}(\cdot)]^2}-1<-1,$$

$$\frac{\partial N_i}{\partial G}=-\frac{Z_G}{Z_{N_i}}=-\frac{-(\alpha_3 P/\alpha_2 WH)}{Z_{N_i}}<0, \quad \frac{\partial N_i}{\partial \overline{M}}=-\frac{Z_{\overline{M}}}{Z_{N_i}}=-\frac{-(\alpha_3/\alpha_2 WH)}{Z_{N_i}}<0,$$

$$\frac{\partial N_i}{\partial P}=-\frac{Z_P}{Z_{N_i}}=-\frac{(\alpha_3 P/\alpha_2 WH)}{Z_{N_i}}<0, \quad \frac{\partial N_i}{\partial W}=-\frac{Z_W}{Z_{N_i}}>0$$

②分析外生变量 G、$\overline{M}$、T、P、W 对人力资本水平的影响：

由 $H=h'^{-1}\left(\frac{WN_i}{N_0}\right)\Rightarrow\frac{\partial H}{\partial G}=h''^{-1}(\cdot)\cdot\frac{W}{N_0}\cdot\frac{\partial N_i}{\partial G}<0$, $\frac{\partial H}{\partial \overline{M}}=h''^{-1}(\cdot)\cdot\frac{W}{N_0}\cdot\frac{\partial N_i}{\partial \overline{M}}<0$, 有

$$\frac{\partial H}{\partial T}=h''^{-1}(\cdot)\cdot\frac{W}{N_0}\cdot\frac{\partial N_i}{\partial T}>0, \quad \frac{\partial H}{\partial P}=h''^{-1}(\cdot)\cdot\frac{W}{N_0}\cdot\frac{\partial N_i}{\partial P}>0 \text{ 和 } \frac{\partial H}{\partial W}=h''^{-1}(\cdot)\cdot\frac{N_i}{N_0}\left(1+\frac{W}{N}\cdot\frac{\partial N_i}{\partial W}\right)>0 \text{ 成立。}$$

③分析外生变量 G、$\overline{M}$、T、P、W 对产出的影响：

根据 $Y^*=F(N_iH)$, $\frac{\partial Y^*}{\partial G}=F'(\cdot)\left(H\frac{\partial N_i}{\partial G}+N_i\frac{\partial H}{\partial G}\right)<0$, $\frac{\partial Y^*}{\partial \overline{M}}<0$, $\frac{\partial Y^*}{\partial T}>0$, $\frac{\partial Y^*}{\partial P}<0$, $\frac{\partial Y^*}{\partial W}=F'(\cdot)\left(H\frac{\partial N_i}{\partial G}+N_i\frac{\partial H}{\partial G}\right)=F'(\cdot)\left\{\frac{N_i^2}{N_0}\cdot h''^{-1}(\cdot)+\left[\frac{N_iH}{W}+\frac{N_i^2}{N_0}\cdot h''^{-1}(\cdot)\right]\left(\frac{W}{N_i}\cdot\frac{\partial N_i}{\partial W}\right)\right\}>0$。

基于政府购买具有优先权且产量可满足政府需求。此时家庭在产品市场上的购买量为 $\overline{C}$，即 $\overline{C}=C^*=F(N_iH)-G$。可见，加入人力资本因素后，政府支出增加使总供给额减少，存在挤出效应，政府支出的增加会使私人消费以更大的份额减少，但并不是完全挤出。

经济政策分析：

首先，在产品市场和劳动力市场都超额需求的区域，在 $H>1$ 情况中，经济政策带来的产出和就业变动方向与 $H=1$ 的情况一致。但是，在 $H>1$ 中，政府支出、税收和货币供给的变动所带来的就业效应明显小于不考虑人力资本因素的情况，例如，在 $H=1$ 中，$\partial N_i/\partial G=-$

$(\alpha_3 P/\alpha_2 W)$，而在 $H > 1$ 中，$\partial N_i/\partial G = -(\alpha_3 P/\alpha_2 WH)/Z_{N_i}$。同样，价格和工资变动所带来的就业效用也小于无人力资本的情况，产品价格的变动与劳动力均衡成交量呈反方向变动，降价刺激消费，消费增加带来家庭对未来的预期增加，就有动力提高人力资本水平、增加劳动力供给，劳动力交易量随之增加。

其次，同 $H = 1$ 的情况一样，经济政策变量的效果与劳动力和产品都超额供给的区域中的情况完全相反，其中的作用机制仍然是"供给乘数"，在这种机制作用下，降价只能导致此区域的超额需求状况更加严重。因此，政策建议是：提高产品价格缓解此区域的超额需求状况。

最后，当 $H > 1$ 时，人力资本水平随政府支出和货币禀赋的增加而减少，与税收同方向变动，其原理：一方面，减少政府支出或货币供给，促使总需求下降和价格降低，随之产出减少，对劳动力要素的需求也减少，家庭对人力资本的投资相应减少。另一方面，政府购买力增加挤占了私人消费，家庭没有动力进行人力资本投资，而且在预算约束下会把更多的财富用于消费和储蓄。提高税收导致实际收入下降，为了维持原有生活水平，家庭会增加劳动力供给。此外，价格和工资的变动通过收入效应促使家庭减少劳动力供给或减少人力资本投资。表 3-3 给出了 $H = 1$ 和 $H > 1$ 情况下变量之间的相关性分析。

表 3-3　　　　当 $H = 1$ 和 $H > 1$ 时各变量之间的相关性分析

	$H = 1$		$H > 1$		
相关性分析	$\partial Y/\partial \overline{M} < 0$	$\partial N/\partial \overline{M} < 0$	$\partial Y/\partial \overline{M} < 0$	$\partial N/\partial \overline{M} < 0$	$\partial H/\partial \overline{M} < 0$
	$\partial Y/\partial G < 0$	$\partial N/\partial G < 0$	$\partial Y/\partial G < 0$	$\partial N/\partial G < 0$	$\partial H/\partial G < 0$
	$\partial Y/\partial T > 0$	$\partial N/\partial T > 0$	$\partial Y/\partial T > 0$	$\partial N/\partial T > 0$	$\partial H/\partial T > 0$
	$\partial Y/\partial P < 0$	$\partial N/\partial P < 0$	$\partial Y/\partial P < 0$	$\partial N/\partial P < 0$	$\partial H/\partial P < 0$
	$\partial Y/\partial W > 0$	$\partial N/\partial W > 0$	$\partial Y/\partial W > 0$	$\partial N/\partial W > 0$	$\partial H/\partial W > 0$

根据对模型的构建和求解，并结合表 3-3 中各变量之间的相关性比较，得出以下结论。

首先，在产品市场和劳动力市场都超额需求的区域，无论是否考虑引入人力资本因素，均不会改变抑制型通胀区域的特征。具有人力资本的抑制型通胀区域的经济政策与传统的抑制型通胀区域的经济政策都有效，但与凯恩斯经济政策完全相反。在凯恩斯失业区域，其背后的经济机制更多的是"溢出效应"，而在抑制型通胀区域，其背后的经济机制是"乘数效应"，即降价刺激需求增加，产出增加，就业增加，随后人力资本投资增加。

其次，加入人力资本后，政府支出、货币供给和税收的变动带来的就业效应小于无人力资本的情况。各外生变量对人力资本的影响与外生变量对劳动力的影响是相一致的。产出效应同时依赖于就业和人力资本水平的变化。

最后，在劳动力市场和产品市场都超额供给区域，私人消费随政府支出增加而增加，而且此区域政府支出对私人消费是完全挤出。

第五节　固定价格下的不同区域相关政策建议

本章扩展了具有人力资本因素的固定价格非均衡模型，不仅探讨了宏观经济学的微观基础，而且将两种重要的失业理论放到了同一个模型中，本章为后面各章非瓦尔拉斯均衡模型建立了一个基础框架。

在产品市场和劳动力市场都超额供给的区域，若不考虑人力资本因素，工资的变动对劳动力均衡交易量不产生影响，但是，政府支出、税收以及货币供给的变动能够给产出和就业带来效用。另外，除了价格能刺激私人消费增加外，政府支出增加也可推动私人消费增加。加入人力资本因素后，凯恩斯主义政策对提高人力资本发挥效应，即货币禀赋增加、政府支出增加、税收下降对人力资本水平的提高都具有正效应。所以，各参数变量位于此区域的政策建议是：可以通过增加政府支出、增加货币供给或者减少税收来缓解失业和消除产品供给过剩的状况，降低价格也具有同样的功效。

在劳动力市场超额供给和产品市场超额需求的区域，各参数变量位于此区域的政策建议是：无论是否引入人力资本因素，能够缓解失业和商品供不应求状况的途径有：其一，通过降低实际工资来解决经济中产品供给不足和劳动力供给过剩的状况；其二，通过提升产品价格对产出和就业困境发挥正效应。对私人消费的超额需求起到抑制作用的是增加政府支出。

在产品市场和劳动力市场都超额需求的区域,其相应的经济政策与传统的凯恩斯经济政策完全相反,各参数变量位于此区域的政策意见是:在无人力资本因素的情况下,可以通过减少货币供给、减少政府支出或者提高税收水平来增加产品供给和提高就业率。加入人力资本因素后,虽然这些政策效果要小于无人力资本的情况,但也是一种不错的政策选择。此外,在"乘数"机制的作用下,商品价格下降也能对此区域的经济问题发挥正效应。

虽然本章是在严格假设条件下建立的包含人力资本的非均衡模型,但是,固定价格下的非瓦尔拉斯均衡模型是对瓦尔拉斯模型的拓展,为宏观经济和微观经济找到了连接点,使宏观经济问题有了坚实的微观基础,更为未来非均衡模型的延伸和进一步研究奠定了基础。

第六节 本章小结

本章构造了一个含有人力资本因素的简单的宏观经济非瓦尔拉斯均衡模型,在工资和价格刚性的假设下,主要研究:将产品市场和劳动力市场的供给和需求之间的关系归属为三个不同的非均衡子区域,根据参数位于不同子区域的特征,在 $H=1$ 和 $H>1$ 两种情况下总结非均衡区域的特有性质、不同子区域非均衡模型的差异性,以及讨论政策效应的差异性,并依据模型分析和给予针对性的意见措施。本章研究模型假设价格和工资完全刚性,以下各章,我们将研究假设条件放松的非瓦尔拉斯均衡模型。

第四章

具有人力资本的价格伸缩下的非瓦尔拉斯均衡模型

第一节　引言

在第三章有关失业理论的模型中，重点分析了凯恩斯区域、古典区域和抑制性通胀区域的特点、性质及经济政策。在这三个区域中有两个存在商品市场超额需求，因而存在消费者配额，然而除开价格长期固定的情况，这种配额在市场中是特例。因为在通常情况下，即使价格显示某种向下的刚性，人们普遍认为，在商品超额需求情况下，价格会一直上升到超额需求消除为止，为了处理这种情况，本章对第三章的固定价格模型进行了修改，假设商品价格具有向上的伸缩性，从而使商品市场不再出现超额需求和消费者配额。本章仍在短期均衡框架中研究这种不对称的伸缩性，我们将获知现在的模型仍然具有多重区域，并计算经济政策在每个区域的效果。

第二节　基本假设

本章所研究的经济系统与第三章非常相似，一个货币经济中包括三个代表性行为人：家庭、厂商、政府，三种商品：消费品（商品）、劳动、货币。因此，在所考察的时期内存在两个市场：一个市场是产品与货币按价格进行交换，另一个市场是劳动力与货币按工资进行交换。假

第四章 | 具有人力资本的价格伸缩下的非瓦尔拉斯均衡模型

设两个市场是无摩擦地运行，以致实现的交易等于需求和供给中较小的那一个，且满足自愿交换和市场效率。

厂商：代表性厂商的短期生产函数为 $Y = F(NH)$，此函数具有特点：$F(0) = 0$，$F'(NH) > 0$，$F''(NH) < 0$，假设厂商无存货。根据这些条件，在均衡状态下，产品销售量为 $Y = F(NH)$，厂商的目标是实现利润（$\pi = PY - WNH$）最大化，这些利润完全分配给居民。

家庭：代表性居民的消费数量为 C，$N_0 h(H)$ 表示人力资本投资额，出售 N 单位劳动力，储蓄 M 单位数量货币，居民被禀赋的初始货币量和初始劳动力数量分别为 $\bar{M}$ 和 N_0，家庭出售的劳动力数量为 $N \leqslant N_0$，用 T 表示实际纳税水平，居民的预算约束为：$PC + M + N_0 h(H) = \bar{M} + WNH + \pi - PT$，工资率 $W(H) = W \cdot H$，H 是平均人力资本水平，W 为单位人力资本价格，$h(H)$ 为人力资本投资函数，其性质为 $H \geqslant 1$，$h(1) = 0$，$h'(H) > 0$，$h''(H) > 0$，由于考虑到闲暇对居民产生效用，因此，将居民的闲暇记为 $N_0 - N$，对产品的有效需求为 $\tilde{C}$，$\tilde{C}$ 依赖于实际收入（这里等于 Y），价格水平 P 和税收 T 的消费函数表示为：$\tilde{C} = C(Y, P, T)$，它可由预算约束条件下的效用最大化方程求得。

政府：对商品的有效需求为 $\tilde{G}$，由于价格具有向上伸缩性，所以政府购买为 $G^* = \tilde{G}$，这里将两者都用 G 表示。

这个模型的暂时瓦尔拉斯一般均衡仍由下面两个方程确定：

$$\begin{cases} W_0/P_0 = F'(NH) \\ C(Y_0, P_0, H, T) + G = Y_0 \end{cases}$$

假设它是存在的，其中，瓦尔拉斯价格水平 P_0 和 W_0 分别由劳动力和产品的市场出清条件决定。劳动力市场出清意味着 $NH = F'^{-1}(W_0/P_0)$ 或者 $F'(NH) = W_0/P_0$。换言之，当经济达到充分就业时，瓦尔拉斯的实际工资等于劳动的边际生产率。产品市场出清意味着，当达到充分就业时，产量等于消费和政府支出的总和，从此方程可以看出，在暂时的瓦尔拉斯均衡状态下，由于消费和政府支出的总和等于充分就业时的产量 Y_0，所以消费会被政府支出完全挤出，这种完全挤出效应是经由伴随政府需求增加的价格上涨导致的。

第三节　模型构建、求解及分析

本章对模型基本假设的偏离出现在价格决定的过程中，我们假设名义工资 W 是既定的，但假设商品价格 P 向上具有伸缩性，向下具有刚性且最小值为 $\bar{P}$，使 $P \geq \bar{P}$，假设 $\bar{P}$ 是已知参数，以下研究价格 P 具有伸缩性的各个区域，探讨各种情况下经济政策的效果。我们将旨在增加有效需求的政策称为"凯恩斯主义政策"，将旨在减少劳动的实际成本的政策称为"古典主义政策"。具体来说，在以下要研究的模型中，把增加政府支出或减少居民税收的政策称为凯恩斯主义政策，而把减少收入的政策归为古典主义政策。

这个模型展示出三个区域：

产品市场和劳动力市场都超额供给的区域 A；

劳动力市场存在超额供给，商品市场出清的区域 B；

劳动力市场存在超额需求，商品市场出清的区域 C；

第四个潜在的区域：劳动力市场存在超额需求，商品市场存在超额供给，同第三章一样，可以证明是一个退化的区域，下面我们将使均衡 P^*，Y^*，N^*，H^* 由外生参数 W，$\bar{P}$，G，T 构成的函数决定，并研究有可能改善失业的政策措施。首先要注意，在所有的区域，只有一个方程的价格有效。事实上，由于商品价格向上具有伸缩性，商品的销售总是等于需求。因此，在每一个区域里都有 $Y = C(Y, P, T) + G$ 或 $Y = K(P, G, T)$ 成立。以下研究这三个区域中的其他方程。

一　区域 A：产品市场和劳动力市场都超额供给

此时，家庭有闲置劳动力，厂商有销售不出去的产品，家庭面临 $\bar{N}^s$ 数量约束等于厂商的劳动力有效需求 $\tilde{N}^d$。显然，家庭的有效消费 $\tilde{C}$ 也受到 $\bar{N}^s$ 的影响，产品市场超额供给使价格被限制在最低水平：$P = \bar{P}$，此时恢复到前几章分析的凯恩斯失业均衡区域状况，即价格固定不变的非均衡模型及政策效应讨论。劳动力市场存在超额供给促使就业水平等于劳动力需求量。商品市场存在超额供给导致劳动力需求具有"凯恩斯主义的形式"，即 $NH = F^{-1}(Y)$。

家庭最优化问题：
$$\begin{cases} \max[\alpha_1 \ln C + \alpha_2 \ln M/P^e + \alpha_3 \ln(N_0 - N)] \\ \text{s. t. } PC + M + N_0 h(H) = \overline{M} + WNH + \pi - PT \\ N = \overline{N}^S, \ P = \overline{P} \end{cases}$$

其中，$H=1$ 时，模型恢复到传统的凯恩斯主义失业均衡模型。

家庭的消费需求和劳动力供给以及人力资本水平可作为此问题的最优解求出：

一阶条件：

由 $\partial U/\partial H = 0$ 推导出，$h'(H) = WN/N_0$，$H = h'^{-1}(W\overline{N}^S/N_0)$，说明 H 与 W 和就业率 $\overline{N}^S/N_0$ 同方向变动。

由 $\partial U/\partial C = 0$ 推导出，$\alpha_1/PC = \alpha_2/M$，进一步

$$\widetilde{C} = \frac{\alpha_1}{\alpha_1 + \alpha_2}\left[\frac{\overline{M} - N_0 h(H)}{\overline{P}} + Y - T\right] = \widetilde{C}(Y^*, \overline{P}, T, \overline{M}, H)$$

产品市场超额供给导致产品的实际交易量 Y^* 等于家庭和政府对产出的总需求 $\widetilde{Y}$，即

$$Y^* = \widetilde{Y} = \widetilde{C}(\overline{P}, Y^*, T, H) + G = \frac{\alpha_1}{\alpha_1 + \alpha_2}\left[\frac{\overline{M} - N_0 h(H)}{\overline{P}} + Y^* - T + \frac{\alpha_1 + \alpha_2}{\alpha_1}G\right]$$

其中，$h(H) = h[h'^{-1}(W\overline{N}^S/N_0)]$。

在产品市场超额供给的情况下，厂商的产量由家庭和政府的总需求决定，厂商的行为是决定劳动力的有效需求 $\widetilde{N}^d$，以使产出满足家庭和政府的总需求，即

$$Y = F(NH) = F\left[\overline{N}^S \cdot h'^{-1}\left(\frac{W\overline{N}^S}{N_0}\right)\right] = \frac{\alpha_1}{\alpha_2}\left\{\frac{\overline{M} - N_0 h[h'^{-1}(W\overline{N}^S/N_0)]}{\overline{P}} - T + \frac{\alpha_1 + \alpha_2}{\alpha_1}G\right\}$$

由于劳动力市场超额供给，实际劳动力交易量 N^* 等于厂商的劳动力有效需求量 $\widetilde{N}^d$，而厂商的劳动力有效需求量等于厂商生产 Y 时所需

的劳动力数量，于是由上式可解出 $\widetilde{N}^d = N^* = N_k$，$H_k = h'^{-1}(N_k W/N_0)$，

$$Y_k = F[N_k \cdot h'^{-1}(WN_k/N_0)] = \frac{\alpha_1}{\alpha_2}\left\{\frac{\overline{M} - N_0 h[h'^{-1}(WN_k/N_0)]}{\overline{P}} - T + \frac{\alpha_1 + \alpha_2}{\alpha_1}G\right\} \tag{4-1}$$

私人消费 $C_k = Y_k - G$。

(1) 当 $H = 1$ 时，均衡值由下列方程组给出：

$$\begin{cases} P^* = \overline{P} \\ N^* = F^{-1}(Y^*) \\ Y^* = C(Y^*, \overline{P}, T) + G = \alpha_1/(\alpha_2 + \alpha_1)\{\overline{M}/\overline{P} + Y^* - T + [(\alpha_1 + \alpha_2)/\alpha_1]G\} \end{cases}$$

由式 (4-1) 可推导出 G，T，$\overline{P}$ 对 Y^* 的影响：

$\partial Y^*/\partial G = [\alpha_1/(\alpha_1 + \alpha_2)]\{\partial Y^*/\partial G + [(\alpha_1 + \alpha_2)/\alpha_1]\}$，$\partial Y^*/\partial G = (\alpha_1 + \alpha_2)/\alpha_2 > 1$，由于 $C^* = Y^* - G$，有 $\partial C^*/\partial G = \partial Y^*/\partial G - 1 = \alpha_1/\alpha_2 > 0$ 成立。

同理，$\partial Y^*/\partial T = [\alpha_1/(\alpha_1 + \alpha_2)](\partial Y^*/\partial T - 1)$，$\partial Y^*/\partial T = -(\alpha_1/\alpha_2) < 0$。

$\partial Y^*/\partial \overline{P} = [\alpha_1/(\alpha_1 + \alpha_2)][-(\overline{M}/\overline{P}^2) + \partial Y^*/\partial \overline{P}]$，$\partial Y^*/\partial \overline{P} = -(\alpha_1 \overline{M}/\alpha_2 \overline{P}^2) < 0$。

由 $N^* = F^{-1}(Y^*)$，推导出 $\frac{\partial N^*}{\partial G} = F'^{-1}(\cdot) \cdot \frac{\partial Y^*}{\partial G} > 0$，$\frac{\partial N^*}{\partial T} = F'^{-1}(\cdot) \cdot \frac{\partial Y^*}{\partial T} < 0$，以及 $\frac{\partial N^*}{\partial \overline{P}} = F'^{-1}(\cdot) \cdot \frac{\partial Y^*}{\partial \overline{P}} < 0$。

可见，在此区域，当 $H = 1$ 时，我们可以获得传统凯恩斯主义的全部效应。增加公共支出和减少税收促使产出和销售增加，失业减少，此时值得注意的是：私人消费与政府支出同方向变动，即 $\partial C^*/\partial G > 0$。由于 W 对产出和就业无影响，故减少名义工资的古典主义政策对产出和就业不起作用，但是降低 $\overline{P}$ 对就业与产出有正效应：$\partial Y^*/\partial \overline{P} < 0$，$\partial N^*/\partial \overline{P} < 0$。

(2) 当 $H > 1$ 时，均衡值由下列方程组给定：

$$\begin{cases} P^* = \overline{P} \\ N^*H = F^{-1}(Y^*) \\ Y^* = C(Y^*, \overline{P}, T, H) + G = [\alpha_1/(\alpha_2+\alpha_1)]\{[\overline{M} - N_0 h(H)]/\overline{P} + Y^* - T + (\alpha_1+\alpha_2)/\alpha_1 G\} \end{cases}$$

(4-2)

由于 $H = h'^{-1}\left(\dfrac{WN^*}{N_0}\right) = h'^{-1}\left(\dfrac{W}{H} \cdot \dfrac{N^*H}{N_0}\right) = h'^{-1}\left[\dfrac{W}{H} \cdot \dfrac{F^{-1}(Y^*)}{N_0}\right]$，可知

$$\dfrac{\partial H}{\partial G} = h''^{-1}(\,\cdot\,)\left[-\dfrac{WF^{-1}(\,\cdot\,)}{H^2 N_0} \cdot \dfrac{\partial H}{\partial G} + \dfrac{WF'^{-1}(\,\cdot\,)}{N_0 H} \cdot \dfrac{\partial Y^*}{\partial G}\right],$$

$$\dfrac{\partial H}{\partial G} = \dfrac{WHF'^{-1}(\,\cdot\,)h''^{-1}(\,\cdot\,)}{N_0 H^2 + WF'^{-1}(\,\cdot\,)h''^{-1}(\,\cdot\,)} \cdot \dfrac{\partial Y^*}{\partial G} \quad (4-3)$$

假设：$X = \dfrac{WHF'^{-1}(\,\cdot\,)h''^{-1}(\,\cdot\,)}{N_0 H^2 + WF'^{-1}(\,\cdot\,)h''^{-1}(\,\cdot\,)}$

根据式（4-2）、式（4-3）解得：

$$\dfrac{\partial Y^*}{\partial G} = \dfrac{\alpha_1}{\alpha_1+\alpha_2}\left[-\dfrac{N_0 h'(\,\cdot\,)}{\overline{P}} \cdot \dfrac{\partial H}{\partial G} + \dfrac{\partial Y^*}{\partial G} + \dfrac{\alpha_1+\alpha_2}{\alpha_1}\right], \quad \dfrac{\partial Y^*}{\partial G} = \dfrac{\overline{P}(\alpha_1+\alpha_2)}{\alpha_2 \overline{P} + \alpha_1 N_0 h'(\,\cdot\,)X} > 0,$$

于是 $\dfrac{\partial H}{\partial G} = \dfrac{X(\alpha_1+\alpha_2)}{\alpha_2 \overline{P} + \alpha_1 N_0 h'(\,\cdot\,)X} > 0$。

同理，$\dfrac{\partial H}{\partial T} = \dfrac{WHF'^{-1}(\,\cdot\,)h''^{-1}(\,\cdot\,)}{N_0 H^2 + WF'^{-1}(\,\cdot\,)h''^{-1}(\,\cdot\,)} \cdot \dfrac{\partial Y^*}{\partial T}$，由式（4-2）得出：

$$\dfrac{\partial Y^*}{\partial T} = \dfrac{-\alpha_1}{\alpha_2 + [\alpha_1 N_0 h'(\,\cdot\,)X]/\overline{P}} < 0, \quad \dfrac{\partial H}{\partial T} < 0,$$ 随着 $\overline{P}$ 的上升，政府支出的增加和税收的减少对提高人力资本水平存在正效应。

为了得到 W 对 Y^*，H，N^* 的影响，根据式（4-1）可知：

令 $Z = \dfrac{\alpha_1}{\alpha_2}\left\{\dfrac{\overline{M} - N_0 h[h'^{-1}(WN^*/N_0)]}{\overline{P}} - T + \dfrac{\alpha_1+\alpha_2}{\alpha_1}G\right\} - F\left[N^* \cdot h'^{-1}\left(\dfrac{WN^*}{N_0}\right)\right]$

(4-4)

$$\dfrac{\partial N^*}{\partial W} = -\dfrac{Z_W}{Z_{N^*}} = -\dfrac{-(\alpha_1/\alpha_2)\overline{P}N_0 h'(\,\cdot\,)h''^{-1}(\,\cdot\,)(N^*/N_0) - F'(\,\cdot\,)Nh''^{-1}(\,\cdot\,)N^*/N_0}{-(\alpha_1/\alpha_2 \overline{P})N_0 h'(\,\cdot\,)h''^{-1}(\,\cdot\,)(W/N_0) - F'(\,\cdot\,)[h'^{-1}(\,\cdot\,) + N^* h''^{-1}(\,\cdot\,)(W/N_0)]} < 0,$$

$$\frac{\partial N^*}{\partial G}=-\frac{Z_G}{Z_{N^*}}=-\frac{((\alpha_1+\alpha_2)/\alpha_2)}{-(\alpha_1/\alpha_2\overline{P})N_0 h'(\cdot)h''^{-1}(\cdot)(W/N_0)-F'(\cdot)[h'^{-1}(\cdot)+N^*h''^{-1}(\cdot)(W/N_0)]}>0,$$

$$\frac{\partial N^*}{\partial T}=-\frac{Z_T}{Z_{N^*}}=-\frac{-(\alpha_1/\alpha_2)}{-(\alpha_1/\alpha_2\overline{P})N_0 h'(\cdot)h''^{-1}(\cdot)(W/N_0)-F'(\cdot)[h'^{-1}(\cdot)+N^*h''^{-1}(\cdot)(W/N_0)]}<0,$$

$$\frac{\partial N^*}{\partial \overline{P}}=-\frac{Z_{\overline{P}}}{Z_{N^*}}=-\frac{-(\alpha_1/\alpha_2)\{[\overline{M}-N_0 h\cdot h'^{-1}(WN^*/N_0)]/\overline{P}^2\}}{-(\alpha_1/\alpha_2\overline{P})N_0 h'(\cdot)h''^{-1}(\cdot)(W/N_0)-F'(\cdot)[h'^{-1}(\cdot)+N^*h''^{-1}(\cdot)(W/N_0)]}<0_{\circ}$$

再由 $H=h'^{-1}(WN^*/N_0)$ 推导出：$\frac{\partial H}{\partial W}=h''^{-1}(\cdot)\left(\frac{N^*}{N_0}\right)\cdot\frac{\partial N^*}{\partial W}<0_{\circ}$

由式(4-2)可知，有 $\frac{\partial Y^*}{\partial W}=\frac{\alpha_1}{\alpha_1+\alpha_2}\left[-\frac{N_0 h'(\cdot)}{\overline{P}}\cdot\frac{\partial H}{\partial W}+\frac{\partial Y^*}{\partial W}\right]$，$\frac{\partial Y^*}{\partial W}=-\frac{\alpha_1}{\alpha_2}\cdot\frac{N_0 h'(\cdot)}{\overline{P}}\cdot\frac{\partial H}{\partial W}<0$ 成立。

由式（4-4）可知，有

$$\frac{\partial N^*}{\partial \overline{P}}=-\frac{Z_{\overline{P}}}{Z_{N^*}}=-\frac{-\alpha_1\left[\overline{M}-N_0 h\cdot h'^{-1}\left(\frac{WN^*}{N_0}\right)\right]/\alpha_2\overline{P}^2}{-\frac{\alpha_1}{\alpha_2\overline{P}}N_0 h'(\cdot)h''^{-1}(\cdot)\frac{W}{N_0}-F'(\cdot)\left[h'^{-1}(\cdot)+N^*h''^{-1}(\cdot)\frac{W}{N_0}\right]}<0$$

成立，再结合 $\partial H/\partial \overline{P}=h''^{-1}(\cdot)(W/N_0)\cdot(\partial N^*/\partial \overline{P})<0$ 和 $N^*H=F^{-1}(Y^*)$，推导出 $\partial Y^*/\partial \overline{P}=[H\cdot(\partial N^*/\partial \overline{P})+N^*(\partial H/\partial \overline{P})]/F'^{-1}(\cdot)<0_{\circ}$

可见，在此区域，当 $H>1$ 时，我们仍可获得传统凯恩斯主义的全部效应。公共支出的增加或税收的减少会增加产出和销售，减少失业。公共支出增加促使私人消费增加，此时，实施名义工资的古典政策对产出和就业发挥作用，而且工资水平与就业、产出呈负相关关系。价格 $\overline{P}$ 的变动对就业与产出的影响与 $H=1$ 的情况相一致，降价促使商品成交量增加和就业量增加，即 $\partial Y^*/\partial \overline{P}<0$，$\partial N^*/\partial \overline{P}<0$。表4-1给出了 $H=1$ 和 $H>1$ 的变量之间相关性分析。

综上所述，根据对嵌入人力资本因素的价格伸缩性下的非均衡模型的求解和分析，并结合表4-1，可以得出以下结论：

首先，在产品市场和劳动力市场都超额供给的区域，无论是 $H=1$ 还是 $H>1$，模型中的外生变量对要考察的内生变量的影响在两种情况下都是相一致的，都可获得传统凯恩斯主义的全部效应，公共支出的增

表 4–1 对比分析当 $H=1$ 和 $H>1$ 时，各变量之间的相关性比较

<table>
<tr><td rowspan="5">相关性分析</td><td colspan="2">$H=1$</td><td colspan="3">$H>1$</td></tr>
<tr><td>$\partial Y/\partial G>1$</td><td>$\partial N/\partial G>0$</td><td>$\partial Y/\partial G>0$</td><td>$\partial N/\partial G>0$</td><td>$\partial H/\partial G>0$</td></tr>
<tr><td>$\partial Y/\partial T<0$</td><td>$\partial N/\partial T<0$</td><td>$\partial Y/\partial T<0$</td><td>$\partial N/\partial T<0$</td><td>$\partial H/\partial T<0$</td></tr>
<tr><td>$\partial Y/\partial \bar{P}<0$</td><td>$\partial N/\partial \bar{P}<0$</td><td>$\partial Y/\partial \bar{P}<0$</td><td>$\partial N/\partial \bar{P}<0$</td><td>$\partial H/\partial \bar{P}<0$</td></tr>
<tr><td>$\partial Y/\partial W=0$</td><td>$\partial N/\partial W=0$</td><td>$\partial Y/\partial W<0$</td><td>$\partial N/\partial W<0$</td><td>$\partial H/\partial W<0$</td></tr>
</table>

加或税收的减少都会增加产出和销售，减少失业。私人消费也是政府支出的增函数。

其次，古典主义政策在 $H=1$ 和 $H>1$ 的情况下存在差异。当 $H=1$ 时，减少名义工资的古典主义政策对生产和就业不起作用。但是，当 $H>1$ 时，产出和就业是名义工资的减函数，即 $\partial Y/\partial W<0$，$\partial N/\partial W<0$，其原因可能是工资上涨促使生产成本提高，厂商降低产量以维持原有的收益水平，进而对劳动力的需求减少，最终导致失业率进一步攀升，所以说提高工资可抵消产品的超额供给量，但会进一步推动失业增加。因此，此种情况中采取提高工资的政策，在实际运作中可能会产生矛盾的结果。价格水平的变动在具有人力资本因素和不考虑人力资本因素的情况中发挥同样的作用，降低价格会引起产品成交量增加，产出增加，对劳动力需求增加，随之就业增加，这与现实经济相符。单位人力资本价格上涨刺激人力资本投资增加和对产品需求增加，进一步推动产出增加，即 $\partial Y/\partial \bar{P}<0$，$\partial N/\partial \bar{P}<0$，$\partial H/\partial \bar{P}<0$，$\partial H/\partial W<0$。所以说，当产品市场和劳动力市场都存在超额供给时，可以通过提高价格来减少总需求，进而减少产出和对劳动力的需求，这样既可以缓解产品超额供给的状况又可以降低失业率。

最后，加入人力资本因素后，凯恩斯主义政策和古典主义政策对人力资本因素都发挥效用，政府增加支出和减少税收可以促使人力资本水平提高，在两市场都超额供给的情况下，提高价格致使消费下降，更多的产品被滞销，随后对劳动力的总需求也减少，失业率的进一步增加促使人们减少人力资本投资和降低消费水平。所以说，降低价格能促使产出和就业的增加，劳动力超额供给再加上工资水平的下降，导致人们放弃就业，选择闲暇，进行人力资本投资。

二 区域 B：劳动力市场超额供给，产品市场出清

由于商品市场出清和劳动力市场存在超额供给，厂商总是处于短边（厂商决定有效劳动需求），厂商可以实现"新古典"的就业和商品销售计划，商品市场出清导致 P 不再等于 $\bar{P}$，此时的 P 被内生化，并且具有向上伸缩性。于是厂商的优化问题：

$$\begin{cases} \max \pi \, (\pi = PY - WNH) \\ \text{s.t.} \ Y = F(NH) \end{cases}$$

一阶条件：$\partial \pi / \partial N = 0$，推导出

$$\widetilde{N}^d = \frac{F'^{-1}(W/P)}{h'^{-1}(W\widetilde{N}^d/N_0)} \tag{4-5}$$

其中，$\widetilde{H}^d = h'^{-1}(W\widetilde{N}^d/N_0)$ 是人力资本的有效需求。

劳动力市场的超额供给促使厂商的劳动力有效需求等于市场交易量 N_C，于是均衡产出为 $Y_C = F(N_C \widetilde{H}^d) = F[F'^{-1}(W/P)]$。

家庭：家庭在劳动力市场面临 $\widetilde{N}^S$ 的数量约束，在商品市场可实现意愿交易，$C^* = \widetilde{C}$。家庭的有效消费需求 $\widetilde{C}$ 是在预算约束和数量约束条件下的下列规划的解：

$$\begin{cases} \max[\alpha_1 \ln C + \alpha_2 \ln \bar{M}/P^e + \alpha_3 \ln(N_0 - N)] \\ \text{s.t.} \ PC + M + N_0 h(H) = M + \pi + WNH - PT \\ N \leq \bar{N}^S \end{cases}$$

一阶条件：

$$\frac{\partial U}{\partial C} = 0, \ \frac{\alpha_1}{C} = \frac{\alpha_2 P}{M}, \ \widetilde{C} = \frac{\alpha_1}{\alpha_1 + \alpha_2}\left[\frac{\bar{M} - N_0 h(H)}{P^*} + Y^* - T\right] = C^*(Y^*, P^*, T, H)。$$

产品市场出清的均衡产出为：

$$Y^* = F\left[F'\left(\frac{W}{P}\right)\right] = C^*(Y^*, P^*, T, H) + G = \frac{\alpha_1}{\alpha_1 + \alpha_2}\left[\frac{\bar{M} - N_0 h(H)}{P^*} + Y^* - T\right] + G$$

令 $S(W, P) = F[F'^{-1}(W/P)]$，$S_W < 0$，$S_P > 0$

（1）当 $H=1$ 时，均衡值由下列方程组决定：

$$\begin{cases} Y^* = C(Y^*, P^*, T) + G = [\alpha_1/(\alpha_1+\alpha_2)] \cdot (\bar{M}/P^* + Y^* - T) + G \\ Y^* = F[F'^{-1}(W/P^*)] \\ N^* = F'^{-1}(W/P^*) \end{cases}$$

(4-6)

首先，分析 G 对 Y^*，P^* 的影响：

由式(4-6)可知，$\dfrac{\partial Y^*}{\partial P^*} \cdot \dfrac{\partial P^*}{\partial G} = \dfrac{\alpha_1}{\alpha_1+\alpha_2} \left(-\dfrac{\bar{M}}{P^{*2}} \cdot \dfrac{\partial P^*}{\partial G} + \dfrac{\partial Y^*}{\partial P^*} \cdot \dfrac{\partial P^*}{\partial G} \right) +$ 1，结合 $S(W,P)$ 得出：

$S_P \cdot \partial P^*/\partial G = [\alpha_1/(\alpha_1+\alpha_2)][-(\bar{M}/P^{*2}) \cdot \partial P^*/\partial G + S_P \cdot \partial P^*/\partial G] + 1$，进而

$\partial P^*/\partial G = (\alpha_1+\alpha_2)/(\alpha_1\bar{M}/P^{*2} + \alpha_2 S_P) > 0$ 成立。

同理，$\partial Y^*/\partial G = [\alpha_1/(\alpha_1+\alpha_2)][-(\bar{M}/P^{*2}) \cdot \partial P^*/\partial G + \partial Y^*/\partial G] +$ 1，结合 $\partial P^*/\partial G$ 的值可得，$\dfrac{\partial Y^*}{\partial G} = \dfrac{\alpha_1+\alpha_2}{\alpha_1} \cdot \left\{ 1 - 1 \Big/ \left[1 + \dfrac{\alpha_2 S_P}{\alpha_1 \cdot (\bar{M}/P^{*2})} \right] \right\}$，$0 < \dfrac{\partial Y^*}{\partial G} < 1$。

根据 $C^* = Y^* - G$，$\partial C^*/\partial G = \partial Y^*/\partial G - 1$ 和 $0 < \partial Y^*/\partial G < 1$，有 $-1 < \partial C^*/\partial G < 0$。

可见，在此区域，当 $H=1$ 时，存在挤出效应，但不是完全挤出。

其次，分析 T，$\bar{M}$ 对 Y^*，P^* 的影响：

由式(4-6)$\dfrac{\partial Y^*}{\partial P^*} \cdot \dfrac{\partial P^*}{\partial T} = \dfrac{\alpha_1}{\alpha_1+\alpha_2} \left(-\dfrac{\bar{M}}{P^{*2}} \cdot \dfrac{\partial P^*}{\partial T} + \dfrac{\partial Y^*}{\partial P^*} \cdot \dfrac{\partial P^*}{\partial T} - 1 \right)$，结合 $S(W,P) = F[F'^{-1}(W/P)]$，得出 $S_P \cdot \dfrac{\partial P^*}{\partial T} = \dfrac{\alpha_1}{\alpha_1+\alpha_2} \left(-\dfrac{\bar{M}}{P^{*2}} \cdot \dfrac{\partial P^*}{\partial T} + S_P \cdot \dfrac{\partial P^*}{\partial T} - 1 \right)$，$\dfrac{\partial P^*}{\partial T} = \dfrac{-\alpha_1}{(\alpha_1 \bar{M}/P^{*2}) + \alpha_2 S_P} < 0$，

$\dfrac{\partial Y^*}{\partial T} = \dfrac{-\alpha_1}{\alpha_2} \cdot \left\{ 1 - \dfrac{1}{1 + [\alpha_2 S_P/\alpha_1 \cdot (\bar{M}/P^{*2})]} \right\} < 0$ 成立。

同理，$\dfrac{\partial Y^*}{\partial P^*} \cdot \dfrac{\partial P^*}{\partial \bar{M}} = \dfrac{\alpha_1}{\alpha_1+\alpha_2}\left[\dfrac{P^*-\bar{M}\cdot(\partial P^*/\partial \bar{M})}{P^{*2}}\cdot + \dfrac{\partial Y^*}{\partial P^*}\cdot\dfrac{\partial P^*}{\partial \bar{M}}\right]$，

$S_P \cdot \dfrac{\partial P^*}{\partial \bar{M}} = \dfrac{\alpha_1}{\alpha_1+\alpha_2}\left(\dfrac{1}{P^*} - \dfrac{\bar{M}}{P^{*2}}\cdot\dfrac{\partial P^*}{\partial T} + S_P\cdot\dfrac{\partial P^*}{\partial \bar{M}}\right)$，$\dfrac{\partial P^*}{\partial \bar{M}} = \dfrac{1}{(\bar{M}/P^*)+\alpha_2 S_P \cdot P^*/\alpha_1} > 0$，

$\dfrac{\partial Y^*}{\partial \bar{M}} = \dfrac{\alpha_1}{\alpha_2 P^*}\cdot\left[1 - \dfrac{1}{1+\alpha_2 S_P P^{*2}/(\alpha_1\bar{M})}\right] > 0$。

最后，分析 G、T、W 对 N 的影响：

将式 (4-6) 中的 $N^* = F'^{-1}(W/P^*)$，结合外生变量对 N 的影响，推导出：

$\dfrac{\partial N}{\partial G} = F''^{-1}(\cdot)\left(-\dfrac{W}{P^{*2}}\right)\dfrac{\partial P^*}{\partial G} > 0$，$\dfrac{\partial N}{\partial T} = F''^{-1}(\cdot)\left(-\dfrac{W}{P^{*2}}\right)\dfrac{\partial P^*}{\partial T} < 0$，

$\dfrac{\partial N}{\partial W} = F''^{-1}(\cdot)\left[\dfrac{P^*-W(\partial P^*/\partial W)}{P^{*2}}\right] = F''^{-1}(\cdot)\dfrac{1}{P^*}\left(1-\dfrac{W}{P^*}\cdot\dfrac{\partial P^*}{\partial W}\right) > 0$

因此，当 $H=1$ 时，商品市场出清使最低价格 $\bar{P}$ 不再起作用，此时的 P^* 具有伸缩性，根据对模型求解可知：增加政府支出、减少税收以及增加货币禀赋均会促使总需求增加，商品价格上涨，产出增加，对劳动力需求增加，就业率上升。政府支出、税收对就业率也产生正效应，工资上涨也会促使就业率上升。比较 A 区域和 B 区域的凯恩斯变量对产出、就业的影响，在 B 区域中凯恩斯主义政策仍然有效，但乘数效应要比 A 区域小，这是因为随着需求增加，凯恩斯主义政策引致某些 P^* 上升，在"乘数效应"作用下，产出增加，劳动力需求增加，而且在公共支出增加的情况下，这些价格导致个人消费减少。

下面分析减少名义工资 W 的古典主义政策措施：

由式 (4-6) 推导出：

$$\frac{\partial Y^*}{\partial P^*} \cdot \frac{\partial P^*}{\partial W} + \frac{\partial Y^*}{\partial W} = \frac{\alpha_1}{\alpha_1 + \alpha_2}\left(-\frac{\overline{M}}{P^{*2}} \cdot \frac{\partial P^*}{\partial W} + \frac{\partial Y^*}{\partial P^*} \cdot \frac{\partial P^*}{\partial W} + \frac{\partial Y^*}{\partial W}\right)①, 结$$

合 $S(W, P)$，

$$S_P \cdot \frac{\partial P^*}{\partial W} + S_W = \frac{\alpha_1}{\alpha_1 + \alpha_2} \cdot \left(-\frac{\overline{M}}{P^{*2}} \cdot \frac{\partial P^*}{\partial W} + S_P \cdot \frac{\partial P^*}{\partial W} + S_W\right), \frac{\partial P^*}{\partial W} =$$

$$-\frac{\alpha_2 S_W}{\alpha_1 \overline{M}/P^{*2} + \alpha_2 S_P} > 0 \text{。}$$

再由式（4-6）得出：

$$\frac{\partial Y^*}{\partial W} = \frac{\alpha_1}{\alpha_1 + \alpha_2}\left(-\frac{\overline{M}}{P^{*2}} \cdot \frac{\partial P^*}{\partial W} + \frac{\partial Y^*}{\partial W}\right), \text{进而} \frac{\partial Y^*}{\partial W} = \frac{\alpha_1}{\alpha_2} \cdot \frac{\overline{M}}{P^{*2}} \cdot$$

$$\frac{\alpha_2 S_W}{\alpha_2 S_P + \alpha_1 \overline{M}/P^{*2}} < 0 \text{ 成立}\text{。}$$

可见，同凯恩斯主义政策相反，减少名义工资，导致成本降低，价格水平降低，但会促使产出增加，就业率上升，即减少名义工资的古典主义政策是有效的，为了达到 B 区，均衡价格 P^* 应高于最低价格 $\overline{P}$，且劳动力存在超额供给，即 $P^* \geq \overline{P}$，$N^* \geq N_0$。

（2）当 $H > 1$ 时，均衡值由下列方程组决定：

$$\begin{cases} Y^* = C(Y^*, P^*, T, H) + G = \frac{\alpha_1}{\alpha_1 + \alpha_2} \cdot \left\{\frac{\overline{M} - N_0 h(H)}{P^*} + Y^* - T + [(\alpha_1 + \alpha_2)/\alpha_1] \cdot G\right\} \\ Y^* = F[F'^{-1}(W/P^*)] \\ N^* = F'^{-1}\left(\frac{W}{P^*}\right)/h'^{-1}\left(\frac{WN^*}{N_0}\right) \end{cases} \quad (4-7)$$

其中，$H = h'^{-1}\left(\frac{WN^*}{N_0}\right)$。

假设：家庭如果只拥有初始禀赋 $\overline{M}$ 也可进行人力资本投资，即

---

① 由于在 $S(W, P) = F[F'^{-1}(W/P)]$ 中，$S_W < 0$，且被用到求解 $\partial P^*/\partial W$ 中，求解 $\partial P^*/\partial W$ 的原因是：在 $\partial P^*/\partial W$ 中，P^* 具有伸缩性下，关于 $Y^* = F[F'^{-1}(W/P^*)]$，求解 $\partial P^*/\partial W$ 也就是在 P^* 具有伸缩性下，分析 W 对 Y^* 的影响，但 $S_W < 0$ 是 P，W 不变的情况下的求解。事实上，在本书中 P 的两种性质（固定性和伸缩性）下，$\partial P/\partial W$ 和 $\partial P^*/\partial W$ 可以等同。

$\bar{M} - N_0 h(H) > 0$。

首先，分析 G 对 Y^*、P^* 的影响：

由式(4-7)得出，$\dfrac{\partial Y^*}{\partial P^*} \cdot \dfrac{\partial P^*}{\partial G} = \dfrac{\alpha_1}{\alpha_1 + \alpha_2} \Big\{ -\dfrac{[\bar{M} - N_0 h(H)]}{P^{*2}} \cdot \dfrac{\partial P^*}{\partial G} + \dfrac{\partial Y^*}{\partial P^*} \cdot \dfrac{\partial P^*}{\partial G} + \dfrac{\alpha_1 + \alpha_2}{\alpha_1} \Big\}$，有：

$\dfrac{\partial P^*}{\partial G} = \dfrac{\alpha_1 + \alpha_2}{\alpha_2 S_P + \alpha_1 \{[\bar{M} - N_0 h(H)]/P^{*2}\}} > 0$ 成立。

再由式(4-7)推导出：$\dfrac{\partial Y^*}{\partial G} = \dfrac{\alpha_1}{\alpha_1 + \alpha_2} \Big\{ -\dfrac{[\bar{M} - N_0 h(H)]}{P^{*2}} \cdot \dfrac{\partial P^*}{\partial G} + \dfrac{\partial Y^*}{\partial P^*} + \dfrac{\alpha_1 + \alpha_2}{\alpha_1} \Big\}$，结合 $S(W, P)$，可得 $\dfrac{\partial Y^*}{\partial G} = \dfrac{\alpha_1 + \alpha_2}{\alpha_2} \Big\{ 1 - 1 / \Big[1 + \dfrac{\alpha_2 S_P P^{*2}}{\alpha_1 \bar{M} - \alpha_1 N_0 h(H)} \Big] \Big\}$ 和 $0 < \dfrac{\partial Y^*}{\partial G} < 1$ 成立。

由私人消费函数 $C^* = Y^* - G$，可知 $\partial C^* / \partial G = \partial Y^* / \partial G - 1$，进而 $-1 < \partial C^* / \partial G < 0$，说明此区域加入人力资本因素后，发生了挤出效应，但只是部分挤出。

其次，分析 T 对 Y^*，P^* 的影响：

由式（4-7）得出，$\dfrac{\partial Y^*}{\partial P^*} \cdot \dfrac{\partial P^*}{\partial T} = \dfrac{\alpha_1}{\alpha_1 + \alpha_2} \Big\{ -\dfrac{[\bar{M} - N_0 h(H)]}{P^{*2}} \cdot \dfrac{\partial P^*}{\partial T} + \dfrac{\partial Y^*}{\partial P^*} \cdot \dfrac{\partial P^*}{\partial T} - 1 \Big\}$，有：

$\dfrac{\partial P^*}{\partial T} = -\dfrac{\alpha_1}{\alpha_2 S_P + \alpha_1 \Big\{ \dfrac{[\bar{M} - N_0 h(H)]}{P^{*2}} \Big\}} < 0$，

$\dfrac{\partial Y^*}{\partial T} = \dfrac{\alpha_1}{\alpha_1 + \alpha_2} \Big\{ -\dfrac{[\bar{M} - N_0 h(H)]}{P^{*2}} \cdot \dfrac{\partial P^*}{\partial T} + \dfrac{\partial Y^*}{\partial T} - 1 \Big\}$，

$\dfrac{\partial Y^*}{\partial T} = \dfrac{\alpha_1}{\alpha_2} \Big\{ \dfrac{1}{1 + \alpha_2 S_P P^{*2} / [\alpha_1 (\bar{M} - N_0 h(H))]} - 1 \Big\} < 0$ 成立。

最后，分析 G，T 关于 N，H 的影响：

由 $N^* = F'^{-1}(W/P^*)/h'^{-1}(WN^*/N_0)$ 推导出：

$$\frac{\partial N}{\partial G} = \frac{F''^{-1}(\cdot)(-W/P^{*2})(\partial P^*/\partial G) - F'^{-1}(\cdot)h''^{-1}(\cdot)(W/N_0)(\partial N/\partial G)}{[h'^{-1}(\cdot)]^2},$$

进而 $\dfrac{\partial N}{\partial G} = -\dfrac{F''^{-1}(\cdot)(W/P^{*2})(\partial P^*/\partial G)}{[h'^{-1}(\cdot)]^2 + F'^{-1}(\cdot)h''^{-1}(\cdot)(W/N_0)} > 0$。再由

$H = h'^{-1}\left(\dfrac{WN}{N_0}\right)$,

$\dfrac{\partial H}{\partial G} = h''^{-1}(\cdot) \cdot \dfrac{W}{N_0} \cdot \dfrac{\partial N}{\partial G} > 0$。

同理，$\dfrac{\partial N}{\partial T} = -\dfrac{F''^{-1}(\cdot)(W/P^{*2})(\partial P^*/\partial T)}{[h'^{-1}(\cdot)]^2 + F'^{-1}(\cdot)h''^{-1}(\cdot)(W/N_0)} < 0$，$\dfrac{\partial H}{\partial T} = h''^{-1}(\cdot) \cdot \dfrac{W}{N_0} \cdot \dfrac{\partial N}{\partial T} < 0$。

可见，在此区域，当 $H > 1$ 时，凯恩斯主义政策与 $H = 1$ 时的凯恩斯主义政策是一致的，政府支出增加、税收减少导致总需求和就业量增加，商品价格上涨，进而产出增加，对劳动力的需求增加，最终鼓励家庭增加人力资本投资，提高人力资本水平。

下面分析减少名义工资的古典主义措施：

当 $H > 1$ 时，均衡值 $\widetilde{N}^d = N^* = F'^{-1}(W/P^*)/h'^{-1}(WN^*/N_0)$。

为了得到 W 对 Y^*，P^* 的影响：

令 $Z = N^*h'^{-1}(WN^*/N_0) - F'^{-1}(W/P^*)$

则：$\dfrac{\partial P^*}{\partial W} = -\dfrac{Z_W}{Z_{P^*}} = -\dfrac{N^*h''^{-1}(\cdot)(N^*/N_0) \quad F''^{-1}(\cdot)(1/P^*)}{-F''^{-1}(\cdot)\left(-\dfrac{W}{P^{*2}}\right)} > 0$ 和

$\dfrac{\partial N^*}{\partial W} = -\dfrac{Z_W}{Z_{N^*}} = -\dfrac{N^*h''^{-1}(\cdot)(N^*/N_0) - F''^{-1}(\cdot)(1/P^*)}{h'^{-1}(\cdot) + N^*h''^{-1}(\cdot)(W/N_0)} < 0$

成立。

根据 $H = h'^{-1}\left(\dfrac{WN}{N_0}\right) = h'^{-1}\left(\dfrac{W}{H} \cdot \dfrac{NH}{N_0}\right)$，推出 $\dfrac{\partial H}{\partial W} = h''^{-1}(\cdot) \cdot \dfrac{N}{N_0} \cdot \left(1 + \dfrac{W}{N} \cdot \dfrac{\partial N}{\partial W}\right) > 0$，结合式（4-7）得：$\dfrac{\partial Y^*}{\partial W} = \dfrac{\alpha_1}{\alpha_1 + \alpha_2}\left\{\dfrac{-N_0 h'(\cdot)P^*(\partial H/\partial W) - [\overline{M} - N_0 h(\cdot)](\partial P^*/\partial W)}{P^{*2}} + \dfrac{\partial Y^*}{\partial W}\right\},$

进而 $\frac{\partial Y^*}{\partial W} = \frac{\alpha_1}{\alpha_2 P^{*2}} \left\{ -\left[N_0 h'(\cdot) \cdot P \cdot \frac{\partial H}{\partial W} + (\bar{M} - N_0 h(\cdot)) \right] \frac{\partial P^*}{\partial W} \right\} < 0$ 成立。

根据以上 W 对内生变量的影响分析，可知，当 $H>1$ 时，凯恩斯主义政策与 $H=1$ 时的相一致，但古典主义政策存在较大的不同，加入人力资本后，产出和就业是 W 的减函数，而在 $H=1$ 中，产出和就业是 W 的增函数。表 4-2 给出了当 $H=1$ 和 $H>1$ 时各变量之间的相关性。

表 4-2　对比分析当 $H=1$ 和 $H>1$ 时，各变量之间的相关性

	$H=1$			$H>1$		
相关性分析	$\partial P^*/\partial G > 0$	$\partial Y/\partial G > 0$	$\partial N/\partial G > 0$	$\partial P^*/\partial G > 0$	$\partial Y/\partial G > 0$	$\partial N/\partial G > 0$
	$\partial P^*/\partial T < 0$	$\partial Y/\partial T < 0$	$\partial N/\partial T < 0$	$\partial P^*/\partial T < 0$	$\partial Y/\partial T < 0$	$\partial N/\partial T < 0$
	$\partial P^*/\partial W > 0$	$\partial Y/\partial W > 0$	$\partial N/\partial W > 0$	$\partial P^*/\partial W > 0$	$\partial Y/\partial W < 0$	$\partial N/\partial W < 0$
				$\partial H/\partial G > 0$	$\partial H/\partial T < 0$	$\partial H/\partial W > 0$

综上所述，根据对非均衡模型的求解和分析，并结合表 4-2，可以得出以下结论。

首先，在产品市场出清和劳动力市场都超额供给的区域，当 $H>1$ 时，外生变量 G,T 对产出和就业的影响与无人力资本因素时的状况相似，都可获得传统凯恩斯主义的全部效应。增加公共支出和减少税收都会增加产出和销售，缓解失业状况。政府支出对私人消费不产生挤出效应。

其次，古典政策在 $H=1$ 和 $H>1$ 中存在差异，当 $H=1$ 时，W 与 Y^* 和就业存在正相关关系，减少名义工资会导致家庭选择自愿失业和增加闲暇时光，随之对产品的需求减少，价格也会降低，产出的减少会再次导致工资的降低，此区域的政策建议是：降低工资水平可以缓解失业局面。当 $H>1$ 时，产出和就业与名义工资均呈反向变动，即 $\partial Y^*/\partial W < 0$，$\partial N^*/\partial W < 0$。所以，在劳动力超额供给的非自愿失业区域，名义工资的上涨对就业并没有刺激作用，人们更多会选择增加闲暇时光，而减少劳动力的供给和消费水平，这会导致产出减少，就业量下降。

最后，加入人力资本因素后，古典失业政策对人力资本水平有正效

应，提高名义工资导致人力资本水平提高。在此区域，单从提高人力资本水平方面考虑，可以通过提高名义工资的途径达到。

三 区域C：劳动力市场超额需求，商品市场出清

劳动力市场超额需求使就业水平由家庭供给决定，家庭始终处于短边，且 $N^* = N_0$（劳动力成交量等于供给量）。商品市场出清促使商品的供给者和需求者都能够实现意愿交换，即 $C^* = \widetilde{C}$，$Y^* = \widetilde{Y}^S = Y_0$。但是，由于厂商在劳动力市场受到劳动力 N_0 的限制，所以商品供给被限制在 $Y_0 = F(N_0)$，进而 $Y^* = Y_0 = F(N_0)$，处于此区域的家庭可实现瓦尔拉斯一般均衡的劳动力供给和产品需求，此时的就业水平达到最大值 N_0，闲暇 $N_0 - N$ 不再发挥作用。预算约束下的家庭效用最大化方程：

$$\begin{cases} \max(\alpha_1 \ln C + \alpha_2 \ln \overline{M}/P^e) \\ \text{s. t. } PC + M + N_0 h(H) = \overline{M} + \pi + WNH - PT \end{cases}$$

一阶条件：$\partial U/\partial C = 0$，推出 $\alpha_1/C = \alpha_2 P/M$。

均衡消费和均衡产出为：

$$C^* = \widetilde{C} = \frac{\alpha_1}{\alpha_1 + \alpha_2} \cdot \left[\frac{\overline{M} - N_0 h(H)}{P^*} + Y^* - T \right] = C^*(Y^*, P^*, T, H) \text{ 和}$$

$$Y^* = C^*(Y^*, P^*, T, H) + G = \frac{\alpha_1}{\alpha_1 + \alpha_2} \cdot \left[\frac{\overline{M} - N_0 h(H)}{P^*} + Y^* - T \right] + G_\circ$$

同理，$\partial U/\partial H = 0$，$h'(H) = W$，$H = h'^{-1}(W)$。

下面对 $H = 1$ 和 $H > 1$ 进行经济学分析：

(1) 当 $H = 1$ 时，均衡值由下列等式决定：

$$Y^* = C(Y^*, P^*, T) + G = [\alpha_1/(\alpha_1 + \alpha_2)] \cdot [\overline{M}/P^* + Y^* - T] + G$$

$$Y^* = Y_0 = F(N_0)$$

$$N^* = N_0$$

由于就业水平已达到了它的最大值 N_0，所以无论是"凯恩斯主义政策"，还是"古典主义政策"都不会对就业产生影响，而且由 $Y^* = F(N_0)$ 可知"凯恩斯主义政策"和"古典主义政策"对产出也无效应，但是"凯恩斯主义政策"对 P^* 产生了影响。

根据 $Y^* = Y_0 = [\alpha_1/(\alpha_1 + \alpha_2)] \cdot \{\overline{M}/P^* + Y^* - T + [(\alpha_1 + \alpha_2)/\alpha_1] \cdot$

$G\}$,可知:

$$\partial Y^*/\partial G = [\alpha_1/(\alpha_1+\alpha_2)][-(\bar{M}/P^{*2})\cdot\partial P^*/\partial G + (\alpha_1+\alpha_2)/\alpha_1] = 0$$,进而有:

$\partial P^*/\partial G = (\bar{M}/P^{*2})\cdot(\alpha_1+\alpha_2)/\alpha_1 > 0$ 成立。

同理,$\partial Y^*/\partial T = [\alpha_1/(\alpha_1+\alpha_2)][-(\bar{M}/P^{*2})\cdot\partial P^*/\partial T - 1] = 0$,推出 $\partial P^*/\partial T = -P^{*2}/\bar{M} < 0$ 成立。

由私人消费函数 $C^* = Y^* - G$ 可知,此区域存在完全挤出,因为增加政府支出引起的价格上涨足以使个人消费削减相同数量,挤出机制通过价格起作用,这跟瓦尔拉斯一般均衡的情况相同。另外,通过以上分析可知凯恩斯主义政策会引起价格上涨。

(2)当 $H > 1$ 时,$h'(H) > 0$,$h''(H) > 0$:

由 $H = h'^{-1}(W)$,推导出:

$$\partial H/\partial G = \partial H/\partial T = \partial H/\partial \bar{M} = 0, \quad \partial H/\partial W = h''^{-1}(W) \tag{4-8}$$

均衡值由下列等式给出:

$$Y^* = C(Y^*, P^*, T, H) + G = [\alpha_1/(\alpha_1+\alpha_2)]\cdot\{[\bar{M} - N_0 h(H)]/P^* + Y^* - T\} + G$$

$$Y^* = F(N_0 H)$$

$$N^* = N_0 \tag{4-9}$$

当 $H > 1$ 时,在配额约束 N_0 的作用下,产出受人力资本水平,进而工资水平的影响。

假设:$S_H = \partial Y^*/\partial H = N_0 \cdot F'(N_0 H) > 0$,即人力资本水平的提高促使产出增加。

由式(4-8)和式(4-9)可知:

$$\frac{\partial Y^*}{\partial G} = \frac{\alpha_1}{\alpha_1+\alpha_2}\left\{\frac{-N_0 h'(\cdot)(\partial H/\partial G) - [\bar{M} - N_0 h(\cdot)](\partial P^*/\partial G)}{P^{*2}} + \frac{\partial Y^*}{\partial G}\right\} + 1,$$

$$\frac{\partial Y^*}{\partial G} = \frac{\alpha_1}{\alpha_1+\alpha_2}\left\{\frac{-[\bar{M} - N_0 h(\cdot)]\partial P^*}{P^{*2} \partial G}\right\} + 1 = 0, \quad \frac{\partial P^*}{\partial G} = \frac{(\alpha_1+\alpha_2)P^{*2}}{\alpha_1[\bar{M} - N_0 h(\cdot)]} > 0$$ 成立。

$$\frac{\partial Y^*}{\partial T} = \frac{\alpha_1}{\alpha_1+\alpha_2}\left\{\frac{-N_0 h'(\cdot)(\partial H/\partial T) - [\bar{M} - N_0 h(\cdot)](\partial P^*/\partial T)}{P^{*2}} + \frac{\partial Y^*}{\partial T} - 1\right\},$$

$$\frac{\partial Y^*}{\partial T} = \frac{\alpha_1}{\alpha_1+\alpha_2}\left\{-\frac{[\overline{M}-N_0 h(\cdot)]P^*}{P^{*2}}\frac{\partial P^*}{\partial T}-1\right\}=0, \quad \frac{\partial P^*}{\partial T}=-\frac{P^{*2}}{\overline{M}-N_0 h(\cdot)}<0$$

成立。

下面分析名义工资 W 产生的影响：由式（4-9）可知：

$$\frac{\partial Y^*}{\partial H}\cdot\frac{\partial H}{\partial W}=\frac{\alpha_1}{\alpha_1+\alpha_2}\left\{\frac{-N_0 h'(\cdot)P^*(\partial H/\partial W)-[\overline{M}-N_0 h(\cdot)](\partial P^*/\partial W)}{P^{*2}}+\frac{\partial Y^*}{\partial W}\cdot\frac{\partial H}{\partial W}\right\}$$

$$S_H\cdot\frac{\partial H}{\partial W}=\frac{\alpha_1}{\alpha_1+\alpha_2}\left\{\frac{-N_0 h'(\cdot)P^*(\partial H/\partial W)-[\overline{M}-N_0 h(\cdot)](\partial P^*/\partial W)}{P^{*2}}+S_H\cdot\frac{\partial H}{\partial W}\right\},$$

$$\frac{\partial P^*}{\partial W}=-\frac{P^{*2}h''^{-1}(\cdot)}{(\alpha_1+\alpha_2)[\overline{M}-N_0 h(\cdot)]}\cdot\left[\alpha_1\cdot\frac{N_0 h'(\cdot)}{P^*}+\alpha_2 S_H\right]<0$$

成立。

根据式（4-9）中的 $Y^*=F(N_0 H)$，有 $\partial Y^*/\partial W=F'(N_0 H)\cdot N_0\cdot(\partial H/\partial W)>0$ 成立。

表4-3　　　　　　　　对比 $H=1$ 和 $H>1$ 各变量之间的相关性

	$H=1$			$H>1$		
相关性分析	$\partial P^*/\partial G>0$	$\partial Y/\partial G=0$	$\partial N/\partial G=0$	$\partial P^*/\partial G>0$	$\partial Y/\partial G=0$	$\partial N/\partial G=0$
	$\partial P^*/\partial T<0$	$\partial Y/\partial T=0$	$\partial N/\partial T=0$	$\partial P^*/\partial T<0$	$\partial Y/\partial T=0$	$\partial N/\partial T=0$
	$\partial P^*/\partial W=0$	$\partial Y/\partial W=0$	$\partial N/\partial W=0$	$\partial P^*/\partial W<0$	$\partial Y/\partial W>0$	$\partial N/\partial W=0$
				$\partial H/\partial G=0$	$\partial H/\partial T=0$	$\partial H/\partial W>0$

由于 $C^*=Y^*-G$，$\partial C/\partial G=-1<0$ 可知，当 $H>1$ 时，经济中存在完全挤出，无论人力资本因素是否存在均不影响政府支出对私人消费的影响，加入人力资本因素后，凯恩斯主义政策表现为：政府支出和税收的变动并不直接影响产出和就业水平，其作用原理是，增加政府支出和减少税收，购买力增加，价格上涨，进而产出、就业增加。此外，凯恩

斯主义政策对人力资本水平的作用较小。产出和人力资本是 W 的增函数，价格是 W 的减函数。表 4-3 给出当 $H=1$ 和 $H>1$ 时的各变量之间的相关性。

综上所述，根据对价格具有伸缩性的非均衡模型的求解和分析，结合表 4-3，可以得出以下结论。

首先，在产品市场出清和劳动力市场超额需求的区域，由于就业水平达到了最大值 N_0，无论是 $H=1$ 还是 $H>1$，模型中外生变量 G，T 对产出和就业发挥的效应是一致的，都可获得传统"凯恩斯主义"的全部效应，公共支出、税收以及货币禀赋的变动对调节产出和销售，缓解失业状况均无直接的相关性，两种状况中的私人消费都被政府支出完全挤出。此区域的政府支出增加和税收减少直接导致价格提升，间接导致产出增加，就业增加。

其次，古典主义政策在 $H=1$ 和 $H>1$ 的情况下存在差异。在 $H=1$ 中，由于劳动力市场存在超额需求，"古典主义政策"不会对就业水平产生影响，所以在短期内工资变动不影响产出和就业，工资的变动也不影响价格水平。劳动力超额需求促使家庭选择工作，闲暇在此区域不发挥作用。在 $H>1$ 中，产品成交量随名义工资增加而增加，即 $\partial Y^*/\partial W >0$。可见，在劳动力超额需求的区域，工资的上涨导致家庭收入增加，刺激家庭消费，对产品的总需求增加，产出随之增加，间接导致对劳动力的需求增加，但工资与劳动力的供求没有直接关系，因为已经达到了充分就业状态。在无人力资本情形中，价格不受 W 变动的影响，但在 $H>1$ 中，价格水平受到了 W 变动的影响，而且二者存在负相关关系，W 的上涨导致厂商生产成本提高，所以厂商只能通过提高价格来维持原有的产出水平。

最后，加入人力资本因素后，由于就业水平达到了最大值 N_0，凯恩斯主义政策对人力资本水平无影响，但是，古典主义政策对人力资本水平有正效应，提高名义工资 W 带来的收入效应，使人们愿意增加人力资本投资。因此，当产品市场出清和劳动力市场超额需求时，可以通过提高工资的方式来提高人力资本水平。

下面用二维图形来描述价格具有伸缩性的三个区域的满足条件（见图 4-1）。

第四章 具有人力资本的价格伸缩下的非瓦尔拉斯均衡模型

图中标注:
- 纵轴: W
- 横轴: $\overline{P}$
- 曲线: $K(\overline{P},G,T)=F[F'^{-1}(W/\overline{P})]$
- 水平线高度: W_0
- 横轴点: P_0
- 区域: A、B、C

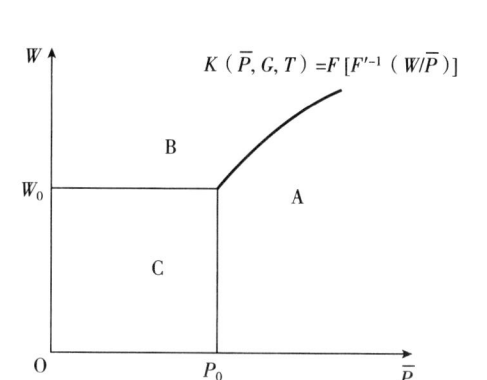

图 4-1　A、B、C 三个区域的图形表示

①为了达到 A 区域,在此区域得到的均衡 N^*、P^*、Y^* 必须与两个市场存在的超额供给相符,即:

$$\begin{cases} N^* \leqslant N_0 \\ Y^* \leqslant F[F'^{-1}(W^*/P^*)] \end{cases},\text{这两个条件等价于:}\begin{cases} Y^*=K(\overline{P},G,T)\leqslant Y_0 \\ Y^*=K(\overline{P},G,T)\leqslant F[F'^{-1}(W/P)] \end{cases}$$

保持 G 和 T 不变,这些条件可以用参数 $(\overline{P}, W)$ 落入的子区间表示,用图 4-1 加以表示相应的区域,标记为 A。

②为了达到 B 区域,参数必须满足,均衡价格 P^* 高于最低价格 $\overline{P}$,劳动力市场超额供给,即:

$$\begin{cases} P^* \geqslant \overline{P} \\ N^* \leqslant N_0 \end{cases},\text{这两个条件分别等价于:}\begin{cases} Y^* =K(\overline{P},G,T)\geqslant F[F'^{-1}(W/\overline{P})] \\ K[W/F'(N_0),G,T]\leqslant Y_0 \end{cases}$$

将这些条件表示在参数 $(\overline{P}, W)$ 构成的空间中,就可得到图 4-1 中的 B 区域。

③为了达到区域 C,参数必须满足,均衡价格 P^* 高于最低价格 $\overline{P}$,劳动力市场超额需求,即:

$$\begin{cases} P^* \geqslant \overline{P} \\ N^* \leqslant F'^{-1}(W/P^*) \end{cases},\text{这两个条件分别等价于:}\begin{cases} Y^* =K(\overline{P},G,T)\geqslant Y_0 \\ K[W/F'(N_0),G,T]\geqslant Y_0 \end{cases}$$

相应的参数子集由 $(\overline{P}, W)$ 空间中的 C 区域表示(见图 4-1)。

如果考察三个区域中各子区域均衡值 P^* 和 Y^* 的方程组,以及它们必须满足的不等式，我们发现 P^* 和 Y^* 可以由 (P, Y) 空间的"需求曲线"和"供给曲线"的交点决定，这两个曲线可以分别记作：$Y = \hat{D}(P)$ 和 $Y = \hat{S}(P)$，就业水平 N^* 可以借助逆生产函数由 Y^* 导出，$N^* = F^{-1}(Y^*)$。需求曲线就是凯恩斯主义的需求曲线 $\hat{D}(P) = K(P, G, T)$，它是方程：$Y^* = C(Y^*, P^*, T) + G = [\alpha_1/(\alpha_1 + \alpha_2)] \cdot (\overline{M}/P^* + Y^* - T) + G$ 中的 Y^* 的解，这个方程在各个区域都是满足的。

供给曲线和需求曲线由四部分组成，见图 4-2。

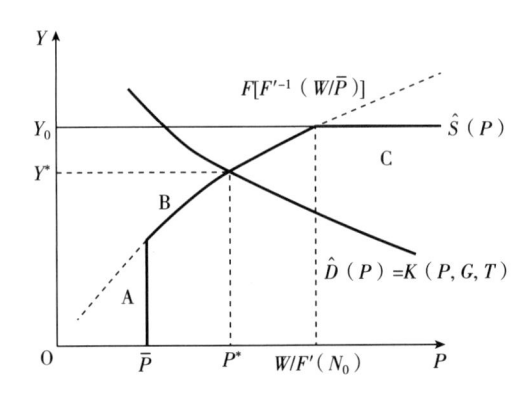

图 4-2 A、B、C 区域供给曲线和需求曲线

① 垂直部分（A 段）的诸方程：

$$\begin{cases} Y^* = C(Y^*, \overline{P}, T) + G = [\alpha_1/(\alpha_2 + \alpha_1)]\{\overline{M}/\overline{P} + Y^* - T + [(\alpha_1 + \alpha_2)/\alpha_1] \cdot G\} \\ Y^* \leq F[F'^{-1}(W/P)] \\ P^* = \overline{P} \\ Y^* \leq Y \end{cases}$$

② 向上倾斜部分（B 段）的诸方程：

$$\begin{cases} Y^* = C(Y^*, P^*, T) + G = [\alpha_1/(\alpha_1 + \alpha_2)] \cdot (\overline{M}/P^* + Y^* - T) + G \\ Y^* = F[F'^{-1}(W/P)] \\ P^* \geq \overline{P} \\ Y^* \leq Y_0 \end{cases}$$

③水平部分(C 段)的诸方程:

$$\begin{cases} Y^* = C(Y^*, P^*, T) + G = [\alpha_1/(\alpha_1 + \alpha_2)] \cdot (\overline{M}/P^* + Y^* - T) + G \\ Y^* \leqslant F[F'^{-1}(W/P)] \\ P^* \geqslant \overline{P} \\ Y^* = Y_0 \end{cases}$$

在以上不同区域的方程组中,第一个不等式表示需求曲线,其余三个不等式表示供给曲线。注意:如果 $W/\overline{P} = F'^{-1}(N_0)$,供给曲线向上倾斜部分就不会存在。分析可知,如果两条曲线相交于供给曲线的垂直部分,那么由此导致的均衡就属于 A 型;如果两条曲线相交于供给曲线向上倾斜的部分,那么由此导致的均衡就属于 B 型;如果两条曲线相交于供给曲线的水平部分,那么由此导致的均衡就属于 C 型。另外,如果对于所有价格,曲线 Y^* 都在 Y_0 以上,那就不可能有均衡存在,在这种场合,我们前面由假设排除的瓦尔拉斯均衡也不会存在。

第四节 价格具有伸缩性的不同区域的相关政策建议

首先,在产品市场和劳动力市场都超额供给的区域,无论是否引入人力资本因素,模型中给定的外生变量对要考察的内生变量的影响都是相一致的,都可获得传统凯恩斯主义政策的全部效应。在 $H = 1$ 中,变动名义工资的古典政策对生产和就业无效。在 $H > 1$ 中,名义工资与产出和就业呈反向关系,可能的原因是工资上涨导致成本增加,产出随之减少,对劳动力需求也减少,失业增加。另外,无论是否考虑人力资本因素均不影响价格水平对均衡值产生的效用,降低 $\overline{P}$ 的"乘数效用"导致产出和就业增加,鼓励人们增加人力资本投资,即 $\partial Y/\partial \overline{P} < 0$,$\partial N/\partial \overline{P} < 0$,$\partial H/\partial \overline{P} < 0$。因此,当产品市场和劳动力市场都存在超额供给时,可采取的政策建议是:当 $H = 1$ 时,可选择采取凯恩斯主义政策,因为此时的古典主义政策对产出和就业是无效的,可以通过提高价格来减少总需求,进而减少产出和劳动力的需求,这样既可以缓解产品超额供给的状况又可以降低失业率;当 $H > 1$ 时,凯恩斯主义政策和古典主义政策都有效，政府支出增加和税收减少可以促使人力资本水平提高。

其次，在产品市场出清和劳动力市场都超额供给的区域，无论 $H=1$ 的情况还是 $H>1$ 的情况，均不改变传统凯恩斯主义的全部效应。与以往私人消费被政府挤出的状况不同，在此区域政府支出会促使私人消费增加。但是，古典主义政策在 $H=1$ 和 $H>1$ 的情况下是有所不同的，在 $H=1$ 中，W 的上涨对产出和就业产生正效应，提高名义工资会刺激家庭更愿意供给劳动而放弃闲暇，这进一步推动失业率增加，因此在劳动力超额供给的区域，降低工资水平能够起到缓解失业的作用。在 $H>1$ 中，名义工资对产出和就业的效用与 $H=1$ 中的完全相反。可见，引入人力资本因素后，古典主义政策发生了完全相反的变化，在劳动力超额供给的非自愿失业区域，降低名义工资水平有助于增加产品成交量和提高就业率。古典失业政策对人力资本水平有正效应，提高名义工资导致人力资本水平提高。因此，此区域的政策建议是：当 $H=1$ 时，降低失业率的有效方式是减少政府支出、提高税率，或者采取降低名义工资的古典主义政策；当 $H>1$ 时，凯恩斯政策对缓解失业有效，提高名义工资也发挥同样的作用。

最后，在产品市场出清和劳动力市场都超额需求的区域，由于就业水平达到了最大值 N_0，无论是否引入人力资本因素，传统凯恩斯主义政策完全失效，公共支出、税收以及货币禀赋的变动在短期内对产出、销售，缓解失业不发挥任何作用。私人消费都是被政府支出完全挤出的。但是，在此区域，政府支出和税收的变动会导致价格变动，间接地对产出和就业产生影响。古典主义政策在 $H=1$ 和 $H>1$ 情况下的效用有所不同，当 $H=1$ 时，由于劳动力市场存在超额需求，劳动力整体处于充分就业状态，所以变动名义工资的"古典主义政策"不会对就业水平产生影响，即在短期内工资变动不影响产出和就业，价格水平也不受其影响。此外，在劳动力供不应求的情况下，可以考虑闲暇的作用忽略不计。与 $H=1$ 情况不同的是，当 $H>1$ 时，从长期来看，产品的市场交易量随名义工资 W 增加而增加，其原因是：在劳动力市场超额需求区域，厂商在劳动力数量配额约束的条件下，短期内产出只能是固定值 $Y=F(N_0H)$，长期中对于厂商来说唯一能操纵这种配额约束的方式是通过提高工资激励家庭增加人力资本投资，进而提高人力资本水平。

劳动者素质和技能提高导致劳动力生产率提高，节约成本，厂商在劳动力投入不变的情况下可获得更大收益。此外，在 $H=1$ 和 $H>1$ 中，W 对价格的影响也存在差异，无人力资本情形中，价格不受工资的影响，但在加入人力资本因素后，价格水平对 W 产生负效应，W 水平的上涨导致厂商生产成本提高，这会促使厂商通过提高价格来维持原有的产出水平。加入人力资本因素后，由于就业水平达到了最大值 N_0，凯恩斯主义政策在短期内对人力资本水平无影响，但古典主义政策对人力资本水平有正效应，工资变动所带来的收入效应促使人们更愿意增加人力资本投资。所以说，当产品市场出清和劳动力市场超额需求时，提高人力资本水平的一个有效途径是工资水平的上涨。此区域的政策建议是：第一，凯恩斯主义政策解决就业和产出问题是通过"溢出效应"达到的，即政府支出和税收的变动会导致价格变动，间接对产出和就业产生影响。第二，提高名义工资水平能间接提高人力资本水平。

第五节 本章小结

本章以前几章价格完全刚性的非均衡模型为基础，构建工资水平假定不变的情况下价格具有向上伸缩性的非均衡模型，同样引入了人力资本因素，通过对经典的三个区域（凯恩斯区域、古典区域和抑制性通胀区域）构建非均衡模型，并进行数理分析，对比两种情况下的经济政策效果。分析结果表明，在不同的非均衡区域，具有人力资本因素和不考虑人力资本因素的相应经济政策是存在差异的，尤其是古典主义失业政策在三个区域有较明显的区别。

第五章

工资指数化与就业政策

第一节 引言

在第四章,如同在大多数常用的凯恩斯主义模型中一样,我们假设短期名义工资是刚性的,并在此基础上进行价格的非对称性讨论。然而,人们越来越多地观察到,工资收入者试图捍卫的不是工资的名义值,而更多的是工资的实际值,这一点常常是通过与价格有关的或明或暗的工资指数化达到的。下面要在一个同第四章模型十分相似的模型框架内研究这种工资指数化过程以及它对经济政策有效性的影响,同样分析(是/否)嵌入人力资本因素对工资指数化过程产生的影响。

第二节 基本假设

一 工资方程

假设名义工资 W 不是刚性的而是通过下列关系式与价格水平相关联的,即 $W=\gamma \cdot \zeta(P)$ 和 $\zeta'(P)>0$,关于价格的工资指数化程度取决于函数 $\zeta(P)$ 的弹性,我们用 ε 表示这个弹性:$\varepsilon=P \cdot \zeta'(P)/\zeta(P)$,假设 $0 \leqslant \varepsilon \leqslant 1$,其中 $\varepsilon=0$ 对应于刚性名义工资,$\varepsilon=1$ 对应于实际工资,由上式可知 $\zeta(P)>0$,参数 γ 可以通过收入政策修正,这里称为"古典的"经济政策变量。注意:如果 $\varepsilon=0$,γ 具有名义工资的维度;如果 $\varepsilon=1$,γ 具有实际工资的维度。

二 模型的其余部分

除了工资指数化假设之外，这里的模型与第四章相同。因此，假设有产品市场和劳动力市场，产品的价格具有向上伸缩性，最低值为 $\bar{P}$，$P \geq \bar{P}$，而名义工资则由前述指数化公式决定，这里也有三个行为人：有着生产函数为 $Y = F(NH)$ 的厂商；有着劳动力供给为 N，闲暇为 $N_0 - N$，以及消费函数为 $C(Y, P, T, H)$ 的家庭，而且代表性家庭的收入用于三部分，除了用于消费和储蓄外，还有部分用于人力资本投资；有着税收为 T 的政府，价格具有向上伸缩性使政府的需求 G 总能被满足，所以 G 既表示政府的商品交易量又表示它的商品需求量，这个模型的瓦尔拉斯一般均衡再次由下述方程组给定：

$$\begin{cases} W_0/P_0 = F'(NH), \ W_0 = P_0 \cdot F'(NH) \\ C(Y_0, P_0, H, T) + G = Y_0 \end{cases}$$

与瓦尔拉斯一般均衡相应的参数 γ_0 为：$\gamma_0 = W/\zeta(P_0) = P_0 F'(NH)/\zeta(P_0)$。

三 总需求函数

我们在此模型中再次使用总需求函数：

$$Y = K(P, G, T) = \frac{\alpha_1}{\alpha_2}\left[\frac{\bar{M} - N_0 h(H)}{\bar{P}} - T + \frac{\alpha_1 + \alpha_2}{\alpha_1}G\right]$$，它是方程 $Y = C(Y, P, T, H) + G$ 当中 Y 的解。

第三节 模型构建、求解及分析

对模型基本假设的偏离出现在价格和工资决定的过程中，我们假设名义工资由前述指数化公式决定，商品价格向上都具有伸缩性，向下具有刚性且最小值为 $\bar{P}$，$P \geq \bar{P}$，假设 $\bar{P}$ 是已知参数，以下研究价格伸缩性和工资指数化的非均衡模型的各个区域，探讨各种情况下经济政策的效果。同样，将旨在增加有效需求的政策称为"凯恩斯主义政策"，将旨在减少劳动实际成本的政策称为"古典主义政策"。具体来说，在以下要研究的模型中，把政府增加支出或减少税收的政策称为凯恩斯主义政策，而把减少名义工资的收入政策称为古典主义政策。

同样，在三个非均衡子区域做研究。

区域 A：商品市场和劳动力市场都超额供给；

区域 B：劳动力市场存在超额供给，商品市场出清；

区域 C：劳动力市场存在超额需求，商品市场出清。

第四个潜在的区域：劳动力市场存在超额需求，商品市场存在超额供给，同第三、第四章一样，可以证明是一个退化的区域。

接下来描述这三个区域，在每种情况下都将计算同基本参数 $\bar{P}$、γ、G、T 相关联的均衡值 P^*、Y^*、W^*、N^*、H，并评估各种经济政策的效应。在此之前，我们注意到在这三个区域中有两个方程始终是一致的，第一个方程是工资方程：$W = \gamma \cdot \zeta(P)$；第二个方程是总需求方程：$Y = C(Y, P, T, H) + G$，说明由于价格向上具有伸缩性，产品销售量总是等于总需求量，这个方程也可以记作总需求曲线 $Y = K(P, G, T, H)$，现在我们来逐个研究这三个区域中其他方程并引出经济政策含义。

一 区域 A：商品市场和劳动力市场存在超额供给

此时家庭有闲置的劳动力，厂商有销售不出去的产品，家庭面临 $\bar{N}^S$ 数量约束，它等于厂商的劳动力有效需求 $\tilde{N}^d$。显然，家庭的有效消费 $\tilde{C}$ 也受到 $\bar{N}^S$ 的影响。产品市场超额供给促使价格被限制在最低水平上：$P = \bar{P}$，而且厂商产品供给存在数量约束 $\bar{Y}$，此时恢复到一般的凯恩斯失业均衡区域，即价格固定不变的非瓦尔拉斯均衡模型及相应的政策效应讨论。劳动力市场存在超额供给促使就业水平等于劳动力需求，而且商品市场的超额供给导致劳动需求具有"凯恩斯主义的形式"，即 $NH = F^{-1}(Y)$，具体如下：

厂商的优化问题：

$$\begin{cases} \max \pi \ (\pi = PY - WNH) \\ \text{s. t. } Y \leqslant F(NH) \\ Y \leqslant \bar{Y} \end{cases}$$

一阶条件：

$\partial \pi / \partial N = 0$, $F'(NH) = W/P$, $NH = F'^{-1}(W/P)$,

$\bar{Y} \leqslant F(NH)$, $NH \leqslant F^{-1}(\bar{Y})$, $\tilde{N}^d H = \min\{F'^{-1}(W/P), F^{-1}(\bar{Y})\}$。

可见，存在两种情况，如果约束条件 $\bar{Y}$ 不起作用，此方程求得的解就是瓦尔拉斯劳动力需求 $NH = F'^{-1}(W/P)$，如果约束条件 $\bar{Y}$ 起约束作用，那么该方程求得的解就是"凯恩斯主义"式的解 $F'^{-1}(W/P)$，这是生产 $\bar{Y}$ 所必需的劳动量。

家庭最优化问题：

$$\begin{cases} \max[\alpha_1 \ln C + \alpha_2 \ln M/P^e + \alpha_3 \ln(N_0 - N)] \\ \text{s. t. } PC + M + N_0 h(H) = \bar{M} + WNH + \pi - PT \\ N = \bar{N}^S, \ P = \bar{P} \end{cases}$$

（1）当 $H = 1$ 时，模型恢复到传统凯恩斯主义失业均衡模型，家庭的消费需求和劳动力供给以及人力资本可作为此问题的最优解求出：

一阶条件：

$\partial U/\partial H = 0$，$h'(H) = WN/N_0$，$H = h'^{-1}(W\bar{N}^S/N_0)$，

$\dfrac{\partial U}{\partial C} = 0$，$\dfrac{\alpha_1}{PC} = \dfrac{\alpha_2}{M}$，$\tilde{C} = \dfrac{\alpha_1}{\alpha_1 + \alpha_2}\left[\dfrac{\bar{M} - N_0 h(H)}{\bar{P}} + Y - T\right] = \tilde{C}(Y^*, \bar{P},$

$T, \bar{M}, H)$，由于产品市场超额供给，故产品的实际交易 Y^* 等于家庭和政府对产出的总有效需求 $\tilde{Y}$，即：

$$Y^* = \tilde{Y} = \tilde{C}(\bar{P}, Y^*, T, H) + G = \dfrac{\alpha_1}{\alpha_1 + \alpha_2}\left[\dfrac{\bar{M} - N_0 h(H)}{\bar{P}} + Y^* - T + \dfrac{\alpha_1 + \alpha_2}{\alpha_1}G\right]$$

其中，$h(H) = h[h'^{-1}(W\bar{N}^S/N_0)]$。

在产品市场超额供给的情况下，厂商的产量由家庭和政府的总需求决定，厂商的行为是决定劳动力的有效需求 $\tilde{N}^d$，以使产出满足家庭和政府的总需求，即：

$$Y = F(NH) = F\left[\bar{N}^S \cdot h'^{-1}\left(\dfrac{W\bar{N}^S}{N_0}\right)\right] = \dfrac{\alpha_1}{\alpha_2}\left\{\dfrac{\bar{M} - N_0 h[h'^{-1}(W\bar{N}^S/N_0)]}{\bar{P}} - T + \dfrac{\alpha_1 + \alpha_2}{\alpha_1}G\right\}$$

由于劳动力市场超额供给,劳动力的实际交易量 N^* 等于厂商的劳动力需求量 $\widetilde{N}^d$,而厂商的劳动力需求量取决于厂商生产 Y^* 时所需的劳动力数量。于是,由上式可解出 $\widetilde{N}^d = N_k = N^*$,$H_k = h'^{-1}(N_k W/N_0)$,其中,角标 K 表示产品市场和劳动力市场都超额供给的区域,均衡产出为:

$$Y^* = \frac{\alpha_1}{\alpha_2 + \alpha_1}\left[\frac{\overline{M} - N_0 h(H)}{\overline{P}} + Y^* - T + \frac{\alpha_1 + \alpha_2}{\alpha_1}G\right] = F\left[N_k \cdot h'\left(\frac{WN_k}{N_0}\right)\right]$$
(5-1)

私人消费 $C_k = Y_k - G$。

当 $H = 1$ 时,均衡值 P^*、W^*、Y^* 由下列方程组给出:

$$\begin{cases} P^* = \overline{P} \\ N^* = F^{-1}(Y^*) \\ Y^* = C(Y^*, \overline{P}, T) + G = \alpha_1/(\alpha_2 + \alpha_1)[\overline{M}/\overline{P} + Y^* - T + (\alpha_1 + \alpha_2)G/\alpha_1] \\ W^* = \gamma \cdot \zeta(P^*) = \gamma \cdot \zeta(\overline{P}) = W \end{cases}$$
(5-2)

由式(5-2)推导出:

$\partial Y^*/\partial G = [\alpha_1/(\alpha_1 + \alpha_2)][\partial Y^*/\partial G + ((\alpha_1 + \alpha_2)/\alpha_1)]$,$\partial Y^*/\partial G = (\alpha_1 + \alpha_2)/\alpha_2 > 1$,

由 $C_k = Y_k - G$,有 $\partial C^*/\partial G = \partial Y^*/\partial G - 1 = \alpha_1/\alpha_2 > 0$。

同理,$\partial Y^*/\partial T = [\alpha_1/(\alpha_1 + \alpha_2)](\partial Y^*/\partial T + 1)$,$\partial Y^*/\partial T = -\alpha_1/\alpha_2 < 0$,

$\partial Y^*/\partial \overline{P} = [\alpha_1/(\alpha_1 + \alpha_2)][-(\overline{M}/\overline{P}^2) + \partial Y^*/\partial \overline{P}]$,$\partial Y^*/\partial \overline{P} = -(\alpha_1 \overline{M}/\alpha_2 \overline{P}^2) < 0$。

由 $N^* = F^{-1}(Y^*)$,推导出 $\frac{\partial N}{\partial G} = F'^{-1}(\cdot)\frac{\partial Y}{\partial G} > 0$,$\frac{\partial N}{\partial T} < 0$,$\frac{\partial N}{\partial \overline{P}} < 0$,$\frac{\partial N}{\partial W} = 0$,$\frac{\partial N}{\partial \gamma} = 0$。

可见,在此区域,当 $H = 1$ 时,我们可以获得传统凯恩斯主义的全部效应。根据价格是固定的以及 $W^* = \gamma \cdot \zeta(P^*) = \gamma \cdot \zeta(\overline{P})$,可知名义工资也是固定不变的,而且收入政策(减少 γ)没有反应。凯恩斯主义需求政策都有效，增加公共支出或减少税收会促使产出和销售增加，降低失业率。此时的私人消费与 G 同方向变动，由于名义工资对产出和就业无影响，故减少名义工资的古典主义政策对产出和就业不起作用，而且有关参数 γ 的收入政策也不起作用。

（2）当 H>1 时，均衡值由下列方程组给出：

$$\begin{cases} P^* = \overline{P} \\ N^*H = F^{-1}(Y^*) \\ Y^* = C(Y^*, \overline{P}, T, H) + G = [\alpha_1/(\alpha_2+\alpha_1)]\{[\overline{M}-N_0h(H)]/\overline{P} + \\ \qquad Y^* - T + [(\alpha_1+\alpha_2)/\alpha_1]G\} \\ W^* = \gamma \cdot \zeta(P^*) = \gamma \cdot \zeta(\overline{P}) = W \end{cases}$$

(5-3)

其中，$H = h'(WN/N_0)$。

根据 $\varepsilon = P \cdot \zeta'(\overline{P})/\zeta(\overline{P})$，可知 $\zeta'(\overline{P}) = \varepsilon \cdot \zeta(\overline{P})/\overline{P}$，$\gamma \cdot \zeta'(\overline{P}) = \gamma \cdot \varepsilon \cdot \zeta(\overline{P})/\overline{P}$。

由 $H = h'^{-1}\left(\dfrac{WN^*}{N_0}\right) = h'^{-1}\left(\dfrac{W}{H} \cdot \dfrac{N^*H}{N_0}\right) = h'^{-1}\left[\dfrac{W}{H} \cdot \dfrac{F^{-1}(Y^*)}{N_0}\right]$，推导出：

$$\dfrac{\partial H}{\partial G} = h''^{-1}(\cdot)\left[-\dfrac{WF^{-1}(\cdot)}{H^2N_0} \cdot \dfrac{\partial H}{\partial G} + \dfrac{WF'^{-1}(\cdot)}{N_0H} \cdot \dfrac{\partial Y^*}{\partial G}\right], \dfrac{\partial H}{\partial G} =$$

$$\dfrac{h'(\cdot)h'^{-1}(\cdot)h''^{-1}(\cdot)}{F^{-1}(\cdot)[h'^{-1}(\cdot) + h'(\cdot)h''^{-1}(\cdot)]} \cdot \dfrac{\partial Y^*}{\partial G}$$

假设：$\Phi = \dfrac{h'(\cdot)h'^{-1}(\cdot)h''^{-1}(\cdot)}{F^{-1}(\cdot)[h'^{-1}(\cdot) + h'(\cdot)h''^{-1}(\cdot)]}$ (5-4)

将式（5-3）和式（5-4）结合，得出：

$\dfrac{\partial Y^*}{\partial G} = \dfrac{\alpha_1}{\alpha_1+\alpha_2}\left[-\dfrac{N_0h'(\cdot)}{\overline{P}} \cdot \dfrac{\partial H}{\partial G} + \dfrac{\partial Y^*}{\partial G} + \dfrac{\alpha_1+\alpha_2}{\alpha_1}\right]$，进而

$\dfrac{\partial Y^*}{\partial G} = \dfrac{(\alpha_1+\alpha_2)}{\alpha_2 + \alpha_1 N_0 h'(\cdot) \cdot \Phi/\overline{P}} > 0$，$\dfrac{\partial H}{\partial G} = \dfrac{(\alpha_1+\alpha_2)}{\alpha_2\overline{P}/\Phi + \alpha_1 N_0 h'(\cdot)} > 0$

$\dfrac{\partial H}{\partial T} = h''^{-1}(\cdot)\left[-\dfrac{WF^{-1}(\cdot)}{H^2N_0} \cdot \dfrac{\partial H}{\partial T} + \dfrac{WF'^{-1}(\cdot)}{N_0H} \cdot \dfrac{\partial Y^*}{\partial T}\right]$

$$= \frac{WHF'^{-1}h''^{-1}(\cdot)}{N_0H^2 + WF'^{-1}h''^{-1}(\cdot)} \cdot \frac{\partial Y^*}{\partial T}$$

$$\frac{\partial H}{\partial T} = \frac{h'(\cdot)h'^{-1}(\cdot)h''^{-1}(\cdot)}{F^{-1}(\cdot)[h'^{-1}(\cdot) + h'(\cdot)h''^{-1}(\cdot)]} \cdot \frac{\partial Y^*}{\partial T}$$

同理,由式(5-3)和式(5-4)得出:

$$\frac{\partial Y^*}{\partial T} = \frac{\alpha_1}{\alpha_1 + \alpha_2}\left[-\frac{N_0 h'(\cdot)}{\overline{P}} \cdot \frac{\partial H}{\partial T} + \frac{\partial Y^*}{\partial T} + \frac{\alpha_1 + \alpha_2}{\alpha_1}\right],$$

$$\frac{\partial Y^*}{\partial T} = \frac{(-\alpha_1)}{\alpha_2 + \alpha_1 N_0 h'(\cdot) \cdot \Phi/\overline{P}} < 0,$$

$$\frac{\partial H}{\partial T} = \frac{(-\alpha_1)}{\alpha_2 + \alpha_1 N_0 h'(\cdot) \cdot \Phi/\overline{P}} < 0 。$$

模型分析可知,与 $H=1$ 相比,加入人力资本后,政府增加支出或减少税收,会导致产出增加和人力资本水平提高。更为重要的是:涨价导致凯恩斯主义政策对产出和人力资本水平的效应具有放大作用。

由 $W^* = \gamma \cdot \zeta(P^*) = \gamma \cdot \zeta(\overline{P}) = W$,$H = h'^{-1}\left[\frac{W}{H} \cdot \frac{F^{-1}(Y^*)}{N_0}\right] = h'^{-1}\left[\frac{\gamma \zeta(\overline{P})}{H} \cdot \frac{F^{-1}(Y^*)}{N_0}\right]$

可得,$\frac{\partial H}{\partial \overline{P}} = h''^{-1}(\cdot)\left\{\frac{F^{-1}(\cdot)[\gamma \zeta'(\cdot)H - \gamma \zeta(\cdot)\partial H/\partial \overline{P}]}{H^2 N_0}\right.$

$\left. + \frac{\lambda \zeta(\cdot)}{N_0 H} \cdot F'^{-1}(\cdot) \cdot \frac{\partial Y}{\partial \overline{P}}\right\}$,进而

$$\frac{\partial H}{\partial \overline{P}} = \left(\frac{\varepsilon}{P} + F'^{-1} \cdot \frac{\partial Y}{\partial \overline{P}}\right) \cdot \frac{h'(\cdot)h'^{-1}(\cdot)h''^{-1}(\cdot)}{h'^{-1}(\cdot) + h'(\cdot)h''^{-1}(\cdot)} 。$$

再由式(5-3),推导出

$$\frac{\partial Y^*}{\partial \overline{P}} = \frac{\alpha_1}{\alpha_1 + \alpha_2}\left[-\frac{N_0 h'(\cdot)P \cdot \partial H/\partial P + \overline{M} - N_0 h(\cdot)}{\overline{P}^2} + \frac{\partial Y}{\partial \overline{P}}\right],$$

于是,$\frac{\partial Y^*}{\partial \overline{P}} = -\frac{\alpha_1 N_0 h'(\cdot)}{\alpha_2 \overline{P}} \cdot \frac{\partial H}{\partial \overline{P}} - \frac{\alpha_1[\overline{M} - N_0 h(\cdot)]}{\alpha_2 \overline{P}^2} 。$

假设:$\Gamma = \frac{h'(\cdot)h'^{-1}(\cdot)h''^{-1}(\cdot)}{h'^{-1}(\cdot) + h'(\cdot)h''^{-1}(\cdot)}$

则 $\frac{\partial H}{\partial \overline{P}} = \left[\frac{\varepsilon}{H} + F'^{-1}(\cdot) \cdot \frac{\partial Y}{\partial \overline{P}} \cdot \Gamma\right]$, $\frac{\partial Y^*}{\partial \overline{P}} = -\frac{\alpha_1[N_0 \varepsilon h'(\cdot) \cdot \Gamma + \overline{M} - N_0 h(\cdot)]}{\overline{P}[\alpha_2 \overline{P} + \alpha_1 N_0 h'(\cdot) F'^{-1}(\cdot) \cdot \Gamma]} < 0,$

说明价格变动与产出变动呈反向关系。

为了得到 $\overline{P}$、W、γ 关于 H、N 的影响：

由式（5-3），令

$$Z = \frac{\alpha_1}{\alpha_2}\left[\frac{\overline{M} - N_0 h(WN^*/N_0)}{\overline{P}} + Y^* - T + \frac{\alpha_1 + \alpha_2}{\alpha_1}G\right] - F\left[N^* h'^{-1}\left(\frac{WN^*}{N_0}\right)\right]$$

$$= \left[\frac{\overline{M} - N_0 h\{h'^{-1}[\gamma\zeta(\overline{P}) \cdot N^*/N_0]\}}{\overline{P}} - T + \frac{\alpha_1 + \alpha_2}{\alpha_1}G\right] -$$

$$F\left\{N^* \cdot h'^{-1}\left[\frac{\gamma\zeta(\overline{P}) \cdot N^*}{N_0}\right]\right\}$$

则 $\frac{\partial N}{\partial G} = -\frac{Z_G}{Z_N} = -\frac{(\alpha_1 + \alpha_2)/\alpha_2}{\frac{\alpha_1}{\alpha_2}\left[-\frac{N_0 h'(\cdot) h''^{-1}(\cdot)}{\overline{P}} \cdot \frac{\gamma\zeta(\cdot)}{N_0}\right] - F'(\cdot)[h'^{-1}(\cdot) + N h''^{-1}(\cdot) \cdot \gamma\zeta(\cdot)/N_0]} > 0,$

$\frac{\partial N}{\partial T} = -\frac{Z_T}{Z_N} = -\frac{-(\alpha_1/\alpha_2)}{\frac{\alpha_1}{\alpha_2}\left[-\frac{N_0 h'(\cdot) h''^{-1}(\cdot)}{\overline{P}} \cdot \frac{\gamma\zeta(\cdot)}{N_0}\right] - F'(\cdot)[h'^{-1}(\cdot) + N h''^{-1}(\cdot) \cdot \gamma\zeta(\cdot)/N_0]} < 0,$

$\frac{\frac{\alpha_1}{\alpha_2}\left\{\frac{-N_0 \overline{P} h'(\cdot) h''^{-1}(\cdot)(N/N_0)\gamma\zeta'(\cdot) - [\overline{M} - N_0 h(\cdot)]}{\overline{P}}\right\} - F'(\cdot) N h''^{-1}(\cdot) \cdot \gamma N \zeta'(\cdot)/N_0}{\frac{\alpha_1}{\alpha_2}\left[-\frac{N_0 h'(\cdot) h''^{-1}(\cdot)}{\overline{P}} \cdot \frac{\gamma\zeta(\cdot)}{N_0}\right] - F'(\cdot)[h'^{-1}(\cdot) + N h''^{-1}(\cdot)\gamma\zeta(\cdot)/N_0]} < 0。$

再由 $H = h'^{-1}(WN/N_0)$ 可知，

$\partial H/\partial N = h''^{-1}(\cdot)(W/N_0) > 0$, $\partial H/\partial \overline{P} = (\partial H/\partial N) \cdot (\partial \overline{P}/\partial N) < 0$。

同理，$\frac{\partial N}{\partial W} = -\frac{Z_W}{Z_N} < 0$, $\partial H/\partial W = (\partial H/\partial N) \cdot (\partial N/\partial W) < 0$。

$\frac{\partial N}{\partial \overline{P}} = \frac{\frac{\alpha_1}{\alpha_2}\left[\frac{-N_0 \overline{P} h'(\cdot) h''^{-1}(\cdot)(N/N_0)\gamma\zeta'(\cdot) - [\overline{M} + N_0 h(\cdot)]}{\overline{P}}\right] - F'(\cdot) N h''^{-1}(\cdot) \cdot [\gamma N \zeta'(\cdot)/N_0]}{\frac{\alpha_1}{\alpha_2}\left[-\frac{N_0 h'(\cdot) h''^{-1}(\cdot)}{\overline{P}} \cdot \frac{\gamma\zeta(\cdot)}{N_0}\right] - F'(\cdot)[h'^{-1}(\cdot) + N h''^{-1}(\cdot) \cdot \gamma\zeta(\cdot)/N_0]} < 0$

$\frac{\partial N}{\partial \gamma} = -\frac{Z_\gamma}{Z_N} = -\frac{\frac{\alpha_1}{\alpha_2}\left[\frac{-N_0 h'(\cdot) h''^{-1}(\cdot)(N/N_0)\zeta(\cdot)}{\overline{P}}\right] - F'(\cdot) N h''^{-1}(\cdot) \cdot N\zeta(\cdot)/N_0}{\frac{\alpha_1}{\alpha_2}\left[-\frac{N_0 h'(\cdot) h''^{-1}(\cdot)}{\overline{P}} \cdot \frac{\gamma\zeta(\cdot)}{N_0}\right] - F'(\cdot)[h'^{-1}(\cdot) + N h''^{-1}(\cdot) \cdot \gamma\zeta(\cdot)/N_0]} < 0,$

$\partial H/\partial \gamma = (\partial H/\partial N) \cdot (\partial N/\partial \gamma) < 0$。

由等式 $H = h'^{-1}\left[\dfrac{W}{H} \cdot \dfrac{F^{-1}(Y^*)}{N_0}\right]$，推导出

$$\dfrac{\partial H}{\partial W} = h''^{-1}(\cdot)\left\{\dfrac{[H - W \cdot (\partial H/\partial W)]F^{-1}(\cdot)}{H^2 N_0} + \dfrac{WF'^{-1}(\cdot)}{N_0 H} \cdot \dfrac{\partial Y^*}{\partial W}\right\},$$

$$\dfrac{\partial H}{\partial W} = \dfrac{HF^{-1}(\cdot)h''^{-1}(\cdot)}{H^2 N_0 + WF^{-1}(\cdot)h''^{-1}(\cdot)} + \dfrac{HWF'^{-1}(\cdot)h''^{-1}(\cdot)}{H^2 N_0 + WF^{-1}(\cdot)h''^{-1}(\cdot)} \cdot$$

$\dfrac{\partial Y^*}{\partial W} < 0$，所以 $\dfrac{\partial Y^*}{\partial W} < 0$。

$$\dfrac{\partial H}{\partial \gamma} = h''^{-1}(\cdot)\left[\dfrac{[\zeta(\cdot)H - \gamma\zeta(\cdot) \cdot (\partial H/\partial \gamma)]F^{-1}(\cdot)}{H^2 N_0} + \dfrac{\gamma\zeta(\cdot)F'^{-1}(\cdot)}{N_0 H} \cdot \dfrac{\partial Y^*}{\partial \gamma}\right],$$

$$\dfrac{\partial H}{\partial \gamma} = \dfrac{H\zeta(\cdot)F^{-1}(\cdot)h''^{-1}(\cdot)}{H^2 N_0 + WF^{-1}(\cdot)h''^{-1}(\cdot)} + \dfrac{H\gamma\zeta(\cdot)F'^{-1}(\cdot)h''^{-1}(\cdot)}{H^2 N_0 + WF^{-1}(\cdot)h''^{-1}(\cdot)} \cdot$$

$\dfrac{\partial Y^*}{\partial \gamma} < 0$，所以 $\dfrac{\partial Y^*}{\partial \gamma} < 0$。

表 5-1 给出了 $H = 1$ 和 $H > 1$ 情况下各变量之间的相关性。

表 5-1　　对比分析 $H = 1$ 和 $H > 1$ 时各变量之间的相关性

	$H = 1$		$H > 1$		
相关性分析	$\partial Y/\partial G > 1$	$\partial N/\partial G > 0$	$\partial Y/\partial G > 0$	$\partial N/\partial G > 0$	$\partial H/\partial G > 0$
	$\partial Y/\partial T < 0$	$\partial N/\partial T < 0$	$\partial Y/\partial T < 0$	$\partial N/\partial T < 0$	$\partial H/\partial T < 0$
	$\partial Y/\partial \bar{P} < 0$	$\partial N/\partial \bar{P} < 0$	$\partial Y/\partial \bar{P} < 0$	$\partial N/\partial \bar{P} < 0$	$\partial H/\partial \bar{P} < 0$
	$\partial Y/\partial W = 0$	$\partial N/\partial W = 0$	$\partial Y/\partial W < 0$	$\partial N/\partial W < 0$	$\partial H/\partial W < 0$
	$\partial Y/\partial \gamma = 0$	$\partial N/\partial \gamma = 0$	$\partial Y/\partial \gamma < 0$	$\partial N/\partial \gamma < 0$	$\partial H/\partial \gamma < 0$

结果分析：当 $H > 1$ 时，传统凯恩斯主义的全部效应仍可获得。由于产品市场和劳动力市场都超额供给以及 $W^* = \gamma \cdot \zeta(P^*) = \gamma \cdot \zeta(\bar{P})$，故 $P = \bar{P}$，名义工资固定不变，收入政策（减少 γ）无效，增加公共支出或减少税收会使产出增加和失业减少。此外，与价格具有伸缩性相似的

是，私人消费随政府支出增加而增加，降价导致产出和就业增加，人力资本水平提高。但与 $H=1$ 不同的是，加入人力资本后，提高 W 能为产出、就业以及人力资本水平带来负效用，而且有关参数 γ 的收入政策也起作用，即减少 γ 会使产出、就业增加，人力资本水平提高。

综上所述，根据构建和求解指数化非均衡模型，并结合表 5-1，得出以下结论。

首先，在产品市场和劳动力市场都超额供给的区域，同前一章分析类似，无论是 $H=1$ 还是 $H>1$，传统凯恩斯主义的全部效应都可获得。私人消费与政府支出同方向变动。

其次，古典主义政策在 $H=1$ 和 $H>1$ 的情况下存在差异。当 $H=1$ 时，减少名义工资的古典主义政策对产出和就业不起作用。当 $H>1$ 时，产出和就业是名义工资的减函数。但价格水平的变动在具有人力资本因素和不考虑人力资本因素的情况中发挥同样的作用。所以说，当产品市场和劳动力市场都存在超额供给时，可以通过提高价格来减少总需求，进而减少产出和缓解失业状况。

最后，加入人力资本因素后，凯恩斯主义政策和古典主义政策对提高人力资本水平都有效，政府增加支出或减少税收促使人力资本水平提高。价格上升导致消费下降，更多的产品被滞销，对劳动力的总需求就会减少，失业率的进一步攀升导致人们没有信心进行人力资本投资，所以说降价能促使产出增加和人力资本水平提高。另外，工资水平的变动与人力资本水平呈反相关关系。值得注意的是，在 $H=1$ 中，收入效应对缓解产品超额供给和消除失业完全无效；但是，在 $H>1$ 中，收入效应对产出、就业和人力资本水平均十分有效。

二 区域 B：劳动力市场超额供给，产品市场出清

由于产品市场出清和劳动力市场超额供给，厂商总是处于短边，商品市场出清导致商品价格不再是 $P=\bar{P}$，而是具有向上伸缩性，厂商的优化问题：

$$\begin{cases} \max \pi(\pi = PY - WNH) \\ \text{s. t. } Y = F(NH) \end{cases}$$

一阶条件：$\dfrac{\partial \pi}{\partial N} = 0$，$NH = F'^{-1}(W/P)$，$Y = F[F'^{-1}(W/P)]$。

家庭在劳动力市场面临 $\bar{N}^s$ 的数量约束，但在商品市场可实现意愿交易 $C^* = \tilde{C}$。家庭的有效消费需求 $\tilde{C}$ 是下列规划的解：

$$\begin{cases} \max[\alpha_1 \ln C + \alpha_2 \ln \bar{M}/P^e + \alpha_3 \ln(N_0 - N)] \\ \text{s.t. } PC + M + N_0 h(H) = \bar{M} + \pi + WNH - PT \\ N \leq \bar{N}^s \end{cases}$$

一阶条件：

$$\frac{\partial U}{\partial C} = 0, \quad \frac{\alpha_1}{C} = \frac{\alpha_2 P}{M}, \quad \tilde{C} = \frac{\alpha_1}{\alpha_1 + \alpha_2} \cdot \left[\frac{\bar{M} - N_0 h(H)}{P^*} + Y^* - T\right] = C^*(Y^*, P^*, T, H),$$

均衡产出 $Y^* = F[F'(W/P)] = C^*(Y^*, P^*, T, H) + G = \tilde{C} + G$
$= [\alpha_1/(\alpha_1 + \alpha_2)]\{[\bar{M} - N_0 h(H)]/P^* + Y^* - T\} + G$。

(1) 当 $H = 1$ 时，均衡值由下列方程组确定：

$$\begin{cases} Y^* = C(Y^*, P^*, T) + G = [\alpha_1/(\alpha_1 + \alpha_2)] \cdot (\bar{M}/P^* + Y^* - T) + G \\ Y^* = F[F'^{-1}(W^*/P^*)] = F\{F'^{-1}[\gamma\zeta(P^*)/P^*]\} \\ N^* = F'^{-1}(W^*/P^*) \\ W^* = \gamma\zeta(P^*) \end{cases}$$

(5-5)

首先，定义以下弹性：

第一，定义：$K(P, G, T)$ 对 P 的偏弹性为：$K = \frac{\partial Y}{\partial P} \cdot \frac{P}{Y} = -\frac{\alpha_1 \bar{M}}{\alpha_2 PY} < 0$，$\frac{P}{Y} = \frac{K}{K_P}$，$\partial Y/\partial P = -(\alpha_1/\alpha_2) \cdot (\bar{M}/P^2) < 0$，其中，实际计算中 K 取绝对值。

第二，由式(5-5)，定义新古典产品供给函数 $Y = F[F'^{-1}(W/P)]$ 对 W/P 的弹性(用绝对值)为：$\sigma = \frac{\partial Y}{\partial(W/P)} \cdot \frac{(W/P)}{Y}$，$Y_{W/P} = \frac{\partial Y}{\partial(W/P)} = \frac{\sigma YP}{W}$。

①政府支出的效应分析。

由式(5-5)中第一式和第二式，推导出：

$$\frac{\partial Y}{\partial G} + \frac{\alpha_1 \bar{M}}{\alpha_2 P^2} \cdot \frac{\partial P}{\partial G} = \frac{\alpha_1 + \alpha_2}{\alpha_2} \quad (5-6)$$

$$\frac{\partial Y}{\partial G} = \frac{\partial Y}{\partial (W/P)} \cdot \frac{\gamma P \zeta'(\cdot) - \gamma \zeta(\cdot)}{P^2} \cdot \frac{\partial P}{\partial G} = -\frac{\sigma PY}{W} \cdot \frac{W}{P^2} \cdot (1-\varepsilon) \cdot \frac{\partial P}{\partial G},$$

$$\frac{\partial Y}{\partial G} + \frac{\sigma Y(1-\varepsilon)}{P} \cdot \frac{\partial P}{\partial G} = 0 \tag{5-7}$$

联立等式(5-6)和等式(5-7) $\begin{cases} \dfrac{\partial Y}{\partial G} + \dfrac{\alpha_1 \overline{M}}{\alpha_2 P^2} \cdot \dfrac{\partial P}{\partial G} = \dfrac{\alpha_1 + \alpha_2}{\alpha_2} \\ \dfrac{\partial Y}{\partial G} + \dfrac{\sigma Y(1-\varepsilon)}{P} \cdot \dfrac{\partial P}{\partial G} = 0 \end{cases}$

根据克莱姆法则：

$$D = \begin{vmatrix} 1 & \dfrac{\alpha_1 \overline{M}}{\alpha_2 P^2} \\ 1 & \dfrac{\sigma Y(1-\varepsilon)}{P} \end{vmatrix} = \frac{\alpha_2 \sigma YP(1-\varepsilon) - \alpha_1 \overline{M}}{\alpha_2 P^2}, \quad D_1 = \begin{vmatrix} \dfrac{\alpha_1+\alpha_2}{\alpha_2} & \dfrac{\alpha_1 \overline{M}}{\alpha_2 P^2} \\ 0 & \dfrac{\sigma Y(1-\varepsilon)}{P} \end{vmatrix} =$$

$\dfrac{(\alpha_1+\alpha_2)\sigma Y(1-\varepsilon)}{\alpha_2 P^2}$, $D_2 = \begin{vmatrix} 1 & \dfrac{\alpha_1+\alpha_2}{\alpha_2} \\ 1 & 0 \end{vmatrix} = -\dfrac{(\alpha_1+\alpha_2)}{\alpha_2}$, 于是有

$$\frac{\partial Y^*}{\partial G} = \frac{D_1}{D} = \frac{(\alpha_1+\alpha_2)\sigma Y(1-\varepsilon)}{\alpha_2 \sigma YP(1-\varepsilon) - \alpha_1 \overline{M}} = \frac{\sigma(1-\varepsilon)}{\sigma(1-\varepsilon)+K} \cdot \frac{(\alpha_1+\alpha_2)}{\alpha_2} > 0 \text{ 和 }$$

$$\frac{\partial P}{\partial G} = \frac{D_2}{D} = -\frac{P^2 \cdot (\alpha_1+\alpha_2)}{\sigma YP(1-\varepsilon) - \alpha_1 \overline{M}} = -\frac{K}{\sigma(1-\varepsilon)+K} \cdot \frac{(\alpha_1+\alpha_2)}{\alpha_2 K_P} > 0 \text{ 成立。}$$

由 $W^* = \gamma \zeta(P^*)$，推导出 $\dfrac{\partial W^*}{\partial G} = \gamma \zeta'(\cdot) \dfrac{\partial P^*}{\partial G} > 0$。

②税收的效应分析。

由式（5-5）中第一式和第二式，推导出：

$$\frac{\partial Y}{\partial T} + \frac{\alpha_1 \overline{M}}{\alpha_2 P^2} \cdot \frac{\partial P}{\partial T} = -\frac{\alpha_1}{\alpha_2} \tag{5-8}$$

$$\frac{\partial Y}{\partial T} + \frac{\sigma Y(1-\varepsilon)}{P} \cdot \frac{\partial P}{\partial T} = 0 \tag{5-9}$$

联立等式(5-8)和等式(5-9) $\begin{cases} \dfrac{\partial Y}{\partial T} + \dfrac{\alpha_1 \overline{M}}{\alpha_2 P^2} \cdot \dfrac{\partial P}{\partial T} = -\dfrac{\alpha_1}{\alpha_2} \\ \dfrac{\partial Y}{\partial T} + \dfrac{\sigma Y(1-\varepsilon)}{P} \cdot \dfrac{\partial P}{\partial T} = 0 \end{cases}$

根据克莱姆法则：

$$D = \begin{vmatrix} 1 & \dfrac{\alpha_1 \bar{M}}{\alpha_2 P^2} \\ 1 & \dfrac{\sigma Y(1-\varepsilon)}{P} \end{vmatrix} = \dfrac{\alpha_2 \sigma YP(1-\varepsilon) - \alpha_1 \bar{M}}{\alpha_2 P^2}, \quad D_1 = \begin{vmatrix} -\dfrac{\alpha_1}{\alpha_2} & \dfrac{\alpha_1 \bar{M}}{\alpha_2 P^2} \\ 0 & \dfrac{\sigma Y(1-\varepsilon)}{P} \end{vmatrix} =$$

$$-\dfrac{\alpha_1 \sigma Y(1-\varepsilon)}{\alpha_2 P}, \quad D_2 = \begin{vmatrix} 1 & -\dfrac{\alpha_1}{\alpha_2} \\ 1 & 0 \end{vmatrix} = \dfrac{\alpha_1}{\alpha_2}, \text{可得}$$

$$\dfrac{\partial Y^*}{\partial T} = \dfrac{D_1}{D} = -\dfrac{\sigma(1-\varepsilon)}{\sigma(1-\varepsilon) - (\alpha_1 \bar{M}/\alpha_2 PY)} \cdot \dfrac{\alpha_1}{\alpha_2} = -\dfrac{\sigma(1-\varepsilon)}{\sigma(1-\varepsilon) + K} \cdot \dfrac{\alpha_1}{\alpha_2} < 0,$$

$$\dfrac{\partial P}{\partial T} = \dfrac{D_2}{D} = \dfrac{(\alpha_1/\alpha_2) \cdot (P/Y)}{\sigma(1-\varepsilon) - (\alpha_1 \bar{M}/\alpha_2 PY)} = \dfrac{K}{\sigma(1-\varepsilon) + K} \cdot \dfrac{\alpha_1}{\alpha_2 K_P} < 0_\circ$$

由 $W^* = \gamma \zeta(P^*)$，推导出 $\dfrac{\partial W^*}{\partial T} = \gamma \zeta'(\cdot) \dfrac{\partial P^*}{\partial T} < 0_\circ$

可见，在不考虑人力资本因素的工资指数化区域中，增加政府支出或减少税收的凯恩斯主义政策效应仍可获得，即政府增加支出或税收减少导致对商品总需求增加，随之价格上涨，产出增加，对劳动力要素需求量也增加。在工资指数化后，凯恩斯主义政策的影响与工资指数化程度密切相关，当 $\varepsilon = 1$ 时，政府政策对产出和就业完全失效，但是政府政策对伸缩性价格和工资产生了效用，这个效用间接地取决于消费和货币剩余为家庭带来效用程度，而且对比分析 $\partial P/\partial G = (\alpha_1 + \alpha_2)/\alpha_2 K_P$ 与 $\partial P/\partial T = \alpha_1/\alpha_2 K_P$ 可知，政府支出对价格造成的影响大于税收对价格造成的影响，而且凯恩斯主义政策对工资的影响主要依赖于凯恩斯主义政策对价格的影响。当 $\varepsilon = 0$ 时，凯恩斯主义政策对产出发挥正效应，但这个效应小于工资固定时的政策效应，同样政府支出和税收对价格的影响小于工资完全指数化的情况。可见，凯恩斯主义政策在劳动力超额供给和产品出清的区域是否有效与工资是否指数化密切相关。

③收入的效应分析。

由式（5-5）中第一式和第二式，推导出：

$$\dfrac{\partial Y}{\partial \gamma} + \dfrac{\alpha_1 \bar{M}}{\alpha_2 P^2} \cdot \dfrac{\partial P}{\partial \gamma} = 0 \qquad (5-10)$$

$$\frac{\partial Y}{\partial \gamma} = \frac{\partial Y}{\partial (W/P)} \cdot \frac{P[\zeta(\cdot) + \gamma\zeta'(\cdot)\frac{\partial P}{\partial \gamma}] - \gamma\zeta(\cdot) \cdot \frac{\partial P}{\partial \gamma}}{P^2}$$

$$= \frac{\sigma Y \zeta(\cdot)}{W} - \frac{\sigma Y(1-\varepsilon)}{P} \cdot \frac{\partial P}{\partial \gamma}, \quad 即 \frac{\partial Y}{\partial T} + \frac{\sigma Y(1-\varepsilon)}{P} \cdot \frac{\partial P}{\partial \gamma}$$

$$= \frac{\sigma Y \zeta(\cdot)}{W} \tag{5-11}$$

联立等式(5-10)和等式(5-11)
$$\begin{cases} \frac{\partial Y}{\partial \gamma} + \frac{\alpha_1 \overline{M}}{\alpha_2 P^2} \cdot \frac{\partial P}{\partial \gamma} = 0 \\ \frac{\partial Y}{\partial \gamma} + \frac{\sigma Y(1-\varepsilon)}{P} \cdot \frac{\partial P}{\partial T} = \frac{\sigma Y \zeta(\cdot)}{W} \end{cases}$$

根据克莱姆法则:

$$D = \frac{\alpha_2 \sigma Y P(1-\varepsilon) - \alpha_1 \overline{M}}{\alpha_2 P^2}, \quad D_1 = -\frac{\alpha_1 \sigma Y \zeta(\cdot) \overline{M}}{\alpha_2 P^2 W}, \quad D_2 = \frac{\sigma Y \zeta(\cdot)}{W}, \quad 于$$

是有

$$\frac{\partial Y^*}{\partial \gamma} = \frac{D_1}{D} = -\frac{\alpha_1 \sigma \overline{Y} M \zeta(\cdot)}{W[\alpha_2 \sigma Y P(1-\varepsilon) - \alpha_1 \overline{M}]},$$

$$\frac{\partial Y^*}{\partial \gamma} \cdot \frac{\gamma}{Y^*} = -\frac{\alpha_1 \sigma Y^* \overline{M}}{[\alpha_2 \sigma Y^{*2} P(1-\varepsilon) - \alpha_1 \overline{M} Y^*]} = \frac{\sigma K}{\sigma(1-\varepsilon) + K} > 0,$$

$$\frac{\partial P}{\partial \gamma} = \frac{D_2}{D} = \frac{\sigma Y \zeta(\cdot)}{W} \cdot \frac{P^2 \cdot \alpha_2}{\alpha_2 \sigma Y P(1-\varepsilon) - \alpha_1 \overline{M}}, \quad \frac{\partial P}{\partial \gamma} \cdot \frac{\gamma}{P}$$

$$= \frac{\alpha_2 P^2 \sigma Y}{\alpha_2 \sigma Y P(1-\varepsilon) - \alpha_1 \overline{M}} = \frac{\sigma}{\sigma(1-\varepsilon) + K} > 0。$$

由 $W = \gamma\zeta(P)$, 推导出 $\frac{\partial W}{\partial \gamma} = \zeta(\cdot) + \gamma\zeta'(\cdot)\frac{\partial P}{\partial \gamma} > 0$。

可见,与 A 区域中 $H=1$ 的情况相比,在 B 区域的收入政策更有效,这与工资指数化程度有较强的相关性。

当 $\varepsilon = 0$ 时, $\frac{\partial Y^*}{\partial \gamma} \cdot \frac{\gamma}{Y^*} = \frac{\sigma K}{\sigma + K}$, $\frac{\partial P}{\partial \gamma} \cdot \frac{\gamma}{P} = \frac{\sigma}{\sigma + K}$, 当 $\varepsilon = 1$, $\frac{\partial Y^*}{\partial \gamma} \cdot \frac{\gamma}{Y^*} = \sigma$, $\frac{\partial P}{\partial \gamma} \cdot \frac{\gamma}{P} = \frac{\sigma}{K}$。

对比分析可知,在指数化程度的两个极端情况中,收入对产出和价格的影响完全依赖于弹性 σ 和 K，实际工资变动所引起的收入效应大于名义工资变动所引起的收入效应，收入变动引起的产量效应大于收入变动引起的价格效应，而且收入效应是工资指数化程度的增函数。另外，收入政策对工资水平的影响力随着收入政策对价格的影响变动而变动，在这个区域具有参数 γ 的古典主义政策对工资的有效性大于对价格的有效性。

下面分析外生变量 G、T、γ 对均衡值 N 的影响：

由 $N = F'^{-1}(W^*/P^*) = F'^{-1}[\gamma\zeta(P^*)/P^*]$，推导出

$$\frac{\partial N}{\partial G} = F''^{-1}(\cdot) \frac{P\gamma\zeta'(\cdot) - \gamma\zeta(\cdot)}{P^2} \cdot \frac{\partial P}{\partial G} = -\frac{F''^{-1}(\cdot)}{P^2} \cdot W(1-\varepsilon) \cdot \frac{\partial P}{\partial G} > 0,$$

$$\frac{\partial N}{\partial T} = F''^{-1}(\cdot) \frac{P\gamma\zeta'(\cdot) - \gamma\zeta(\cdot)}{P^2} \cdot \frac{\partial P}{\partial T} = -\frac{F''^{-1}(\cdot)}{P^2} \cdot W(1-\varepsilon) \cdot \frac{\partial P}{\partial T} < 0。$$

$$\frac{\partial N}{\partial \gamma} = \frac{F''^{-1}(\cdot)}{P^2} \cdot \left[P\zeta(\cdot) - W(1-\varepsilon) \cdot \frac{\partial P}{\partial G} \right],$$

$$\frac{\partial N}{\partial \gamma} \cdot \frac{\gamma}{N} = \frac{F''^{-1}(\cdot)}{NP^2} \cdot \left[\gamma P\zeta(\cdot) - PW(1-\varepsilon) \cdot \left(\frac{\partial P}{\partial \gamma} \cdot \frac{\gamma}{P}\right) \right]$$

$$= \frac{F''^{-1}(\cdot)}{NP} \left[1 - (1-\varepsilon) \cdot \left(\frac{\partial P}{\partial \gamma} \cdot \frac{\gamma}{P}\right) \right],$$

$$= \frac{F''^{-1}(\cdot)}{NP} \left[1 - \frac{\sigma}{\sigma + K/(1-\varepsilon)} \right] < 0。$$

通过对就业的影响因素分析可知，凯恩斯主义政策和古典主义政策引起的就业效应随着指数化程度增加而增加，当完全指数化时，凯恩斯主义政策和具有实际工资的古典主义政策完全无效；随着指数化程度降低，凯恩斯主义政策和具有名义工资的古典主义政策对消除失业的作用逐渐增强。

在劳动力超额供给和产品市场出清的区域，当 $H=1$ 时，可以得出以下结论。

首先，我们可以获得传统凯恩斯主义的全部效应，此区域的价格具有伸缩性，由 $W^* = \gamma \cdot \zeta(P^*)$，可知名义工资也是可变的，收入政策（减少 γ）发挥了效用。

其次，在凯恩斯主义政策中，公共支出增加或税收的减少会刺激产出和销售增加，也可以降低失业率。政府支出增加或税收减少促使总需

求增加，价格上涨，产出随之增加以及对劳动力的需求增加。所以，价格上涨在"乘数效用"的作用下对产出和就业发挥正效应。如果没有指数化（$\varepsilon=0$），凯恩斯主义政策在 B 区域的效用没有在 A 区域的效用大，因为在 A 区域中 $\frac{\partial Y}{\partial G}=\frac{\alpha_1+\alpha_2}{\alpha_2}$，而在 B 区域中 $\frac{\partial Y^*}{\partial G}=\frac{\sigma(1-\varepsilon)}{\sigma(1-\varepsilon)+K}\cdot\frac{(\alpha_1+\alpha_2)}{\alpha_2}$。同理，在 B 区域，税收对产出的效用小于在 A 区域的效用，而且凯恩斯主义政策的效用是随着指数化程度 ε 严格递减的；如果完全指数化（$\varepsilon=1$），则凯恩斯主义政策对产品市场交易量的影响，以及对消除劳动力市场的失业完全失效。因此，对于评估凯恩斯主义政策在这个区域的有效性来说，指数化程度十分关键。

最后，参数 γ 的收入政策在此区域十分有效。从 γ 对产出、就业和价格的影响分析来看，对于 γ 既定的相对变化来说，指数化程度 ε 越高，产量、价格和就业效应就越大。这些效应可直观地理解为，在劳动力超额供给和产品市场出清的情况下，γ 的变化更直接地反映在实际工资当中，因此，在这个区域我们处于新古典供给曲线上。

(2) 当 $H>1$ 时，均衡值由下列方程组确定：

$$\begin{cases} Y^* = C(Y^*, P^*, T, H) + G = [\alpha_1/(\alpha_1+\alpha_2)] \cdot \{[\bar{M}-N_0 h(H)]/\\ \qquad P^* + Y^* - T\} + G \\ Y^* = F[F'^{-1}(W^*/P^*)] = F\{F'^{-1}[\gamma\zeta(P^*)/P^*]\} \\ N^* H = F'^{-1}(W^*/P^*) \\ W^* = \gamma\zeta(P^*) \end{cases}$$

$$(5-12)$$

首先，定义下列弹性：

第一，由式（5 – 12），$\frac{\partial Y}{\partial P}=\frac{\alpha_1}{\alpha_2 P^2}\left[-HN_0 h'(\cdot)\frac{P}{H}\cdot\frac{\partial H}{\partial P}-\bar{M}+N_0 h(\cdot)\right]$，所以定义 $K'=\frac{\partial Y}{\partial P}\cdot\frac{P}{Y}=-\frac{\alpha_1}{\alpha_2 PY}\cdot[N_0 H h'(\cdot)Q+\bar{M}+N_0 h(\cdot)]$。其中，交叉价格弹性为 $Q=\frac{P}{H}\cdot\frac{\partial H}{\partial P}$，且弹性 K'，Q 取绝对值。另外，假设 $\Delta=N_0 H h'(\cdot)Q+[\bar{M}-N_0 h(\cdot)]$。

第二，同样定义 $\sigma = \dfrac{\partial Y}{\partial(W/P)} \cdot \dfrac{(W/P)}{Y}$，$Y_{W/P} = \dfrac{\partial Y}{\partial(W/P)} = \dfrac{\sigma Y P}{W}$。

当 $H > 1$ 时，对均衡方程组的解析首先得出的是凯恩斯主义的政策效应。

①政府支出的效应分析。

由式(5-12)推导出：

$$\frac{\partial Y}{\partial G} = \frac{\alpha_1}{\alpha_2} \left\{ -\frac{N_0 P h'(\cdot)(\partial H/\partial G) + [\bar{M} - N_0 h(\cdot)](\partial P/\partial G)}{P^2} + \frac{\alpha_1 + \alpha_2}{\alpha_2} \right\}$$

其中，$\dfrac{\partial H}{\partial G} = \dfrac{\partial H}{\partial P} \cdot \dfrac{\partial P}{\partial G}$。

$$\frac{\partial Y}{\partial G} = \frac{\alpha_1}{\alpha_2} \left[-\frac{N_0 H h'(\cdot)(\partial H/\partial P) \cdot (P/H) + \bar{M} - N_0 h(\cdot)}{P^2} \cdot \frac{\partial P}{\partial G} + \frac{\alpha_1 + \alpha_2}{\alpha_2} \right],$$

$$\frac{\partial Y}{\partial G} + \frac{\alpha_1}{\alpha_2}\left(\frac{\Delta}{P^2} \cdot \frac{\partial P}{\partial G}\right) = \frac{\alpha_1 + \alpha_2}{\alpha_2} \tag{5-13}$$

$$\frac{\partial Y}{\partial G} + \frac{\sigma Y(1-\varepsilon)}{P} \cdot \frac{\partial P}{\partial G} = 0 \tag{5-14}$$

联立等式(5-13)和等式(5-14) $\begin{cases} \dfrac{\partial Y}{\partial G} + \dfrac{\alpha_1}{\alpha_2}\left(\dfrac{\Delta}{P^2} \cdot \dfrac{\partial P}{\partial G}\right) = \dfrac{\alpha_1 + \alpha_2}{\alpha_2} \\ \dfrac{\partial Y}{\partial G} + \dfrac{\sigma Y(1-\varepsilon)}{P} \cdot \dfrac{\partial P}{\partial G} = 0 \end{cases}$

根据克莱姆法则：

$$D = \frac{\alpha_2 \sigma Y P(1-\varepsilon) - \alpha_1 \Delta}{\alpha_2 P^2}, \quad D_1 = \frac{(\alpha_1 + \alpha_2)\sigma Y(1-\varepsilon)}{\alpha_2 P}, \quad D_2 = -\frac{\alpha_1 + \alpha_2}{\alpha_2},$$

于是有

$$\frac{\partial Y^*}{\partial G} = \frac{D_1}{D} = \frac{\sigma(1-\varepsilon)}{\sigma(1-\varepsilon) + K} \cdot \frac{(\alpha_1+\alpha_2)}{\alpha_2} > 0, \quad \frac{\partial P}{\partial G} = \frac{D_2}{D} = -\frac{K}{\sigma(1-\varepsilon)+K} \cdot$$

$\dfrac{(\alpha_1+\alpha_2)}{\alpha_2 K_P} > 0$。

由 $W = \gamma \zeta(P)$，得出 $\dfrac{\partial W}{\partial G} = \gamma \zeta'(\cdot) \dfrac{\partial P}{\partial G} > 0$。

由 $H = h'^{-1}(\cdot)\left(\dfrac{W}{H} \cdot \dfrac{NH}{N_0}\right) = h'^{-1}(\cdot)\left[\dfrac{W}{H} \cdot \dfrac{F'^{-1}(W/P)}{N_0}\right] =$

$h'^{-1}(\cdot)\left\{\dfrac{\gamma\zeta(P)}{H} \cdot \dfrac{F'^{-1}[\gamma\zeta(P)/P]}{N_0}\right\}$，得出 $H_P = \dfrac{\partial H}{\partial P} = h''^{-1}(\cdot)$

$$\frac{WH[P\varepsilon F'^{-1}(\cdot) - W^2 F'''^{-1}(1-\varepsilon)]}{P[N_0 H^2 + h''^{-1}(\cdot) F'^{-1}(\cdot)]} > 0,$$

$$\frac{\partial H}{\partial G} = \frac{\partial H}{\partial P} \cdot \frac{\partial P}{\partial G} = H_P \cdot \left[-\frac{K}{\sigma(1-\varepsilon) + K} \cdot \frac{(\alpha_1 + \alpha_2)}{\alpha_2 K_P} \right] > 0。$$

②税收的效应分析。

由式（5-12）推导出：

$$\begin{cases} \frac{\partial Y}{\partial T} + \frac{\alpha_1}{\alpha_2}\left(\frac{\Delta}{P^2} \cdot \frac{\partial P}{\partial T}\right) = -\frac{\alpha_1}{\alpha_2} \\ \frac{\partial Y}{\partial T} + \frac{\sigma Y(1-\varepsilon)}{P} \cdot \frac{\partial P}{\partial T} = 0 \end{cases}$$

根据克莱姆法则：

$$D = \frac{\alpha_2 \sigma Y P(1-\varepsilon) - \alpha_1 \Delta}{\alpha_2 P^2}, \quad D_1 = -\frac{\alpha_1 \sigma Y(1-\varepsilon)}{\alpha_2 P}, \quad D_2 = \frac{\alpha_1}{\alpha_2}, \text{ 于是有}$$

$$\frac{\partial Y^*}{\partial T} = \frac{D_1}{D} = -\frac{\sigma(1-\varepsilon)}{\sigma(1-\varepsilon) + K} \cdot \frac{\alpha_1}{\alpha_2} < 0 \text{ 和}$$

$$\frac{\partial P}{\partial T} = \frac{D_2}{D} = \frac{1}{\sigma(1-\varepsilon) - (\alpha_1 \Delta / \alpha_2 PY)} \cdot \frac{\alpha_1}{\alpha_2} \cdot \frac{P}{Y} = \frac{K}{\sigma(1-\varepsilon) + K} \cdot \frac{\alpha_1}{\alpha_2 K_P} < 0$$

成立。

由 $W = \gamma\zeta(P)$，$\frac{\partial W}{\partial T} = \gamma\zeta'(\cdot) \frac{\partial P}{\partial T} < 0$，得出 $\frac{\partial H}{\partial T} = \frac{\partial H}{\partial P} \cdot \frac{\partial P}{\partial T} = H_P \cdot \left[\frac{K}{\sigma(1-\varepsilon) + K} \cdot \frac{\alpha_1}{\alpha_2 K_P}\right] < 0$。

通过模型求解可知，将人力资本因素引入工资指数化模型中，并不改变凯恩斯主义政策对产出、就业和价格的效应，即政府增加支出或减少税收导致对商品总需求增加，随之价格上涨、产出增加，对劳动力要素需求量也增加。凯恩斯主义政策的效应与工资指数化程度密切相关，当 $\varepsilon=1$ 时，凯恩斯主义政策对产出和消除失业完全失效，政府政策对价格的效用间接地取决于消费和货币剩余在效用中所占的比例，相比于货币剩余给家庭带来的效用，消费给家庭带来的效用较大，公共支出和税收对价格的影响力更大。对比分析 $\partial P/\partial G = (\alpha_1 + \alpha_2)/\alpha_2 K_P$ 与 $\partial P/\partial G = \alpha_1/\alpha_2 K_P$ 可知，在此区域，当 $H>1$ 时，通过改变政府支出来影响价格能带来更明显的结果。当 $\varepsilon=0$ 时，凯恩斯主义政策的产出和就业效应小于工资固定时的政策效应。凯恩斯主义政策对价格的影响小于工资完全指数化的情况。凯恩斯主义政策的实施与工资指数化程度存在相关性。

③收入的效应分析。

由式(5-12)推导出：

$$\begin{cases} \dfrac{\partial Y}{\partial \gamma} + \dfrac{\alpha_1 \Delta}{\alpha_2 P^2} \cdot \dfrac{\partial P}{\partial \gamma} = 0 \\ \dfrac{\partial Y}{\partial \gamma} + \dfrac{\sigma Y(1-\varepsilon)}{P} \cdot \dfrac{\partial P}{\partial \gamma} = \dfrac{\sigma Y \zeta(\cdot)}{W} \end{cases}$$

根据克莱姆法则：

$$D = \frac{\alpha_2 \sigma Y P(1-\varepsilon) - \alpha_1 \Delta}{\alpha_2 P^2}, \quad D_1 = -\frac{\alpha_1 \sigma Y \zeta(\cdot) \Delta}{\alpha_2 P^2 W}, \quad D_2 = \frac{\sigma Y \zeta(\cdot)}{W}, \quad 于$$

是有

$$\frac{\partial Y^*}{\partial \gamma} = \frac{D_1}{D} = -\frac{\alpha_1 \sigma Y \Delta \zeta(\cdot)}{W[\alpha_2 \sigma Y P(1-\varepsilon) - \alpha_1 \Delta]},$$

$$\frac{\partial Y^*}{\partial \gamma} \cdot \frac{\gamma}{Y^*} = -\frac{\alpha_1 \sigma Y^* \Delta}{[\alpha_2 \sigma Y^{*2} P(1-\varepsilon) - \alpha_1 \Delta Y^*]} = \frac{\sigma K}{\sigma(1-\varepsilon) + K} > 0。$$

$$\frac{\partial P}{\partial \gamma} = \frac{D_2}{D} = \frac{\sigma Y \zeta(\cdot)}{W} \cdot \frac{P^2 \cdot \alpha_2}{\alpha_2 \sigma Y P(1-\varepsilon) - \alpha_1 \Delta}, \quad \frac{\partial P}{\partial \gamma} \cdot \frac{\gamma}{P} = \frac{\alpha_2 P^2 \sigma Y}{\alpha_2 \sigma Y P(1-\varepsilon) - \alpha_1 \Delta Y^*} = \frac{\sigma}{\sigma(1-\varepsilon) + K} > 0$$

由 $W = \gamma \zeta(P)$，$\dfrac{\partial W}{\partial \gamma} = \zeta(\cdot) + \gamma \zeta'(\cdot) \dfrac{\partial P}{\partial \gamma} > 0$，得出 $\dfrac{\partial H}{\partial \gamma} = \dfrac{\partial H}{\partial P} \cdot \dfrac{\partial P}{\partial \gamma} = H_P \cdot \dfrac{\sigma}{\sigma(1-\varepsilon) + K} > 0$。

由收入效应分析可知，收入政策的影响力与工资指数化程度存在相关性，收入效应对产出、价格的影响与 $H=1$ 时的状况完全一致。另外，收入政策对人力资本水平有提高的效用。而且这些效应随着 ε 的增加而增加，当完全指数化时，即 $\varepsilon=1$ 时，$\dfrac{\partial Y^*}{\partial \gamma} \cdot \dfrac{\gamma}{Y^*} = \sigma$，$\dfrac{\partial P}{\partial \gamma} \cdot \dfrac{\gamma}{P} = \dfrac{\sigma}{K}$，$\dfrac{\partial H}{\partial \gamma} = H_P \cdot \dfrac{\sigma}{K}$，具有实际工资维度的古典主义政策对产出、价格和人力资本水平产生正效应；当没有指数化时，即 $\varepsilon=0$ 时，$\dfrac{\partial Y^*}{\partial \gamma} \cdot \dfrac{\gamma}{Y^*} =$

$\dfrac{\sigma K}{\sigma+K}$,$\dfrac{\partial P}{\partial \gamma}\cdot\dfrac{\gamma}{P}=\dfrac{\sigma}{\sigma+K}$,$\dfrac{\partial H}{\partial \gamma}=\dfrac{\partial H}{\partial P}\cdot\dfrac{\partial P}{\partial \gamma}=H_P\cdot\dfrac{\sigma}{\sigma+K}$,具有名义工资维度的古典主义政策带来的产出、价格和人力资本水平效用要小于具有实际工资维度的情形。所以，在劳动力超额供给和产品市场出清的情况下，γ 更直接地反映在实际工资水平当中。表 5-2 给出了 $H=1$ 和 $H>1$ 情况下的各变量之间的相关性。

表 5-2　　对比分析 $H=1$ 和 $H>1$ 时各变量之间的相关性

	$H=1$			$H>1$		
相关性分析	$\partial Y/\partial G>0$	$\partial N/\partial G>0$	$\partial P/\partial G>0$	$\partial Y/\partial G>0$	$\partial P/\partial G>0$	$\partial H/\partial G>0$
	$\partial Y/\partial T<0$	$\partial N/\partial T<0$	$\partial P/\partial T<0$	$\partial Y/\partial T<0$	$\partial P/\partial T<0$	$\partial H/\partial T<0$
	$\dfrac{\partial Y}{\partial \gamma}\cdot\dfrac{\gamma}{Y}<0$	$\dfrac{\partial N}{\partial \gamma}\cdot\dfrac{\gamma}{N}<0$	$\dfrac{\partial P}{\partial \gamma}\cdot\dfrac{\gamma}{P}>0$	$\dfrac{\partial Y}{\partial \gamma}\cdot\dfrac{\gamma}{Y}<0$	$\dfrac{\partial P}{\partial \gamma}\cdot\dfrac{\gamma}{P}>0$	$\dfrac{\partial H}{\partial \gamma}\cdot\dfrac{\gamma}{H}>0$

综上所述，根据对上述模型的求解和表 5-2 的分析得出如下结论。

首先，在劳动力超额供给和产品市场出清的区域中，无论是否引入人力资本因素，均可得到传统凯恩斯主义的全部效应，而且在 $H=1$ 和 $H>1$ 两种情况中，政府政策效应是一致的。由于在此区域价格和工资都具有伸缩性，所以古典主义的收入政策变量 γ 发挥了效用。

其次，在此区域，公共支出或税收的变动除了会刺激消费、产出和销售增加，还能消除失业和提高人力资本水平，内生化的价格也会随着公共支出增加或税收减少而提高。其中，"乘数效用"使产出增加，对劳动力需求增加，随后增加人力资本投资以及提高人力资本水平。此外，比较凯恩斯主义政策在 A 区域和 B 区域的不同，政府的支出和税收在 A、B 区域对产出的影响分别为：$\dfrac{\partial Y}{\partial G}=\dfrac{\alpha_1+\alpha_2}{\alpha_2}$，$\dfrac{\partial Y}{\partial T}=-\dfrac{\alpha_1}{\alpha_2}$ 和 $\dfrac{\partial Y^*}{\partial G}=\dfrac{\sigma(1-\varepsilon)}{\sigma(1-\varepsilon)+K}\cdot\dfrac{(\alpha_1+\alpha_2)}{\alpha_2}$，$\dfrac{\partial Y^*}{\partial T}=-\dfrac{\sigma(1-\varepsilon)}{\sigma(1-\varepsilon)+K}\cdot\dfrac{\alpha_1}{\alpha_2}$。可见，凯恩斯主义政策在 B 区域的效用没有在 A 区域的效用明显。

更为重要的是，在刚性实际工资的情况下，凯恩斯主义政策在 B 区域对产出和就业完全无效，但是政府增加支出或减少税收会对价格产生正效应；当 $H>1$ 时，凯恩斯主义政策除了对价格造成影响外，还对人力资本水平产生正效应。当除去两个极端的情况（$\varepsilon=1$ 和 $\varepsilon=0$），产出、就业以及价格和人力资本效用是随着指数化程度 ε 严格递减的。因此，对于评估凯恩斯主义政策在这个区域的有效性来说，指数化程度十分关键。

再次，古典主义政策在此区域十分有效。在两种情况 $H=1$ 和 $H>1$ 中，古典主义政策对产出、就业和价格的效用是相似的。从 γ 对产出、就业、价格和人力资本水平的影响来看，γ 既定情况下，刚性名义工资情况下的收入效应小于刚性实际工资情况下的收入效用，而且指数化程度 ε 越高，收入变化导致的产出、价格和就业的效应就越大。所以说，在劳动力市场超额供给和产品市场出清的情况下，γ 的变化在实际工资当中有更明显的反应。

最后，在两种情况 $H=1$ 和 $H>1$ 中，通过对比分析凯恩斯主义政策和古典主义政策的整体效用可知，加入人力资本因素后，凯恩斯主义政策和古典主义政策对产出和就业的有效性明显小于无人力资本因素的情况。但是，有人力资本因素的凯恩斯主义政策和古典主义政策对内生化价格的影响却大于不考虑人力资本因素的情况。所以说，当加入人力资本因素，且经济状况是劳动力市场超额供给和产品市场出清的局面时，实施古典主义政策能取得更好的效果。相反，在无人力资本的情况中，相对于古典主义政策来说，凯恩斯主义政策对消除失业的效果更明显。因此，在价格和工资都具有伸缩性的情况下，将人力资本因素引入更能明显地体现出各政策变量对价格的影响力。

三 区域C：劳动力市场超额需求，商品市场出清

劳动力市场超额需求使就业水平由家庭供给决定，家庭始终处于短边，$N^*=N_0$（劳动力成交量等于供给量）。商品市场出清使商品交易者能够实现意愿交换，即 $C^*=\widetilde{C}$，$Y^*=\widetilde{Y}^S=Y_0$。在劳动力市场中，处于短边的厂商受到 N_0 配额约束，导致商品供给被限制在 $Y^*=Y_0=F(N_0)$。此区域的家庭可实现瓦尔拉斯一般均衡的劳动力供给和产品需求，就业水平达到最大值 N_0，闲暇 N_0-N 不发挥作用，预算约束下家庭效用最大化方程为：

$$\begin{cases} \max U[\,v = \alpha_1 \ln C + \alpha_2 \ln \overline{M}/P^e + \alpha_3 \ln(N_0 - N)\,] \\ \text{s. t. } P^* C + M + N_0 h(H) = \overline{M} + \pi + W^* NH - P^* T \end{cases}$$

一阶条件：

$\dfrac{\partial U}{\partial C} = 0$，$\dfrac{\alpha_1}{C} = \dfrac{\alpha_2 P}{M}$，$C^* = \widetilde{C} = \dfrac{\alpha_1}{\alpha_1 + \alpha_2} \cdot \left[\dfrac{\overline{M} - N_0 h(H)}{P^*} + Y^* - T\right] = C^*(Y^*, P^*, T, H)$。

均衡产出：$Y^* = C^*(Y^*, P^*, T, H) + G = \dfrac{\alpha_1}{\alpha_1 + \alpha_2} \cdot \left[\dfrac{\overline{M} - N_0 h(H)}{P^*} + Y^* - T\right] + G$。

由 $\partial U/\partial H = 0$，$h'(H) = W$，$H = h'^{-1}(W)$。

下面对 $H = 1$ 和 $H > 1$ 的情况进行经济学分析。

(1) 当 $H = 1$ 时，均衡值由下列方程组决定。

$$\begin{cases} Y^* = C(Y^*, P^*, T) + G = [\alpha_1/(\alpha_1 + \alpha_2)] \cdot (\overline{M}/P^* + Y^* - T) + G \\ Y^* = Y_0 = F(N_0) \\ N^* = N_0 \\ W^* = \gamma \zeta(P^*) \end{cases}$$

此时，就业达最大值 N_0，产出为 $Y^* = Y_0 = F(N_0)$，即受限的产出是恒量，"凯恩斯主义政策"和"古典主义政策"都不会对就业产生影响，需求政策或收入政策只能按下列方式影响价格和工资。

$$\begin{cases} Y^* = Y_0 = \dfrac{\alpha_1}{\alpha_1 + \alpha_2} \cdot \left(\dfrac{\overline{M}}{P^*} + Y_0 - T + \dfrac{\alpha_1 + \alpha_2}{\alpha_1} \cdot G\right) \\ W^* = \gamma \zeta(P^*) \end{cases} \quad (5-15)$$

由式 (5-15) 可知：

$\dfrac{\partial Y^*}{\partial G} = 0 = \dfrac{\alpha_1}{\alpha_1 + \alpha_2} \cdot \left(-\dfrac{\overline{M}}{P^{*2}} \cdot \dfrac{\partial P^*}{\partial G} + \dfrac{\alpha_1 + \alpha_2}{\alpha_2}\right)$，进一步 $\dfrac{\partial P^*}{\partial G} = \dfrac{(\alpha_1 + \alpha_2) P^{*2}}{\alpha_1 \overline{M}} > 0$，

$\dfrac{\partial Y^*}{\partial T} = 0 = \dfrac{\alpha_1}{\alpha_1 + \alpha_2} \cdot \left(-\dfrac{\overline{M}}{P^{*2}} \cdot \dfrac{\partial P^*}{\partial T} - 1\right)$，进一步 $\dfrac{\partial P^*}{\partial T} = \dfrac{-P^{*2}}{\overline{M}} < 0$。

由 $W^* = \gamma \zeta(P^*)$，推导出 $\dfrac{\partial W^*}{\partial G} = \gamma \zeta'(\,\cdot\,) \dfrac{\partial P^*}{\partial G} > 0$，$\dfrac{\partial W^*}{\partial T} = \gamma \zeta'(\,\cdot\,)$

$\dfrac{\partial P^*}{\partial T} < 0$。

由 $\dfrac{\partial Y^*}{\partial \gamma} = 0 = \dfrac{\alpha_1}{\alpha_1 + \alpha_2} \cdot \left(-\dfrac{\overline{M}}{P^2} \cdot \dfrac{\partial P^*}{\partial \gamma} \right)$，有 $\dfrac{\partial P^*}{\partial \gamma} = 0$，$\dfrac{\partial W^*}{\partial \gamma} = \zeta(\cdot) + \gamma \zeta'(\cdot) \dfrac{\partial P^*}{\partial \gamma} = \zeta(\cdot) > 0$。

可见，劳动力达到充分就业状态的非均衡区域，凯恩斯主义政策和古典主义政策对产出和就业完全无效，即 $\partial Y^*/\partial G = 0$，$\partial Y^*/\partial T = 0$，$\partial Y^*/\partial \gamma = 0$。但是，凯恩斯主义政策对可变的价格和工资发生效用，即 $\partial P^*/\partial G > 0$，$\partial P^*/\partial T < 0$，$\partial W/\partial G > 0$，$\partial W/\partial T < 0$，可以理解为，政府增加支出或减少税收导致总需求增加，产出随之增加，对劳动力生产要素的需求也增加，于是工资水平上涨，人力资本价格水平也上涨，"乘数效应"进一步推动总需求增加，所以凯恩斯主义政策和古典主义政策会引起价格上涨，通过比较分析可知，C 区域的凯恩斯主义政策为价格和 W 带来的效用大于区域 B 的情况，因为，在 C 区域，$\dfrac{\partial P^*}{\partial G} = \dfrac{(\alpha_1 + \alpha_2)P^{*2}}{\alpha_1 \overline{M}}$，$\dfrac{\partial P^*}{\partial T} = \dfrac{-P^{*2}}{\overline{M}}$，而在 B 区域，$\dfrac{\partial P^*}{\partial G} = \dfrac{(\alpha_1 + \alpha_2)P^{*2}}{\alpha_1 \overline{M} - \alpha_2 \sigma Y P(1-\varepsilon)}$，$\dfrac{\partial P^*}{\partial T} = \dfrac{-P^{*2}}{\overline{M} - \alpha_2 \sigma Y P(1-\varepsilon)}$。

因此，当出现劳动力市场超额需求和产品市场出清的状况时，应用凯恩斯主义政策能取得更好的效果。相反，在 B 区域中，当 $H = 1$ 时，就价格水平的效应看，古典主义政策更有效。此外，在 C 区域，尽管有关参数 γ 的收入政策对价格无效，但是，对名义工资产生正效应，而且这个正效应要小于在 B 区域收入政策对名义工资产生的正效用。根据私人消费函数 $C^* = Y^* - G = Y_0 - G$，$\partial C^*/\partial G = -1$，可知此区域存在完全挤出效应，政府支出增加引起的价格上涨足以使个人消费减少相同数量，挤出机制通过价格机制起作用，这跟瓦尔拉斯一般均衡的情况相似。

(2)当 $H>1$ 时，均衡值由下列方程组决定：

$$\begin{cases} Y^* = C(Y^*, P^*, T) + G = [\alpha_1/(\alpha_1+\alpha_2)] \cdot \{[\bar{M} - N_0 h(H)]/ \\ \qquad P^* + Y^* - T\} + G \\ Y^* = Y_0 = F(N_0 H) \\ N^* = N_0 \\ W^* = \gamma\zeta(P^*) \end{cases}$$

(5-16)

加入人力资本因素后，产出受到两个因素的影响，一个是配额约束 N_0，另一个是差异性人力资本水平，长期来看，产出会随着人力资本水平的变化而变化，即 $Y^* = Y_0 = F(N_0 H)$。

①公共支出和税收效应分析：

由 $H = h'^{-1}(W^*) = h'^{-1}[\gamma\zeta(P^*)]$，推导出 $\frac{\partial H}{\partial G} = h''^{-1}(\cdot) \gamma\zeta'(\cdot)\frac{\partial P^*}{\partial G}$

根据 $Y^* = F(N_0 H)$ 推出，

$$\frac{\partial Y^*}{\partial G} = F'(\cdot)N_0 \cdot \frac{\partial H}{\partial G} = F'(\cdot) \cdot N_0 \cdot h''^{-1}(\cdot)\gamma\zeta'(\cdot)\frac{\partial P^*}{\partial G} \quad (5-17)$$

将式（5-16）和式（5-17）结合有

$$\frac{\alpha_2}{\alpha_1+\alpha_2} \cdot \frac{\partial Y^*}{\partial G} = \frac{\alpha_1}{\alpha_1+\alpha_2}$$

$$\left(-\frac{1}{P^{*2}}\left\{N_0 h'(\cdot)h''^{-1}(\cdot)\gamma\zeta'(\cdot)\frac{\partial P^*}{\partial G} + [\bar{M} - N_0 h(\cdot)]\frac{\partial P^*}{\partial G}\right\}\right) + 1,$$

$$\frac{\partial P^*}{\partial G} = \frac{P^{*2}(\alpha_1+\alpha_2)}{N_0 h''^{-1}(\cdot)\gamma\zeta'(\cdot)[\alpha_2 P^{*2}F'(\cdot) + \alpha_1 h'(\cdot)] + \alpha_1[\bar{M} - N_0 h(\cdot)]} > 0,$$

$$\frac{\partial Y^*}{\partial G} = N_0 F'(\cdot) h''^{-1}(\cdot)\gamma\zeta'(\cdot)\frac{\partial P^*}{\partial G} > 0, \quad \frac{\partial H}{\partial G} = h''^{-1}(\cdot)\gamma\zeta'(\cdot)$$

$\frac{\partial P^*}{\partial G} > 0$ 成立。

同理存在，

$$\frac{\partial Y^*}{\partial T} = \frac{\alpha_1}{\alpha_1+\alpha_2} \cdot \left\{-\frac{1}{P^{*2}}\left[N_0 h'(\cdot)\frac{\partial H}{\partial T} + [\bar{M} - N_0 h(\cdot)]\frac{\partial P^*}{\partial T}\right] + \right.$$

$\frac{\partial Y^*}{\partial T} - 1 \}$, $\frac{\partial P^*}{\partial T} < 0$,

$$\frac{\partial Y^*}{\partial T} = N_0 F'(\cdot) h''^{-1}(\cdot) \gamma \zeta'(\cdot) \frac{\partial P^*}{\partial T} < 0, \frac{\partial H}{\partial T} = h''^{-1}(\cdot) \gamma \zeta'(\cdot)$$

$\frac{\partial P^*}{\partial T} < 0$。

经济效应分析：

首先，在此区域，劳动力达到充分就业状态，如果考虑加入人力资本要素，凯恩斯主义政策和古典主义政策对产出和就业都有效。凯恩斯主义政策和古典主义政策对可变的价格和工资也都有效，但是这种价格效应和工资效应小于 $H=1$ 的情况，因为：

当 $H=1$ 时，$\frac{\partial P^*}{\partial G} = \frac{P^{*2}(\alpha_1 + \alpha_2)}{\alpha_1 \bar{M}}$，

当 $H>1$ 时，$\frac{\partial P^*}{\partial G} = \frac{P^{*2}(\alpha_1 + \alpha_2)}{N_0 h''^{-1}(\cdot)\gamma\zeta'(\cdot)[\alpha_2 P^{*2} F'(\cdot) + \alpha_1 h'(\cdot)] + \alpha_1[\bar{M} - N_0 h(\cdot)]}$。

其次，当 $H>1$ 时，在"乘数效应"作用下，增加总需求使对劳动力需求增加，价格和工资水平随之提高。凯恩斯主义政策和古典主义政策不仅引起价格和工资上涨，而且影响产出和就业水平。因此，在包含人力资本因素的 C 区域，可以同时实施凯恩斯主义政策和古典主义政策。另外，C 区域的凯恩斯主义政策的价格效应和工资效应要明显大于区域 B 的情况。

最后，由私人消费函数 $C^* = Y^* - G$，$\partial C^*/\partial G = \partial Y^*/\partial G - 1$ 得出，经济存在挤出效应，但不是完全挤出。当 $H=1$ 时，政府支出增加引起价格上涨足以使个人消费减少相同的数量，挤出机制通过 P 机制起作用。

②收入效应分析：

根据 $\begin{cases} H = h'(W^*) = h'[\gamma\zeta(P^*)], \frac{\partial H}{\partial \gamma} = h''(\cdot)[\zeta(\cdot) + \gamma\zeta'(\cdot)\frac{\partial P^*}{\partial \gamma}] \\ Y^* = F(N_0 H), \frac{\partial Y^*}{\partial \gamma} = F'(\cdot) N_0 \frac{\partial H}{\partial \gamma} = F'(\cdot) N_0 \zeta(\cdot) h''(\cdot) \\ \quad [\zeta(\cdot) + \gamma\zeta'(\cdot)\frac{\partial P^*}{\partial \gamma}] \end{cases}$

(5－18)

首先，假设 ψ 是 P 对 γ 的弹性（采用绝对值）。

则有 $\dfrac{\partial Y^*}{\partial \gamma} = \dfrac{\alpha_1}{\alpha_1 + \alpha_2} \cdot \left(-\dfrac{1}{P^{*2}} \cdot \left\{ N_0 h'(\cdot) \dfrac{\partial H}{\partial \gamma} + [\bar{M} - N_0 h(\cdot)] \dfrac{\partial P^*}{\partial \gamma} \right\} + \dfrac{\partial Y^*}{\partial \gamma} \right)$,

$$\dfrac{\partial P^*}{\partial \gamma} = -\dfrac{N_0 h''^{-1}(\cdot) \zeta(\cdot) \cdot [\alpha_1 h'(\cdot) + \alpha_2 P^{*2} F'(\cdot)]}{N_0 h''^{-1}(\cdot) \gamma \zeta'(\cdot) [\alpha_2 P^{*2} F'(\cdot) + \alpha_1 h'(\cdot)] + \alpha_1 [\bar{M} - N_0 h(\cdot)]} < 0,$$

$$\dfrac{\partial Y^*}{\partial \gamma} = \dfrac{\alpha_1 N_0 \zeta(\cdot) F'(\cdot) h''^{-1}(\cdot) [\bar{M} - N_0 h(\cdot)]}{N_0 h''^{-1}(\cdot) \gamma \zeta'(\cdot) [\alpha_2 P^{*2} F'(\cdot) + \alpha_1 h'(\cdot)] + \alpha_1 [\bar{M} - N_0 h(\cdot)]} > 0。$$

再由 $W^* = \gamma \zeta(P^*)$, $\dfrac{\partial W^*}{\partial G} = \gamma \zeta'(\cdot) \dfrac{\partial P^*}{\partial T} > 0$, $\dfrac{\partial W^*}{\partial T} = \gamma \zeta'(\cdot) \dfrac{\partial P^*}{\partial T} < 0$, 推导出：

$$\dfrac{\partial W}{\partial \gamma} = \zeta(\cdot) + \gamma \zeta'(\cdot) \cdot \dfrac{\partial P^*}{\partial \gamma} = \zeta(\cdot) + \zeta(\cdot) \cdot \varepsilon \cdot \psi = \zeta(\cdot)(1 + \varepsilon \psi) > 0,$$

$$H = h'^{-1}(\cdot)[\gamma \zeta(P^*)], \dfrac{\partial H}{\partial \gamma} = h''^{-1}(\cdot) \left[\zeta(\cdot) + \gamma \zeta'(\cdot) \cdot \dfrac{\partial P^*}{\partial \gamma} \right] = h''^{-1}(\cdot) \zeta(\cdot)(1 + \varepsilon \psi) > 0。$$

引入人力资本因素后，参数 γ 的收入政策对产出、就业以及价格和工资都有效，古典主义政策对工资的影响要大于无人力资本的情况，重点是工资效应随 ε 的增加而增加，当工资具有刚性名义工资的性质时，收入政策导致的工资的变动与 $H=1$ 的状况相一致，即无论是否考虑人力资本因素，$\partial W / \partial \gamma = \zeta(\cdot)$，收入政策对价格的影响是反向的。人力资本水平与 γ 呈同方向变动，而且随着指数化程度的提高，人力资本水平是不断提高的。表 5-3 给出两种情况 $H=1$ 和 $H>1$ 下各变量之间的相关性。

表 5-3　　比较分析在 $H=1$ 和 $H>1$ 中各变量之间的相关性

	$H=1$			$H>1$			
相关性分析	$\partial Y/\partial G = 0$	$\partial P/\partial G > 0$	$\partial W/\partial G > 0$	$\partial Y/\partial G > 0$	$\partial P/\partial G > 0$	$\partial H/\partial G > 0$	$\partial W/\partial G > 0$
	$\partial Y/\partial T = 0$	$\partial P/\partial T < 0$	$\partial W/\partial T < 0$	$\partial Y/\partial T < 0$	$\partial P/\partial T < 0$	$\partial H/\partial T < 0$	$\partial W/\partial T < 0$
	$\partial Y/\partial \gamma = 0$	$\partial P/\partial \gamma = 0$	$\partial W/\partial \gamma > 0$	$\partial Y/\partial \gamma > 0$	$\partial P/\partial \gamma < 0$	$\partial H/\partial \gamma > 0$	$\partial W/\partial \gamma > 0$

综上所述，根据对工资指数化的非均衡模型的求解、分析，并结合表5-3，得出如下结论：

首先，在劳动力市场超额需求和产品市场出清的区域，家庭在每个市场都处于短边，此时的劳动力市场处于充分就业状态，如果不考虑人力资本要素，则凯恩斯主义政策和古典主义政策对产出和就业完全无效，即 $\partial Y^*/\partial G = 0$，$\partial Y^*/\partial T = 0$，$\partial Y^*/\partial \gamma = 0$。但是，依据工资指数化方程可知，内生化的价格和工资受到凯恩斯主义政策的影响，$\partial P^*/\partial G > 0$，$\partial P^*/\partial T < 0$，$\partial W/\partial G > 0$，$\partial W/\partial T < 0$，工资水平的变动关键取决于价格水平的变动，其内在原理是，凯恩斯主义政策在"乘数效应"的作用下，推动价格水平上升和工资水平上升，对产出和就业有进一步的放大作用。

对比分析表5-2和表5-3可知，在都不考虑人力资本的情况下，C区域的凯恩斯主义政策的价格效应和工资效应明显大于B区域的情况，而且C区域的价格效应和工资效应与工资指数化程度不存在相关性，因为：

在C区域，$\partial P^*/\partial G = (\alpha_1 + \alpha_2)P^{*2}/\alpha_1 \bar{M}$，

在B区域，$\partial P^*/\partial G = (\alpha_1 + \alpha_2)P^{*2}/[\alpha_1 \bar{M} - \alpha_2 \sigma YP(1-\varepsilon)]$。

只有在刚性名义工资的情况下（$\varepsilon = 0$），B区域和C区域的价格效应和收入效应完全一致。如果将工资指数化后（$\varepsilon \to 1$），凯恩斯主义政策的效应明显降低。因此，当出现劳动力市场超额需求和产品市场出清的状况时，应用凯恩斯主义政策能取得更好的效果。此外，当 $H = 1$ 时，有关参数 γ 的收入政策的价格效用为零，工资效用为正值，小于在B区域收入政策带来的工资效用。由此，若参数位于C区域中，实施古典主义政策会产生更有效的价格效应和工资效应。由 $C^* = Y^* - G = Y_0 - G$，$\partial C^*/\partial G = -1$ 可知，C区域的政府支出的挤出效应完全有效，作用机理是增加政府支出引起的价格上升使个人消费下降。

其次，若将人力资本要素嵌入非均衡模型，传统的凯恩斯主义政策和古典主义政策效应都可以获得。但是与 $H = 1$ 相比，当 $H > 1$ 时，凯恩斯主义政策和古典主义政策引起的价格效应和工资效应较小，因为：

当 $H = 1$ 时，$\partial P^*/\partial T = -P^{*2}/\bar{M}$，

当 $H>1$ 时，$\partial P^*/\partial T = -\alpha_1 P^{*2}/\{N_0 h''^{-1}(\cdot)\gamma\zeta'(\cdot)[\alpha_2 P^{*2} F'(\cdot)+\alpha_1 h'(\cdot)]+\alpha_1[\overline{M}-N_0 h(\cdot)]\}$。

另外，人力资本因素内生化会影响凯恩斯主义政策和古典主义政策的有效性。凯恩斯主义政策在 $H>1$ 中的"乘数效应"仍然有效，"乘数效应"致使总需求增加，进而带动价格水平和工资水平提高。因此，将人力资本因素嵌入模型后的 C 区域，针对经济问题可以同时实施凯恩斯主义政策和古典主义政策，当 $H>1$ 时，政府支出对私人消费不是完全挤出。

最后，分析工资指数化对经济政策的影响力。当 $H=1$ 时，有关参数 γ 的古典主义政策不对产出和价格造成影响，但工资水平与 γ 同方向变动。当 $H>1$ 时，γ 与产出同方向变动，因为收入增加导致总需求增加，产出随之增加。另外，在两种极端情形中，收入政策带来的工资效应在 $H=1$ 和 $H>1$ 中存在差异：当 $\varepsilon=0$ 时，γ 变动带来的收入效应在 $H=1$ 和 $H>1$ 中是一致的；当 $\varepsilon\to 1$ 时，相比于 $H=1$ 的情况，收入政策的工资效应在 $H>1$ 中更大，指数化程度在其中起关键作用，γ 与人力资本水平是同方向变动的，而且对人力资本水平的影响随着 ε 提高而增加。有关 γ 的古典主义政策的价格效应在 $H=1$ 和 $H>1$ 也是存在差异的：在 $H=1$ 中，古典主义政策对价格的变动无影响；但是，在 $H>1$ 中，γ 变动与价格变动是反方向的。

下面用二维图形来描述工资指数化的三个区域的满足条件（见图 5-1）。

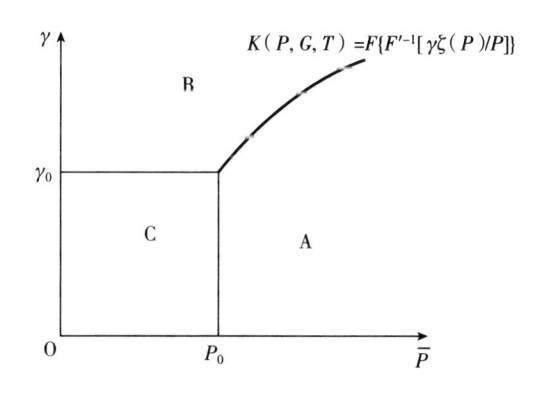

图 5-1 A、B、C 三区域的图形描述

①为了达到 A 区域，参数必须满足，两个市场确实存在的超额供给，即：

$$\begin{cases} N^* \leqslant N_0 \\ Y^* \leqslant F[F'^{-1}(W^*/P^*)] \end{cases}, \text{这两条件等价于}$$

$$\begin{cases} Y^* = K(\overline{P}, G, T) \leqslant Y_0 \\ Y^* = K(\overline{P}, G, T) \leqslant F\{F'^{-1}[\gamma\zeta(\overline{P})/\overline{P}]\} \end{cases}$$

②为了达到 B 区域，参数必须满足，均衡价格 P^* 高于最低价格 $\overline{P}$，劳动力市场存在超额供给，即：

$$\begin{cases} P^* \geqslant \overline{P} \\ N^* \leqslant N_0 \end{cases}, \text{这两个条件等价于}$$

$$\begin{cases} Y^* = K(\overline{P}, G, T) \geqslant F\{F'^{-1}[(\gamma\zeta(\overline{P})/\overline{P})]\} \\ K[\gamma\zeta(\overline{P})/F'(N_0), G, T] \leqslant Y_0 \end{cases}$$

③为了达到 C 区域，参数必须满足，均衡价格 P^* 高于最低价格 $\overline{P}$，劳动力市场存在超额需求，即：

$$\begin{cases} P^* \geqslant \overline{P} \\ N^* \leqslant F'^{-1}(W^*/P^*) \end{cases}, \text{这两个条件等价于} \begin{cases} Y^* = K(\overline{P}, G, T) \geqslant Y_0 \\ K[\hat{P}(\gamma), G, T] \geqslant Y_0 \end{cases}$$

其中，将 $\hat{P}(\gamma)$ 定义为 $F\{F'^{-1}[\gamma\zeta(\hat{P})/\hat{P}]\} = Y_0$ 或 $\gamma\zeta(\hat{P})/F'(N_0)$。

假设：参数 G，T 给定，将以上区域描述在 $(\overline{P}, \gamma)$ 空间，如图 5-1 所示。

条件 $K[\hat{P}(\gamma), G, T] = Y_0$ 等价于 $\hat{P}(\gamma) = P_0$，从而 $\gamma = \gamma_0 = \dfrac{P_0}{\zeta(P_0)} F'(N_0)$。

图 5-1 中状况与指数化程度相关，参数 γ 具有不同的维度体现不同的情形：如果不存在指数化（$\varepsilon = 0$），γ 具有的就是名义工资的维度；如果是完全的指数化（$\varepsilon = 1$），γ 具有的就是实际工资的维度。

同第四章一样，均衡值 P^*、Y^* 可以用图解法在 (P, Y) 空间的需求曲线 $\hat{D}(P)$ 和供给曲线 $\hat{S}(P)$ 的交点处找到（见图 5-2），需求曲线是凯恩斯主义总需求 $\hat{D}(P) = K(P, G, T)$，供给曲线 $\hat{S}(P)$ 也包括三部分：垂直部分(A 段)，对应的方程是 $P = \bar{P}$；水平部分(C 段)，对应的方程是 $Y = Y_0$；向上倾斜部分(B 段)，方程是 $F\{F'^{-1}[\gamma\zeta(\hat{P})/\hat{P}]\} = Y$。如果是完全的指数化($\varepsilon = 1$)，B 段就会变得水平，仅当 $\gamma\zeta(\bar{P})/\bar{P} > F'(N_0)$ 时，它才是供给曲线的一部分。根据前一部分对各个区域所有变量均衡值及它们必须满足的不等式的求解，我们可以得到需求曲线与供给曲线 A 段、B 段、C 段相交的值，通过求解与图形结合就可以弄清楚是 A 型均衡，还是 B 型均衡或 C 型均衡。

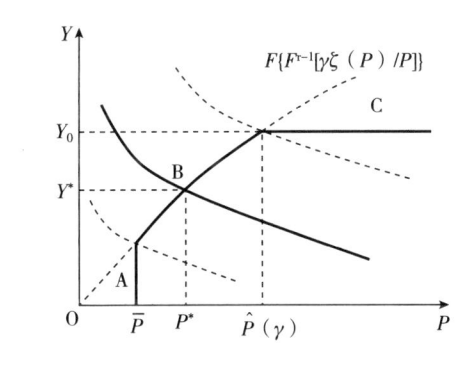

图 5-2　A、B、C 区域供给曲线和需求曲线

第四节　工资指数化的不同区域相关政策建议

本章建立与价格有关的工资指数化模型，对模型进行求解分析，比较经济政策在 $H = 1$ 和 $H > 1$ 情况中的差异性。

首先，在 A 区域，在两种情况 $H = 1$ 和 $H > 1$ 中，传统凯恩斯主义的全部效应都可获得。古典主义政策在 $H = 1$ 中对生产和就业不起作用，但是在 $H > 1$ 中却对产出和就业发挥效应。凯恩斯主义政策和古典主义政策对人力资本投资和人力资本水平的都发挥效用，工资水平的变动与人力资本水平呈负相关关系。因此，此区域的政策意见是，当 $H = 1$ 时，建议实施凯恩斯主义的相关政策，因为收入效应对缓解产品超额供给和消除失业完全无效；当 $H > 1$ 时，可以同时实施凯恩斯主义政策和古典主义政策来消除失业和提高人力资本水平，收入变动带来的产出、就业和人力资本效应十分明显。

其次，在B区域，凯恩斯主义政策效应随着指数化程度的增加逐渐减弱，在名义工资按价格实行完全指数化的情况下，它甚至变得完全无效。但是，同样情况下的收入政策却十分有效，因为它是在一个非自愿失业的区域内得出的，在这个区域中，商品市场的实际交易额总是等于需求。因此，在经济政策变动的有效范围内，可以看到一种极端的情况，不过这里避免了需求限额，这使本章的模型更加现实也更接近惯常的宏观经济模型。另外，当$H>1$时，凯恩斯主义政策对提高人力资本水平产生正效应，且人力资本效用随着指数化程度（ε）严格递减。所以，对于评估凯恩斯主义政策在这个区域的有效性来说，指数化程度十分关键。古典主义政策在此区域十分有效，古典政策在$H=1$和$H>1$中对产出、就业和价格的效用是相似的，随着指数化程度ε越高，收入变化导致的产量、价格和就业的效应就越大。值得一提的是，加入人力资本因素后，凯恩斯主义政策和古典主义政策对产出和就业的有效性小于不考虑人力资本因素的情况。此区域的政策意见是，当无人力资本因素时，考虑到凯恩斯主义政策的弱有效性，建议实施古典主义政策；将人力资本因素引入后，可以同时选择实施凯恩斯主义政策和古典主义政策，此时的凯恩斯政策带来的效用要小于古典主义政策带来的效用，在整体政策实施的过程中，真正起关键作用的是指数化程度。

最后，在C区域，人力资本因素不影响凯恩斯主义政策和古典主义政策对产出和就业完全无效性。但是，当$H=1$时，C区域的凯恩斯主义政策的价格效应和工资效应明显大于B区域的情况，此处的价格效应和工资效应不受工资指数化程度的影响。此区域的政策意见是，针对就业和产出，C区域的凯恩斯主义政策相对较有效，B区域实施古典主义政策带来的价格效应和工资效应更有效。在两种极端情形中：当$\varepsilon=0$时，γ变动导致收入变动在$H=1$和$H>1$中是一致的；当$\varepsilon\to 1$时，在$H>1$中，收入政策的工资效应大于无人力资本的情况。有关γ的古典主义政策的价格效应在$H=1$和$H>1$也是存在差异的：在$H=1$中，古典政策对价格的变动无影响，但是在$H>1$中，γ变动与价格变动是反方向的。

第五节 本章小结

本章在与第四章十分相似的框架内研究了工资指数化对于经济政策有效性的影响，通过对经典的三个区域（凯恩斯区域、古典区域和抑制性通胀区域）构建非均衡模型，进行数理推导和政策分析，我们看到，指数化能够显著地修正各种反失业政策的相对有效性。尤其是在区域 B，当指数化程度增加时，凯恩斯主义需求政策的有效性就减弱，在名义工资按价格实行完全指数化的情况下，它甚至变得完全无效，而在同样情况下，收入政策却充分有效，这个结果值得注意，因为它是在一个非自愿失业的区域内得出的，在该区域，商品市场的实际交易总是等于需求量。因此，在经济政策变动的有效范围内，又出现了第三章的极端情况（古典主义区域），不过这里避免了需求限额，这使本章的模型更加现实也更接近惯常的宏观经济模型。在 $H=1$ 和 $H>1$ 中，凯恩斯主义政策和古典主义政策实施的有效性存在差异。工资指数化程度对政策有效性也产生影响。

第六章
行为人自主定价的经济学分析

第一节 引言

本章以前几章的内容和模型为基础,在一个不完全竞争的模型框架中内生价格和工资,分析行为人自主定价的情形,这是在非均衡分析假设条件进一步放松的前提下进行的。本章整体分为两部分:第一部分分析厂商决定价格和家庭决定工资的情形,为使解释更加清晰,这里使用主观需求曲线。[①] 其内容主要包括:模型构建、均衡分析、政策效应讨论,此外,本部分还进行了家庭福利效用分析。第二部分分析工资既定情况下的厂商定价模型,模型中的价格和数量由工资既定情况下的短期非瓦尔拉斯均衡确定,商品价格是在与第一部分所研究的相似的不完全竞争框架下确定。

---

① 一般,将销售者预期售出的最大产品数量与他所设置的价格之间的关系被称为可认知(察觉)的需求曲线。根据价格制定者对经济情况的了解,可认知的需求曲线可以分为两种:客观需求曲线和主观需求曲线。客观需求曲线是假定价格制定者知道其他行为人需求函数的准确形式,在局部均衡框架中可以构造这样的客观需求曲线,但是想知道确切的客观需求曲线需要大量的信息和较严格的前提假设,以及很强的计算能力。主观需求曲线认为,价格制定者对他所面临需求曲线的形式并不拥有充分的信息,所以他的可认知的需求曲线部分是主观的,通常最多的是等弹性的主观需求曲线,主观需求曲线可以被设想为价格制定者在不断进行的学习过程中对"真实"曲线的猜测,为研究方便,本章采用等弹性的主观需求曲线。

第二节 厂商决定价格、家庭决定工资的不完全竞争模型

一 基本假设

本章模型的基本假设与前几章相似，考察一个简单的货币经济系统，其中包括三个代表性行为人：家庭、厂商、政府，三种商品：消费品（商品）、劳动力、货币。在所考察的时期内存在两个市场：一个市场（产品市场）是产品与货币按价格 P 进行交换，另一个市场（劳动力市场）是劳动力与货币按工资 W 进行交换。假设两个市场是无摩擦运行的，在自愿交换和市场效率情况下，市场最终交易额遵循"短边原则"。

家庭：居民的消费为 C，$N_0 h(H)$ 为人力资本投资额，出售 N 单位劳动力，储蓄 M 单位数量货币，居民被禀赋的初始货币量和初始劳动力数量分别为 $\bar{M}$ 和 N_0，家庭出售的劳动力数量满足 $N \leqslant N_0$，居民的预算约束：$PC + M + N_0 h(H) = \bar{M} + WNH + \pi - PT$，用 T 表示实际纳税水平，能为家庭带来效用的主要因素有：产品的有效需求 $\tilde{C}$，家庭用来进行下一期投资和消费的储蓄，以及闲暇 $N_0 - N$。其中，有效需求用变量价格 P 和税收 T 体现的消费函数来表示：$\tilde{C} = C(Y, P, T)$，它可由预算约束条件下的效用最大化方程求得。

厂商：厂商的短期生产函数为 $Y = F(NH)$，具有性质：$F(0) = 0$，$F'(NH) > 0$，$F''(NH) < 0$，假设厂商无存货。根据这些条件，在均衡状态下，产品销售量为 $Y = F(NH)$，厂商的目标是实现利润 $\pi = PY - WNH$ 最大化，并将利润完全分配给居民。另外，企业在劳动力市场上获得的劳动力不可能多于工人所提供的最大劳动 N_0，企业面临雇用约束为：$N \leqslant N_0$，存在两种情况：

（1）如果企业存在对劳动力的超额需求，即当 $N \leqslant N_0$ 有效时，那么处于短边的企业受到配额约束，其雇用量由劳动供给决定，最终产出受到限制。

（2）如果劳动力供给过剩，即当 $N \leqslant N_0$ 无效时，那么企业雇用量就由传统的"边际收益等于边际成本决定"。

政府：对商品的有效需求为 $\tilde{G}$，预算约束 $M - \overline{M} = P(G - T)$，其中，$T$ 为居民纳税额。

二 模型构建、求解及分析

为了刻画均衡，我们依次研究 $H = 1$ 时和 $H > 1$ 时厂商和家庭的最优行为。

(1) 分析当 $H = 1$ 时交易者的经济行为。

厂商：假设厂商认识到了形式为 $\xi P^{-\eta}$ 的需求曲线，给定 $\eta > 1$，ξ 是可变的"位置参数"，厂商的最优问题：

$$\begin{cases} \max \pi = PY - WN \\ \text{s. t. } Y \leq F(N) \\ Y \leq \xi P^{-\eta} \end{cases}$$

由于此时的价格已经内生化，故关于劳动力的一阶条件为：

$\left(\dfrac{\partial P}{\partial N}\right) \cdot F(N) + P \cdot F'(N) = W$，结合可觉察需求曲线得出 $W/P = \left[\dfrac{(\eta - 1)}{\eta}\right] \cdot F'(N)$。

家庭：假设家庭同样认识到了具有 $\varphi P^{-\varepsilon}$ 的主观需求曲线，$\varepsilon > 1$，φ 为"位置参数"，家庭的最优问题：

$$\begin{cases} \max [\alpha_1 \ln C + \alpha_2 \ln M/P^e + \alpha_3 \ln(N_0 - N)] \\ \text{s. t. } PC + M = \overline{M} + WN + \pi - PT \\ N \leq \varphi P^{-\varepsilon} \end{cases}$$

一阶条件：$\dfrac{\alpha_1}{PC} = \dfrac{\alpha_2}{M} = \dfrac{\alpha_3}{W(N_0 - N)} \cdot \dfrac{\varepsilon}{\varepsilon - 1}$，与完全竞争模型中的 $\dfrac{\alpha_2}{M} = \dfrac{\alpha_3}{W(N_0 - N)}$ 相比，行为人根据主观需求曲线定价的模型中多了一个关于弹性的因子。

关于 Y、N、P、W 的均衡值由以下方程组求出：

$$\begin{cases} W/P = \dfrac{\eta - 1}{\eta} \cdot F'(N) \\ \dfrac{\alpha_1}{PC} = \dfrac{\alpha_2}{M} = \dfrac{\alpha_3}{W(N_0 - N)} \cdot \dfrac{\varepsilon}{\varepsilon - 1} \\ Y = F(N) \\ PC + M = \overline{M} + WN + \pi - PT \end{cases} \quad (6-1)$$

根据式(6-1)中的第一式和第二式求出：$\dfrac{W}{P} = \dfrac{\alpha_3 C \varepsilon}{\alpha_1 (\varepsilon - 1)(N - N_0)} = \dfrac{\eta - 1}{\eta} \cdot F'(N)$，$F'(N) = \dfrac{\alpha_3}{\alpha_1} \cdot \dfrac{\eta - 1}{\eta} \cdot \dfrac{\varepsilon}{\varepsilon - 1} \cdot \dfrac{F(N) - G}{N_0 - N}$。

由 $\dfrac{\alpha_1}{PC} = \dfrac{\alpha_2}{M}$，推导出 $P = \dfrac{\alpha_1 \overline{M}}{\alpha_2 Y + \alpha_1 T - (\alpha_1 + \alpha_2) G}$。

于是，均衡方程组变为：

$$\begin{cases} F'(N) = \dfrac{\alpha_3}{\alpha_1} \cdot \dfrac{\eta - 1}{\eta} \cdot \dfrac{\varepsilon - 1}{\varepsilon} \cdot \dfrac{F(N) - G}{N_0 - N} \\ Y = F(N) \\ W/P = \dfrac{\eta - 1}{\eta} \cdot F'(N) \\ P = \dfrac{\alpha_1 \overline{M}}{\alpha_2 Y + \alpha_1 T - (\alpha_1 + \alpha_2) G} \end{cases} \quad (6-2)$$

经济分析：根据求解可以看出，瓦尔拉斯一般均衡是当 η 和 ε 趋向无穷时上述均衡的一个特殊的极限形式，即可认知需求曲线具有无限弹性时的情况。

方程 $W/P = \left[\dfrac{(\eta - 1)}{\eta}\right] \cdot F'(N)$，说明如果增加需求，厂商能在均衡价格和均衡工资处生产和销售更多的商品。方程 $\dfrac{\alpha_1}{PC} = \dfrac{\alpha_2}{M} = \left\{\dfrac{\alpha_3}{[W(N_0 - N)]}\right\} \cdot \left[\dfrac{\varepsilon}{(\varepsilon - 1)}\right]$，说明如果存在更多劳动需求时，家庭愿意以现行的价格和工资出售更多的劳动力。

下面分析在不完全竞争框架下，政府的政策效应：

①货币效应。货币是完全中性的，货币对产出和就业完全无效应；从式（6-2）可知，价格和工资与初始禀赋同比例增加，初始禀赋对产出和就业无效。

②同样，税收的变动对产出和就业无影响，但却提高了价格水平和工资水平。

③政府支出的变动导致产出和就业同方向变动，对私人消费也发生了挤出效应。

总之，当 $H=1$ 时，模型产生了一种具有"凯恩斯式的"非效率特征的配置，但对政府政策的反应上有点类似于瓦尔拉斯模型。

（2）分析当 $H>1$ 时交易者的经济行为。

厂商：厂商的最优行为由下列方程组确定：

$$\begin{cases} \max(\pi = PY - WNH) \\ \text{s.t. } Y \leq F(NH) \\ Y \leq \xi P^{-\eta} \end{cases}$$

一阶条件：$(\partial P/\partial N) \cdot F(NH) + P \cdot F'(N) = WH$，将此方程与可觉察需求曲线相结合，推导出 $W/P = \dfrac{\eta-1}{\eta} \cdot F'(NH)$。

家庭：家庭在觉察到可认知需求曲线的情况下，决定价格的最优化行为：

$$\begin{cases} \max[\alpha_1 \ln C + \alpha_2 \ln M/P^e + \alpha_3 \ln(N_0 - N)] \\ \text{s.t. } PC + M + N_0 h(H) = \overline{M} + WNH + \pi - PT \\ N \leq \varphi P^{-\varepsilon} \end{cases}$$

一阶条件：$\dfrac{\alpha_1}{PC} = \dfrac{\alpha_2}{M} = \dfrac{\alpha_3}{WH(N_0-N)} \cdot \dfrac{\varepsilon}{\varepsilon-1}$。

关于 Y，N，P，W，H 的均衡值由以下方程组给出：

$$\begin{cases} W/P = \dfrac{\eta-1}{\eta} \cdot F'(NH) \\ \dfrac{\alpha_1}{PC} = \dfrac{\alpha_2}{M} = \dfrac{\alpha_3}{WH(N_0-N)} \cdot \dfrac{\varepsilon}{\varepsilon-1} \\ Y = F(NH) \\ PC + M + N_0 h(H) = \overline{M} + WNH + \pi - PT \end{cases} \quad (6-3)$$

式（6-3）解得：$\dfrac{W}{P} = \dfrac{\alpha_3 C \varepsilon}{\alpha_1 H(\varepsilon-1)(N-N_0)} = \dfrac{\eta-1}{\eta} \cdot F'(N)$，

$F'(N) = \dfrac{\alpha_3}{\alpha_1} \cdot \dfrac{\eta-1}{\eta} \cdot \dfrac{\varepsilon-1}{\varepsilon} \cdot \dfrac{F(N)-G}{H(N_0-N)}$。

由 $\dfrac{\alpha_1}{PC} = \dfrac{\alpha_2}{M}$，推导出 $P = \dfrac{\alpha_1[\overline{M} - N_0 h(H)]}{\alpha_2 Y + \alpha_1 T - (\alpha_1 + \alpha_2)G}$。

于是均衡方程组变为：

$$\begin{cases} F'(NH) = \dfrac{\alpha_3}{\alpha_1} \cdot \dfrac{\eta-1}{\eta} \cdot \dfrac{\varepsilon-1}{\varepsilon} \cdot \dfrac{F(NH)-G}{H(N_0-N)} \\ Y = F(NH) \\ W/P = \dfrac{\eta-1}{\eta} \cdot F'(NH) \\ P = \dfrac{\alpha_1[\bar{M}-N_0 h(H)]}{\alpha_2 Y + \alpha_1 T - (\alpha_1+\alpha_2)G} \end{cases} \quad (6-4)$$

$$H = h'^{-1}\left(\dfrac{WN}{N_0}\right) = h'^{-1}\left(\dfrac{W}{H} \cdot \dfrac{HN}{N_0}\right) = h'^{-1}\left[\dfrac{W}{H} \cdot \dfrac{F'^{-1}(W/P)}{N_0}\right] \quad (6-5)$$

下面分析在不完全竞争的框架下，且 $H>1$ 情况下的政策效应：

首先，与 $H=1$ 时的政策效果相一致，加入人力资本因素后，货币是完全中性的，货币对产出和就业完全无效应；初始禀赋对产出和就业都无效，但是增加一单位初始禀赋会导致价格和工资同比例增加；税收的变动对产出和就业也无影响，能够提高价格和工资水平；政府支出的变动导致产出和就业同方向变动，对私人消费发生挤出效应。因此，加入人力资本因素的政府的政策效应类似于瓦尔拉斯一般均衡的状况。

其次，由式 (6-5)，推导出 $\dfrac{\partial H}{\partial N} = h''^{-1}(\cdot)\dfrac{W}{N}\cdot\left(\dfrac{\varepsilon-1}{\varepsilon}\right)$，说明随着厂商的市场势力增加，家庭在劳动力市场中的就业形势对家庭在人力资本投资方面的影响越来越小。在完全垄断情形中，家庭在劳动力市场的就业状况已经不是人力资本投资的动力因素；相反，市场竞争越激烈，家庭在市场中的就业形势越好，就越容易促使人力资本水平整体提高。

由 $\dfrac{\partial H}{\partial G} = \dfrac{\partial H}{\partial N} \cdot \dfrac{\partial N}{\partial G} = h''^{-1}(\cdot)\dfrac{W}{N}\cdot\left(\dfrac{\varepsilon-1}{\varepsilon}\right)\cdot\dfrac{\partial N}{\partial G}$，结合方程组 (6-4) 可知，政府支出增加促使就业和产出增加，提高了价格水平和工资水平，进而提高了人力资本水平，而且当 $\varepsilon\to 1$ 和 $\eta\to 1$ 时，即随着厂商和家庭的自主定价能力的提高，政府支出的变动对产出和就业的影响逐渐减弱，对人力资本水平的效用也降低。当 $\varepsilon\to\infty$ 和 $\eta\to\infty$ 时，即当市场竞争性增强，并伴随需求弹性增大时，政府增加支出会促使产出和就业增加，以及人力资本水平提高。由 $\dfrac{\partial H}{\partial T} = \dfrac{\partial H}{\partial N} \cdot \dfrac{\partial N}{\partial T} = h''^{-1}(\cdot)\dfrac{W}{N}\cdot\left(\dfrac{\varepsilon-1}{\varepsilon}\right)\cdot\dfrac{\partial N}{\partial T}$ 可知，当 $\varepsilon\to 1$ 时，市场垄断势力增强，税收的变动对产出和就业不

发挥作用。当 $\varepsilon \to \infty$ 时，市场中的竞争性增强，减少税收导致产出和就业增加，工资水平的提高，鼓励家庭增加人力资本投资。

根据 $\dfrac{\partial H}{\partial M} = \dfrac{\partial H}{\partial N} \cdot \dfrac{\partial N}{\partial M} = h''^{-1}(\cdot) \dfrac{W}{N} \cdot \left(\dfrac{\varepsilon - 1}{\varepsilon}\right) \cdot \dfrac{\partial N}{\partial M}$ 可知，当 $\varepsilon \to 1$ 时，市场垄断力量增强，初始禀赋的变动同样对就业和产出无影响，但却提高了价格水平和工资水平，而且随着需求弹性逐渐增加，初始禀赋开始对产出和就业发挥作用，与产出和就业均存在正相关关系。另外，初始禀赋的增加也会促使人力资本水平的提高。

最后，进行 $H = 1$ 和 $H > 1$ 情形下的家庭福利问题讨论。

①当 $H = 1$ 时：

由 $\dfrac{\alpha_1}{PC} = \dfrac{\alpha_2}{M}$，得出 $C = \dfrac{\alpha_1}{\alpha_1 + \alpha_2} \cdot \dfrac{\bar{M} + P(Y - T)}{P}$，代入 $\dfrac{\alpha_1}{PC} = \dfrac{\alpha_2}{M} = \dfrac{\alpha_3}{W(N_0 - N)} \cdot \dfrac{\varepsilon}{\varepsilon - 1}$，解出：$\dfrac{W}{P} = \dfrac{\varepsilon}{\varepsilon - 1} \cdot \dfrac{\alpha_3}{(\alpha_1 + \alpha_2)(N_0 - N)} \cdot \dfrac{\bar{M} + P(Y - T)}{P}$，结合 $\dfrac{W}{P} = \dfrac{\eta - 1}{\eta} \cdot F'(N)$ 求解出：

$F'(N) = \dfrac{\varepsilon}{\varepsilon - 1} \cdot \dfrac{\eta}{\eta - 1} \cdot \dfrac{\alpha_3}{(\alpha_1 + \alpha_2)(N_0 - N)} \cdot \dfrac{\bar{M} + P(Y - T)}{P}$，关于 ε 求导：

$$\dfrac{\partial N}{\partial \varepsilon} = \dfrac{-\alpha_3 \eta [\bar{M} + P(F(N) - T)]}{P(\alpha_1 + \alpha_2)(\eta - 1)(\varepsilon - 1)(N_0 - N)^2 F''(\cdot) - \alpha_3 \eta \varepsilon (N_0 - N) F'(\cdot) + [\bar{M} + P(F(N) - T)]} > 0$$

根据 $\begin{cases} U = \alpha_1 \ln C + \alpha_2 \ln M/P^e + \alpha_3 \ln(N_0 - N) \\ F'(N) = \dfrac{\varepsilon}{\varepsilon - 1} \cdot \dfrac{\eta}{\eta - 1} \cdot \dfrac{\alpha_3}{(\alpha_1 + \alpha_2)(N_0 - N)} \cdot \dfrac{\bar{M} + P(Y - T)}{P} \\ PC + M = \bar{M} + WN + \pi - PT \end{cases}$

解出：

$\dfrac{\partial U}{\partial N} = \dfrac{\alpha_2 W}{M} \cdot \dfrac{\varepsilon - 1}{\varepsilon} + \dfrac{\alpha_3 \{PF^2(N) - F''(N)[\bar{M} + P(Y - T)]\}}{F'(N)[\bar{M} + P(Y - T)]} > 0$，$\dfrac{\partial U}{\partial \varepsilon} = \dfrac{\partial U}{\partial N} \cdot \dfrac{\partial N}{\partial \varepsilon} > 0$。

结论：家庭的市场势力增加，促使劳动力就业率提高，最终导致家庭效用和福利水平提高，即家庭定价能力与家庭福利存在正相关关系。

②当 $H>1$ 时：

根据 $\begin{cases} \dfrac{\alpha_1}{PC} = \dfrac{\alpha_2}{M} \\ \dfrac{\alpha_1}{PC} = \dfrac{\alpha_2}{M} = \dfrac{\alpha_3}{WH(N_0-N)} \cdot \dfrac{\varepsilon}{\varepsilon-1} \\ \dfrac{W}{P} \dfrac{\eta-1}{\eta} \cdot F'(NH) \end{cases}$，推导出 $\dfrac{\partial N}{\partial \varepsilon} > 0$，$\dfrac{\partial H}{\partial \varepsilon} = \dfrac{\partial H}{\partial N} \cdot \dfrac{\partial N}{\partial \varepsilon} > 0$。

由家庭效用函数推导出：$\partial U/\partial N > 0$，$\partial U/\partial \varepsilon = (\partial U/\partial N) \cdot (\partial N/\partial \varepsilon) > 0$。说明增强家庭的市场势力，促使家庭增加人力资本投资，市场劳动力交易量增加，从而使家庭福利整体得到提高，所以，在市场中，家庭权利的提升意味着帕累托增进。

三 政策有效性分析

首先，在不完全竞争框架下，对比分析 $H=1$ 和 $H>1$ 时政府的政策效应。无论是否引入人力资本因素，货币供给始终是中性的，即货币量变动不影响产出和就业；同样，初始禀赋和税收对产出和就业仍然无效，但会导致价格和工资同比例变动。增加政府支出促使产出和就业增加，对私人消费存在挤出效应。所以说，这个模型产生了一种具有"凯恩斯式的"非效率特征的配置，在对政府政策的反应上有点类似于瓦尔拉斯模型。

其次，厂商根据需求曲线选择定价行为，这与市场中需求弹性密切相关，当 $\varepsilon \to 1$ 和 $\eta \to 1$ 时，厂商和家庭的市场势力增强会导致他们在市场中自主定价权力增加，政府支出、税收以及货币禀赋对产出和就业的影响力会随着经济行为人的市场势力增强而逐渐减弱，对提高人力资本水平的效用也在逐渐降低。相反，当 $\varepsilon \to \infty$ 和 $\eta \to \infty$ 时，随着市场竞争性增强和需求弹性增大，产品之间替代性增强，相对于厂商来说，经济政策对产出和就业的影响力增强，在更加自由的市场环境中，增加政府支出、减少税收会导致产出和就业增加，工资水平提高，鼓励家庭在人力资本水平方面投入更多，这与现实经济状况相符。

最后，通过对家庭福利的分析可知，家庭的市场势力与家庭的福利呈正相关关系，而且市场势力的增加会激励家庭在人力资本方面投入更多，随之人力资本水平得到提升。

第三节　工资既定情况下的厂商定价模型

一　基本假设

本部分的模型框架与第三章、第四章、第五章的模型基本相似，同样也是分析厂商和家庭的经济行为。此外，对工资和价格的形成做了不同的假设，在每个时期内（短期），价格和数量由工资既定的情况下的短期非瓦尔拉斯均衡确定，价格是在不完全竞争的框架下确定的，工资本身则按一个简单的指数公式从一个时期进入另一个时期（如果考虑跨期）。

厂商：假设厂商的生产函数为 $Y = F(NH)$，厂商无存货，短期利润为 $\pi = PY - WNH$。

家庭：家庭的劳动供给为 N，有效消费函数由产出、税收和实际货币余额构成，其形式为 $\widetilde{C} = C(Y, \overline{M}/P, T)$，此处假定的消费函数是实际货币余额的函数，而不是像前几章那样，消费函数分别为 $\overline{M}$ 和 P 的函数，实际的消费函数由家庭在预算约束下的效用最大化函数求得，即

$$\begin{cases} \max[U = \alpha_1 \ln C + \alpha_2 \ln M/P^e + \alpha_3 \ln(N_0 - N)] \\ s.t.\ PC + M + N_0 h(H) = \overline{M} + WNH + \pi - PT \end{cases}$$

其中，$\alpha_1 + \alpha_2 + \alpha_3 = 1$，$0 < \alpha_1 < 1$，$\alpha_1 (i = 1, 2, 3)$ 是为效用带来满足度的各变量在效用中所占的比例参数。

一阶条件：

$$\frac{\partial U}{\partial C} = 0,\ \widetilde{C} = \frac{\alpha_1}{\alpha_1 + \alpha_2} \cdot \frac{\overline{M}}{P} + \frac{\alpha_1}{\alpha_1 + \alpha_2}\left[Y - T - \frac{N_0 h(H)}{P}\right]$$

$\partial U/\partial H = 0$，$H = h'(WN/N_0)$。

政府：假设政府对商品的有效需求总是被满足，因此，交易满足 $G^* = \widetilde{G} = G$，政府按货币记的赤字等于 $P(G - T)$，即预算约束为 $\overline{M} - M = P(G - T)$，若 $G - T > 0$，表示出现赤字；若 $G - T < 0$ 表示出现盈余。

二　模型构建、求解及分析

假定工资水平由每个时期 t 开始时的集体议价水平确定，并在整个

期间内保持不变,一旦工资确定,厂商就可以按照不完全竞争模型制定它的价格。厂商必须估算需求曲线,以便确定价格决策对于需求量的影响,这条估算的曲线就是可察觉需求曲线。假设厂商考察的潜在需求曲线是一条弹性 $v>1$ 的等弹性曲线,且保持不变。可察觉需求曲线的一般形式为 ηP^{-v},其中参数 $\eta>0$,如果考虑跨期时,η 保持不变。假设在每个时期中,工资水平是既定的,变量 v(需求弹性)则在垄断竞争均衡中被确定。对于短期均衡的研究从"供给方面"和"需求方面"来阐述。

(1)当 $H=1$ 时,厂商的定价行为分析:

供给方面:在确定价格的时候,厂商面临:

①劳动力市场既定的工资 W 和劳动供给量 N。

②商品市场可觉察需求曲线 $Y^d = \eta P^{-v}$ 给出的限制,利润最大化的价格 P、产出 Y 和就业 N 是下列方程组的解。

厂商的最优化问题:

$$\begin{cases} \max(\pi = PY - WN) \\ \text{s.t. } Y \leq F(N) \\ Y \leq \eta P^{-v} \\ N \leq N_0 \end{cases}$$

这些解都是 η 的函数。将这个规划的解用"供给曲线"的形式表示,会使下面的分析更加方便。

一阶条件:

$$\begin{cases} (\partial P/\partial N) \cdot Y + P \cdot F'(N) = W \\ (\partial Y/\partial N) = \eta v P^{-v-1}(\partial P/\partial N) \end{cases}, F'(N) = \frac{W}{P} \cdot \frac{v}{v-1}, N = F'^{-1}\left(\frac{v}{v-1} \cdot W/P\right),$$

$$Y = F(N) = F\left[F'^{-1}\left(\frac{v}{v-1} \cdot W/P\right)\right]。$$

值得注意的是,当 $N \leq N_0$ 有效时,$Y = F(N_0)$,供给方程为:

$$Y = \min\left\{F\left[F'^{-1}\left(\frac{v}{v-1} \cdot \frac{W}{P}\right)\right], F(N)\right\} = \hat{S}(P)$$

模型分两种情况讨论:

①若约束 $N \leq N_0$ 有效,即厂商对劳动力存在超额需求,市场交易额由劳动力供给决定,则 Y 被限制在 $Y = Y_0 = F(N_0)$ 上,处于短边的厂商在配额约束下做出行为选择。

②若约束$N \leq N_0$无效,即厂商对劳动力的雇用量不受限制(劳动力供给过剩),则解由边际收入与边际成本之间常用的等式决定:

$$\frac{W}{F'(N)} = P\left(1 - \frac{1}{v}\right) = \frac{W}{F'[F^{-1}(Y)]}$$

其中,当$v \to 1$时,$N \leq N_0$无效;当$v \to \infty$时,表示边际收益越低,物品之间替代性越强,垄断力量越弱,因而需求曲线的弹性越大。

需求方面:在定价时,厂商总是选择能使对他提出的所有需求都得到满足的那个价格水平,因此在短期内,产品市场上的交易水平等于消费需求和政府支出的总和,消费函数:

$$Y = C(Y, (\bar{M}/P), T, H), G = \frac{\alpha_1}{\alpha_1 + \alpha_2}\left[\frac{\bar{M}}{P} + Y - T - \frac{N_0 h(H)}{P}\right] + G(H > 1)$$

当$H = 1$时,$Y = C(Y, (\bar{M}/P), T) + G = \frac{\alpha_1}{\alpha_2}\left[\frac{\bar{M}}{P} - T + \frac{\alpha_1 + \alpha_2}{\alpha_1}G\right]$

这个方程也可以记作$Y = K\left(\frac{\bar{M}}{P}, G, T\right) = \hat{D}(P)$,表示总需求函数,它是上述方程当中$Y$的解,表示其他量不变时,商品需求是价格的减函数。总需求函数的偏导数为:

$$K_{\bar{M}/P} = \frac{\alpha_1}{\alpha_2} > 0, \quad K_G = \frac{(\alpha_1 + \alpha_2)}{\alpha_2} > 1, \quad K_T = -\frac{\alpha_1}{\alpha_2} < 0, \quad K_P < 0^{①},$$ 表示函数K是实际货币余额和政府支出的增函数,是税收的减函数,是价格的减函数。

上述需求方面和供给方面给出了关于Y、P的方程组:

$$\begin{cases} Y = \min\left\{F\left(F'^{-1}\left(\frac{v}{v-1} \cdot \frac{W}{P}\right)\right), F(N)\right\} = \hat{S}(P) \\ Y = K\left(\frac{\bar{M}}{P}, G, T\right) = \frac{\alpha_1}{\alpha_2}\left[\frac{\bar{M}}{P} - T + \frac{\alpha_1 + \alpha_2}{\alpha_1}\right] \hat{=} (P) \end{cases}$$

就业水平由$N = F^{-1}(Y)$求出,图6-1给出了两种形式的均衡存在(失业与充分就业均衡)情况,究竟是哪种均衡取决于曲线与Y的交点小于还是等于Y。当且仅当$\lim\limits_{P \to \infty} K((\bar{M}/P), G, T) < Y_0$时,短期均衡

---

① 这里往后,附加于函数下标表示偏导数。

存在。需求方面，随着价格上升，产出和就业下降，税收下降和政府支出增加也发挥同样的作用，所以需求曲线向右下方倾斜；供给方面，供给曲线向右上方倾斜，当价格较低时，家庭可以根据自身需求在劳动力供给和享受闲暇之间做选择，当价格上升到使劳动力供给达到 N_0 时，即劳动力完全供给，产出达到 $Y_0 = F(N_0)$，之后保持不变，说明此时厂商在劳动力市场的需求存在配额约束。另外，需求弹性 v 的作用表现在：当 $v \to \infty$ 时，供给曲线为 $Y \approx \min\{F[F'^{-1}(W/P)], F(N_0)\} = \overline{S}(P)$，此时近似于瓦尔拉斯均衡状况下的供给曲线；当 $v \to 1$，供给曲线为 $Y \approx \min\{F[F'^{-1}(\infty)], F(N_0)\} = \overline{S}(P)$，表示随着厂商的市场垄断力量逐渐增强，行为人的定价行为较少受到其他外生变量的影响，而且价格和工资对产出和就业的影响力随着垄断势力的增强而逐渐减弱。

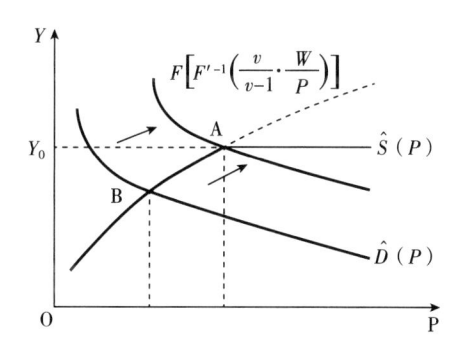

图 6-1 厂商定价的供给曲线和需求曲线 ($H=1$)

情形 1：若 $N \leq N_0$ 有效时，则对劳动力存在超额需求，厂商在劳动力市场受到配额约束，由于家庭中劳动力全部供给，所以，此时家庭中的闲暇不发挥作用。

均衡方程组：
$$\begin{cases} Y_0 = F(N_0), \ N = N_0 \\ Y = (\alpha_1 + \alpha_2)[\overline{M}/P] - T + ((\alpha_1 + \alpha_2)/\alpha_1)G] \end{cases}$$

由此推导出 $P = \dfrac{\overline{M}}{(\alpha_1 + \alpha_2)F(N_0) - [((\alpha_1 + \alpha_2)/\alpha_1)G - T]}$，$\dfrac{\partial P}{\partial G} >$

0，$\frac{\partial P}{\partial T}<0$，$\frac{\partial P}{\partial M}>0$。

结论：当 $H=1$，且 $N \leq N_0$ 有效时，劳动力市场处于充分就业状态，产出被限制在 $Y_0 = F(N_0)$ 上，政府政策（G、T、$\bar{M}$）对产出和就业无影响，但随着政府支出 G 增加、税收 T 下降以及 $\bar{M}$ 的增加都会导致价格水平上升。供给曲线和需求曲线的交点为 $Y_0 = F(N_0)$ 和 $P = \dfrac{\bar{M}}{(\alpha_1 + \alpha_2)F(N_0) - \{[(\alpha_1+\alpha_2)/\alpha_1]G - T\}}$，此时的均衡是充分就业均衡，图 6-1 中的 A 点所示。

情形 2：若约束 $N \leq N_0$ 无效时，此时的劳动力市场中存在超额供给，家庭可以在供给劳动力和闲暇之间进行选择。

均衡方程组为：

$$\begin{cases} Y = F\left[F'^{-1}\left(\dfrac{v}{v-1} \cdot \dfrac{W}{P}\right)\right] = \hat{S}(P) \\ Y = (\alpha_1 + \alpha_2)[(\bar{M}/P) - T + ((\alpha_1+\alpha_2)/\alpha_1)G] = \hat{D}(P) \end{cases}$$

在均衡点处，$F\left[F'^{-1}\left(\dfrac{v}{v-1} \cdot \dfrac{W}{P}\right)\right] = (\alpha_1 + \alpha_2)\{(\bar{M}/P) - T + [(\alpha_1+\alpha_2)/\alpha_1]G\}$，

解出 $\dfrac{(\alpha_1/\alpha_2)\bar{M}}{F\left[F'^{-1}\left(\dfrac{v}{v-1} \cdot \dfrac{W}{P}\right)\right]} = [((\alpha_1+\alpha_2)/\alpha_1)G - T]$，

由 $F\left[F'^{-1}\left(\dfrac{v}{v-1} \cdot \dfrac{W}{P}\right)\right]$，推导出 $P = \dfrac{vW}{(v-1)F'(N)}$，

于是，$\dfrac{(\alpha_1/\alpha_2)\bar{M}}{F\left[F'^{-1}\left(\dfrac{v}{v-1} \cdot \dfrac{W}{P}\right)\right] - \{[(\alpha_1+\alpha_2)/\alpha_1]G - T\}} = \dfrac{vW}{(v-1)F'(N)}$，

$F(N) = \dfrac{\alpha_1}{\alpha_2} \cdot \left[\dfrac{v}{v-1} \cdot \dfrac{\bar{M}}{W} \cdot F'(N) + \dfrac{\alpha_1 + \alpha_2}{\alpha_1}G - T\right]$。

所以，当 $N \leq N_0$ 无效时的均衡值为：

$$\begin{cases} F(N) = \dfrac{\alpha_1}{\alpha_2} \cdot \left[\dfrac{v}{v-1} \cdot \dfrac{\overline{M}}{W} \cdot F'(N) + \dfrac{\alpha_1+\alpha_2}{\alpha_1}G - T\right] = F\left[F'^{-1}\left(\dfrac{v}{v-1} \cdot \dfrac{W}{P}\right)\right] \\ P = \dfrac{(\alpha_1/\alpha_2)\overline{M}}{F\left[F'^{-1}\left(\dfrac{v}{v-1} \cdot \dfrac{W}{P}\right)\right] - \{[(\alpha_1+\alpha_2)/\alpha_1]G - T\}} = \left[\dfrac{vW}{(v-1)F'(N)}\right] \\ N = F'^{-1}\left(\dfrac{v}{v-1} \cdot \dfrac{W}{P}\right) = F'^{-1}\left\{\dfrac{\alpha_1}{\alpha_2} \cdot \left[\dfrac{v}{v-1} \cdot \dfrac{\overline{M}}{W} \cdot F'(N) + \dfrac{\alpha_1+\alpha_2}{\alpha_1}G - T\right]\right\} \end{cases}$$

(6-6)

下面分析外生变量对均衡值 Y、P、N 的影响：

首先，分析外生变量对价格的影响：

由式(6-6)推导出，P，$F\left[F'^{-1}\left(\dfrac{v}{v-1} \cdot \dfrac{W}{P}\right)\right] - P - \{[(\alpha_1+\alpha_2)/\alpha_1]G - T\} = \dfrac{\alpha_1}{\alpha_2}\overline{M}$，

$\dfrac{\partial P}{\partial G} \cdot F(\cdot) + PF'(\cdot)F''(\cdot)\left(\dfrac{v}{v-1}\right)\left(\dfrac{W}{P^2}\right)\dfrac{\partial P}{\partial G} - \dfrac{\alpha_1}{\alpha_2}\left[\dfrac{\partial P}{\partial G}\left(\dfrac{\alpha_1+\alpha_2}{\alpha_1}G - T\right) + P\left(\dfrac{\alpha_1+\alpha_2}{\alpha_1}\right)\right] = 0$

$\dfrac{\partial P}{\partial G} = \dfrac{P\dfrac{\alpha_1+\alpha_2}{\alpha_2}}{F(\cdot) - \dfrac{\alpha_1}{\alpha_2}\left(\dfrac{\alpha_1+\alpha_2}{\alpha_1}G - T\right) - \dfrac{W}{P}\left(\dfrac{v}{v-1}\right)F'(\cdot)F''^{-1}(\cdot)} > 0_。$

同理，$\dfrac{\partial P}{\partial M} = \dfrac{\alpha_1/\alpha_2}{F(\cdot) - \dfrac{\alpha_1}{\alpha_2}\left(\dfrac{\alpha_1+\alpha_2}{\alpha_1}G - T\right) - \dfrac{W}{P}\left(\dfrac{v}{v-1}\right)F'(\cdot)F''^{-1}(\cdot)} > 0$,

$\dfrac{\partial P}{\partial T} = \dfrac{-(\alpha_1/\alpha_2)P}{F(\cdot) - \dfrac{\alpha_1}{\alpha_2}\left(\dfrac{\alpha_1+\alpha_2}{\alpha_1}G - T\right) - \dfrac{W}{P}\left(\dfrac{v}{v-1}\right)F'(\cdot)F''^{-1}(\cdot)} < 0$,

$\dfrac{\partial P}{\partial W} = \dfrac{-(v/v-1)F'(\cdot)F''^{-1}(\cdot)}{F(\cdot) - \dfrac{\alpha_1}{\alpha_2}\left(\dfrac{\alpha_1+\alpha_2}{\alpha_1}G - T\right) - \dfrac{W}{P}\left(\dfrac{v}{v-1}\right)F'(\cdot)F''^{-1}(\cdot)} > 0$

$\dfrac{\partial P}{\partial v} = \dfrac{-(W/(v-1)^2)F'(\cdot)F''^{-1}(\cdot)}{F(\cdot) - \dfrac{\alpha_1}{\alpha_2}\left(\dfrac{\alpha_1+\alpha_2}{\alpha_1}G - T\right) - \dfrac{W}{P}\left(\dfrac{v}{v-1}\right)F'(\cdot)F''^{-1}(\cdot)} < 0$

可以看出，当不考虑人力资本因素，且厂商定价行为不受配额约束时，政府增加支出、减少税收促使产品总需求增加，价格上升，工资水平的提高也发挥同样的作用，其原因是工资上升导致成本增加，随之产品价格提高。此外，弹性的变动与价格呈负相关关系，需求弹性越大即市场中竞争性越强，产品替代性较强，竞争性导致相对较低价格水平。相反，厂商的垄断力越强，就会有较多的定价权力。即定价较高产出较少，进而导致帕累托失效越来越明显。所以说，市场中需求弹性越弱，厂商的垄断力量越强，导致其在定价中对价格的操纵性越强，进而更容易操纵配额约束，而且政府支出、税收，以及工资水平的变动对价格的影响力会明显小于市场富有弹性时的状况。

其次，分析外生变量对产出的影响：

假设：价格对工资的反应程度富于弹性（取绝对值），即 $e_w = \frac{\partial P}{\partial W} \cdot \frac{W}{P} > 1$，

由式（6-6）得出，$Y = F\left[F'^{-1}\left(\frac{v}{v-1} \cdot \frac{W}{P}\right)\right]$，$\frac{\partial Y}{\partial G} = F'(\cdot) F''^{-1}(\cdot)\left(\frac{v}{v-1}\right)\left(-\frac{W}{P^2}\right)\frac{\partial P}{\partial G} > 0$，

$\frac{\partial Y}{\partial M} > 0$，$\frac{\partial Y}{\partial T} < 0$，$\frac{\partial Y}{\partial W} = F'(\cdot) F''^{-1}(\cdot)\frac{1}{P}(1-e_w) < 0$，

$$\frac{\partial Y}{\partial v} = F'(\cdot) F''^{-1}(\cdot)\left(\frac{W}{P(v-1)^2}\right)\frac{F(\cdot) - \frac{\alpha_1}{\alpha_2}\left(\frac{\alpha_1+\alpha_2}{\alpha_1}G - T\right)}{F(\cdot) - \frac{\alpha_1}{\alpha_2}\left(\frac{\alpha_1+\alpha_2}{\alpha_1}G - T\right) - \frac{W}{P}\left(\frac{v}{v-1}\right)F'(\cdot)F''^{-1}(\cdot)} > 0,$$

可以看出，当厂商在劳动力市场不受数量约束时，政府增加支出或减少税收，或货币初始禀赋的增加均会促使产出增加，工资上涨导致成本上升，价格水平上升，最终促使厂商减少产出以提高收益，节约成本。此外，市场竞争力与商品市场交易量同向变动，即市场中商品之间竞争性越强，弹性越大，商品之间替代性越强，与垄断性较强的市场相比，竞争性强的市场成交量较高，产出较多，随着 v 的增加，整个市场和经济行为人都有着效用和福利增进的趋势，这些分析与现实经济状况相符。

最后，分析外生变量对就业的影响：

由式（6-6）中 $N = F'^{-1}\left(\dfrac{v}{v-1} \cdot \dfrac{W}{P}\right)$，推导出 $\dfrac{\partial N}{\partial G} = F''^{-1}(\cdot)$ $\left(\dfrac{v}{v-1}\right)\left(-\dfrac{W}{P^2}\right)\dfrac{\partial P}{\partial G} > 0$，$\dfrac{\partial N}{\partial M} > 0$，$\dfrac{\partial N}{\partial T} < 0$，$\dfrac{\partial N}{\partial W} > 0$，$\dfrac{\partial N}{\partial v} < 0$。

模型分析可见，政府增加支出或减少税收，总需求的增加促使产出增加，随之对劳动力的需求增加，这也完全符合现实中的经济状况，工资水平的提高会带来就业增加。此外，市场竞争力的增强促使就业增加，产出增加，进而提高生产力，提高整个经济的福利状况，相反，随着市场垄断力量增强，厂商对劳动力的供需状况有更多的可操作性。工资水平的变动对劳动力的供给影响力减弱。

结论：当 $H = 1$ 且 $N \leq N_0$ 无效时，政府支出、税收、工资水平都会对就业、产出和行为人定价产生影响，各外生变量对均衡产出、均衡就业量和定价行为是否造成影响以及影响程度如何与市场弹性强度密切相关，通常情况是，市场越富于弹性各外生变量对均衡值的影响越大。此外，厂商对价格的可操作性与市场弹性呈负相关关系，市场越缺乏弹性厂商对价格的可操作性越强；反之成立。可见，将市场需求弹性考虑到模型中，使模型不仅不失一般性，还能对行为人在竞争性强的经济环境中的效用存在帕累托改进有更清楚的认识。

（2）当 $H > 1$ 时，分析厂商的定价行为：

供给方面：在确定价格的时候，厂商面临两个条件：劳动力供给和工资水平；可觉察需求曲线 $Y^d = \eta P^{-v}$。此外，厂商在定价时将员工的人力资本水平考虑进去，并分析了内生化的人力资本投资的影响因素。追求利润最大化的厂商要求的价格，产出和劳动力需求量是下列方程组的解。

厂商优化问题．

$$\begin{cases} \max(\pi = PY - WNH) \\ \text{s. t. } Y \leq F(NH) \\ Y \leq \eta P^{-v} \\ N \leq N_0 \end{cases}$$

一阶条件：

$$\begin{cases} (\partial P/\partial N) \cdot F(NH) + P \cdot (\partial Y/\partial N) = W[H + N(\partial H/\partial N)] \\ \partial Y/\partial N = -\eta v P^{-v-1}(\partial P/\partial N) \end{cases}$$

$$\begin{cases} \dfrac{\partial P}{\partial N} = \dfrac{W[H + h''^{-1}(\cdot)(WN/N_0)]}{F(NH) - \eta v P^{-v}} \\ F'(NH) = \dfrac{W}{P} \cdot \dfrac{v}{v-1} \end{cases} \quad (6-7)$$

由于 $Y \leq \eta P^{-v}$，$v > 1$，推出 $\dfrac{\partial P}{\partial N} = \dfrac{W[H + h''^{-1}(\cdot)(WN/N_0)]}{F(NH) - \eta v P^{-v}} < 0$，

$NH = F'^{-1}\left(\dfrac{W}{P} \cdot \dfrac{v}{v-1}\right)$，$Y = F(NH) = F\left[F'^{-1}\left(\dfrac{W}{P} \cdot \dfrac{v}{v-1}\right)\right]$，$P = \dfrac{Wv}{F'(NH)(v-1)}$，值得注意的是，当 $N \leq N_0$ 有效时，$Y = F(N_0 H)$，其中 $H = h'^{-1}\left(\dfrac{WN}{N_0}\right) = h'^{-1}(W)$。于是，供给方程：$Y = \min\left\{F\left[F'^{-1}\left(\dfrac{W}{P} \cdot \dfrac{v}{v-1}\right)\right], F(N_0 H) = \hat{S}(P)\right\}$。

模型分两种情况讨论：

①若配额约束 $N \leq N_0$ 有效，那么 Y 被限制在 $Y = F(N_0 H)$，其中 $H = h'^{-1}(W)$，此时虽然产出被限制在 Y_0 水平上，但固定的产出受人力资本水平进而工资水平的影响，可以理解为既定产出下节约成本，提高生产效率。

②若配额约束 $N \leq N_0$ 无效，则劳动力需求不受约束，那么均衡于解由边际收入与边际成本之间常用的等式决定：

$$\dfrac{W}{F'(NH)} = P\left(\dfrac{v}{v-1}\right) = \dfrac{W}{F'[F^{-1}(Y)]}$$

其中，当 $v \to 1$ 时，$N \leq N_0$ 无效；当 $v \to \infty$ 时，表示边际收益越低，物品之间替代性越强，垄断力量越弱，因而需求曲线的弹性越大。此外，均衡解还取决于人力资本水平以及影响人力资本水平的因素。

需求方面：在定价时，厂商总是选择能满足他提出的所有需求的那个价格水平，因此在短期内，产品市场上的交易量等于消费需求与政府支出之和，总需求方程：

$$Y = C[Y, (\overline{M}/P), T, H] + G = \left(\dfrac{\alpha_1}{\alpha_2} \cdot \dfrac{\overline{M}}{P}\right) + \dfrac{\alpha_1}{\alpha_2}\left[-T - \dfrac{N_0 h(H)}{P}\right] + \dfrac{\alpha_1 + \alpha_2}{\alpha_2} G$$

即需求函数 $Y = K\left(\dfrac{\overline{M}}{P},\ G,\ T,\ H\right) = \hat{D}(P)$，表示其他量不变时，商品需求是价格的函数，同样有，$K_{\overline{M}/P} > 0$、$K_G > 1$、$K_T < 0$、$K_P < 0$，表示函数 K 是实际货币余额和政府支出的增函数，是税收的减函数，是价格的减函数。

将上述需求方面和供给方面的方程组联合起来，得出关于 Y、P 方程组：

$$\begin{cases} Y = \min\left\{ F\left[F'^{-1}\left(\dfrac{W}{P} \cdot \dfrac{v}{v-1}\right)\right],\ F(N_0)H \right\} = \hat{S}(P) \\ Y = \left(\dfrac{\alpha_1}{\alpha_2} \cdot \dfrac{\overline{M}}{P}\right) - \dfrac{\alpha_1}{\alpha_2}\left[T + \dfrac{N_0 h(H)}{P} + \dfrac{\alpha_1 \alpha_2}{\alpha_2}G \hat{=} (P)\right] \end{cases}$$

其中，$H = h'^{-1}(WN/N_0)$，就业水平由 $N = F^{-1}(Y)/H$ 导出。

图 6-2 描述了短期失业和充分就业均衡的情况，究竟是哪种均衡取决于曲线与 Y 的交点小于还是等于 Y，短期均衡存在的条件是 $\lim\limits_{P \to \infty} K[(\overline{M}/P),\ G,\ T,\ H] < Y_0$。需求曲线向右下方倾斜；供给曲线向右上方倾斜，当价格较低时，闲暇也会成为家庭选择的一种商品，因为闲暇也会给家庭带来效用。当价格上升到使劳动力供给达到 N_0 时，产出达到 $Y - F(N_0 H)$，此时无论是否考虑无人力资本因素，之后产出 Y_0 保持不变，充分就业的价格水平为 P_0。

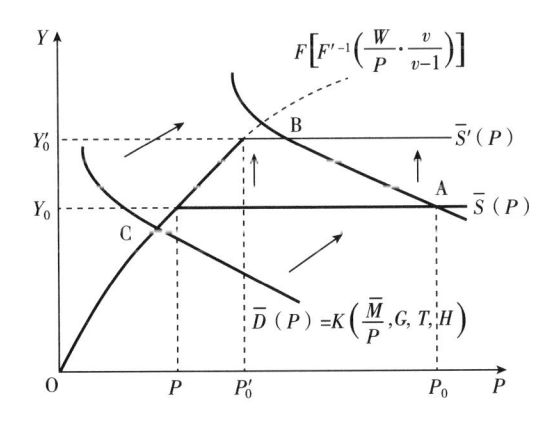

图 6-2 厂商定价的供给曲线和需求曲线（$H > 1$）

从长期来看，人力资本水平的提高会提高生产效率，促使产出增加。当 $\upsilon \to \infty$ 时，供给曲线为 $Y = \min\left\{F\left[F'^{-1}\left(\frac{W}{P}\right)\right], F(N_0)\right\} = \hat{S}(P)$，与 $H=1$ 的情况相一致；当 $\upsilon \to 1$ 时，供给曲线为 $Y = \min\{F[F'^{-1}(\infty)], F(N_0)\} = \hat{S}(P)$，表示随着厂商的市场势力逐渐增强，价格和工资对产出和就业的影响逐渐减弱甚至消失。如图 6-2 所示，当供给曲线和需求曲线相交于 C 点时，所达到的均衡是失业均衡，随着需求的增加，需求曲线向上移动，与供给曲线相交于 A 点的均衡就是充分就业均衡，因为此时劳动力市场达到充分就业状态。图中 B 描述的是，随着人力资本水平的提高间接促使供给曲线上移，与需求曲线相交于 B 点，其结果是产出增加，生产力水平提高，价格水平低于无人力资本因素时的状况。

情形 1：若 $N \leqslant N$ 有效，表示对劳动力存在超额需求，厂商受到配额约束，此时家庭中闲暇不发挥作用，唯一能影响人力资本水平的因素是工资水平的变动。

均衡方程组为：

$$\begin{cases} Y = F(N_0 H), \ N = N_0 \\ Y = \left(\frac{\alpha_1}{\alpha_2} \cdot \frac{\overline{M}}{P}\right) - \frac{\alpha_1}{\alpha_2}\left(T + \frac{N_0 h(H)}{P}\right) + \frac{\alpha_1 + \alpha_2}{\alpha_1} G \\ H = h'^{-1}(WN/N_0) = h'^{-1}(W) \end{cases}$$

求解以上方程组得出：

$$P = \frac{(\alpha_1/\alpha_2)[\overline{M} - N_0 h(H)]}{F(N_0 H) - \{[(\alpha_1 + \alpha_2)/\alpha_1]G - (\alpha_1/\alpha_2)T\}}, \ \frac{\partial P}{\partial G} > 0, \ \frac{\partial P}{\partial T} < 0,$$

$\frac{\partial P}{\partial M} > 0, \ \frac{\partial P}{\partial W} < 0$。

可见，加入人力资本因素后，价格的变动受政府支出、税收以及货币禀赋的影响与不考虑人力资本时的情形相一致。除此之外，劳动力的工资水平也影响了价格水平，价格水平与人力资本水平呈反方向变动。

于是，当 $N \leqslant N_0$ 有效时的均衡值：

$$\begin{cases} Y = F(N_0H), \ N = N_0 \\ P = \dfrac{(\alpha_1/\alpha_2)(\bar{M} - N_0 h(H))}{F(N_0H) - \{[(\alpha_1+\alpha_2)/\alpha_1]G - (\alpha_1/\alpha_2)T\}} \\ N_0H = F'^{-1}(Y), \ H = h'^{-1}(WN/N_0) = h'^{-1}(W) \end{cases}$$

结论：当 $H > 1$ 且 $N \leq N_0$ 有效时，分析可知：

首先，在短期内，工资水平不变，人力资本水平和产出水平 $Y = F(N_0H)$ 保持不变；从长期来看，提高工资水平间接导致人力资本水平提高，进而产出增加。一方面，可以理解为既定产出情况下，高人力资本水平带来高劳动生产率水平，生产成本降低，使在原有生产成本基础上的产出增加；另一方面，随着工资的提高，家庭有动力增加人力资本方面的投资，使在既定物质资本的条件下，技术水平提高，劳动率提高，最终导致产出增加，产品的价格水平降低。所以说，注重人才培养以及利用科学技术能提高整个社会、经济水平，可以认为是一种整体帕累托增进。

其次，厂商在劳动力为 N_0 的配额约束下，可以通过调整工资水平，进而影响人力资本水平，通过调整生产成本来操纵配额约束，进而提高自身效用水平。

最后，政府政策（支出、税收）对产出、就业以及人力资本水平无影响，唯一的影响因素是工资水平。另外，增加政府支出、降低税收会促使价格水平上升。

情形 2：若约束 $N \leq N_0$ 无效，说明市场中劳动力存在超额供给，家庭可以在供给劳动力和闲暇之间做出选择，均衡方程组：

$$\begin{cases} Y = F\left[F'^{-1}\left(\dfrac{W}{P} \cdot \dfrac{v}{v-1}\right) = F(NH) = \ddot{S}(P)\right] \\ Y = \left(\dfrac{\alpha_1}{\alpha_2} \cdot \dfrac{\bar{M}}{P}\right) - \dfrac{\alpha_1}{\alpha_2}\left(T + \dfrac{N_0 h(H)}{P}\right) + \dfrac{\alpha_1+\alpha_2}{\alpha_1}G \hat{=} (P) \end{cases}$$

其中，$H = h'^{-1}(WN/N_0)$，$\partial H/\partial N = h''^{-1}(\cdot)(W/N_0)$。

在均衡点处，$\hat{S}(P) \hat{=} (P)$，于是有：

$$P = \dfrac{(\alpha_1/\alpha_2)(\bar{M} - N_0 h(H))}{F\left[F'^{-1}\left(\dfrac{W}{P} \cdot \dfrac{v}{v-1}\right)\right] - \{[(\alpha_1/\alpha_2)/\alpha_1]G - T\}} \text{成立。}$$

再由式（6-7）可知，$F'(NH) = \dfrac{W}{P} \cdot \dfrac{v}{v-1}$，$P = \dfrac{Wv}{F'(NH)(v-1)}$，

$$\dfrac{(\alpha_1/\alpha_2)(\bar{M} - N_0 h(H))}{F\left[F'^{-1}\left(\dfrac{W}{P} \cdot \dfrac{v}{v-1}\right)\right] - \{[(\alpha_1/\alpha_2)/\alpha_1]G - T\}} = \dfrac{Wv}{F'(NH)(v-1)},$$

可得，$F(NH) = \dfrac{\alpha_1 F'(NH)[\bar{M} - N_0 h(H)]}{\alpha_2 W} \cdot \left[1 - \dfrac{1}{v}\right] - \left(\dfrac{\alpha_2}{\alpha_1}T - \dfrac{\alpha_1 + \alpha_2}{\alpha_2}G\right)$。

于是，当 $N \leq N_0$ 无效时的均衡值：

$$\begin{cases} Y = F\left[F'^{-1}\left(\dfrac{W}{P} \cdot \dfrac{v}{v-1}\right)\right] = \dfrac{\alpha_1 F'(\cdot)[\bar{M} - N_0 h(H)]}{\alpha_2 W} \cdot \left[1 - \dfrac{1}{v}\right] - \\ \left(\dfrac{\alpha_2}{\alpha_1}T - \dfrac{\alpha_1 + \alpha_2}{\alpha_1}G\right) \\ P = \dfrac{(\alpha_1/\alpha_2)(\bar{M} - N_0 h(H))}{F(NH) - \{[(\alpha_1/\alpha_2)/\alpha_1]G - T\}} = \dfrac{Wv}{F'(NH)(v-1)} \\ NH = F'^{-1}\left(\dfrac{v}{v-1} \cdot \dfrac{W}{P}\right) \end{cases}$$

(6-8)

下面分析外生变量对均衡值 N、Y、P、H 的影响：

首先，分析外生变量对就业 N 的影响：

由式（6-8）可得，为了得到外生变量对就业量的影响，令

$$Z = \dfrac{\alpha_1 F'(\cdot)\{\bar{M} - N_0 h[h'^{-1}(WN/N_0)]\}}{\alpha_2 W} \cdot \left[1 - \dfrac{1}{v}\right] - \left(\dfrac{\alpha_2}{\alpha_1}T - \dfrac{\alpha_1 + \alpha_2}{\alpha_1}G\right) - F\left[N \cdot h'^{-1}\left(\dfrac{WN}{N_0}\right)\right]$$

推导出 $\dfrac{\partial N}{\partial G} = -\dfrac{Z_G}{Z_N} > 0$，$\dfrac{\partial N}{\partial M} > 0$，$\dfrac{\partial N}{\partial T} < 0$，$\dfrac{\partial N}{\partial W} < 0$，$\dfrac{\partial N}{\partial v} > 0$。

可以看出，与 $N \leq N_0$ 有效时不同的是，此时的就业水平受到政府支出、税收以及货币禀赋的影响，而且这些因素带来的效应不失一般性，即政府支出、货币禀赋与就业量呈正相关关系，税收与就业量呈负相关关系。降低工资反而会促使就业量增加，作用机制是工资水平的降

低导致成本降低，刺激产出增加，对劳动力的需求增加。此外，在 $N \leqslant N_0$ 无效的情况下，厂商依据客观需求曲线定价的行为与市场需求弹性有较强的相关性，市场竞争性越强，产品替代性越强，厂商的市场和价格的操纵力越弱，在市场富有弹性的情况下，总需求的增加促使产出增加，进而增加劳动力的投入，劳动力市场交易量增加，研究结论与事实相符。

其次，分析外生变量对人力资本水平的影响：

由 $H = h'^{-1}(WN/N_0)$，推导出 $\frac{\partial H}{\partial G} = h''^{-1}(\cdot)\left(\frac{W}{N_0}\right)\frac{\partial N}{\partial G} > 0$，$\frac{\partial H}{\partial M} > 0$，$\frac{\partial H}{\partial T} < 0$，$\frac{\partial H}{\partial W} = h''^{-1}(\cdot)\frac{1}{N_0}\left(N + W \cdot \frac{\partial N}{\partial W}\right) = h''^{-1}(\cdot)\left(1 + \frac{W}{N} \cdot \frac{\partial N}{\partial W}\right) > 0$，$\frac{\partial H}{\partial v} = h''^{-1}(\cdot)\frac{1}{N_0}\frac{\partial N}{\partial v} > 0$。

人力资本水平是通过劳动者在劳动过程中体现的，其影响因素与就业量的影响因素相同，受到政府支出、税收和货币禀赋的影响，而且彼此的相关性与劳动力交易量相一致。工资的上涨也会促使人力资本水平的提高，另外，市场竞争性越强，就业量越大，鼓励人们增加人力资本投资，随之人力资本水平越容易提高。

再次，分析外生变量对产出的影响：

由式（6-8）得出，

$Y = F(NH)$，$\frac{\partial Y}{\partial G} = F'(\cdot)\left(\frac{\partial N}{\partial G}H + N\frac{\partial N}{\partial G}\right) > 0$，$\frac{\partial Y}{\partial M} > 0$，$\frac{\partial Y}{\partial T} = F'(\cdot)\left(\frac{\partial N}{\partial T}H + N\frac{\partial N}{\partial T}\right) < 0$，$\frac{\partial Y}{\partial W} < 0$，$\frac{\partial Y}{\partial v} = F'(\cdot)\left(\frac{\partial N}{\partial v}H + N\frac{\partial N}{\partial v}\right) > 0$。

分析看出：

第一，对产出造成影响的最直接因素是就业量以及依附在劳动者身上的人力资本水平，而且两者与产出均呈正相关关系，劳动力成交量增加会直接促使产出增加，而劳动力素质的提高会促使劳动生产率提高，间接地增加产出。

第二，通过前文对劳动力成交量和人力资本影响因素分析可知，政府政策、工资水平以及市场力量的强弱会对就业量和人力资本水平产生不同的作用，同样，这些外生变量也是影响产品交易量的间接因素。

第三，政府增加支出、降低税收能促使产出增加，产品需求的增加导致对劳动力需求的增加，工资水平随之上涨。收入效应促使家庭增加人力资本投资。另外，厂商的垄断力越强，导致价格越高、产出越低，就业量下降，价格却高于竞争性较强的市场中的价格，最终结果就是市场效率的下降，反之成立。

最后，分析外生变量对价格的影响：

将 $\dfrac{\partial P}{\partial N} = \dfrac{W[H + h''(\cdot)(WN/N_0)]}{F(NH) - \eta v p^{-v}} < 0$ 与 $P = \dfrac{W}{F'(Nh'^{-1}(WN/N_0))} \cdot \dfrac{v}{v-1}$ 结合得出：

$$\dfrac{\partial P}{\partial G} = \dfrac{Wv}{v-1} \cdot \dfrac{-F''^{-1}(\cdot)(h'^{-1}(\cdot) + h''^{-1}(\cdot)(WN/N_0))}{F'^2(\cdot)}, \dfrac{\partial N}{\partial G} > 0,$$

$\dfrac{\partial P}{\partial M} > 0$，$\dfrac{\partial P}{\partial T} < 0$，

$$\dfrac{\partial P}{\partial W} = \dfrac{v}{v-1} \cdot \dfrac{F'(\cdot) - WF''(\cdot)(h'^{-1}(\cdot)(\partial N/\partial W) + (N^2/N_0)h''(\cdot)[1 + (W/N)(\partial N/\partial W)]}{F'^2(\cdot)} > 0$$

$$\dfrac{\partial P}{\partial v} = -\dfrac{W}{(v-1)^2 F'(\cdot)} - \dfrac{W}{(v-1)^2 F'(\cdot)} \cdot \dfrac{v(v-1)(F''(\cdot)(h'^{-1}(\cdot) + Nh''^{-1}(\cdot)(W/N)))}{F'(\cdot)} \cdot$$

$\dfrac{\partial N}{\partial v} > 0$

在厂商定价行为的模型中，内生化的价格受到外生变量的影响，政府增加支出、减少税收和增加货币禀赋会刺激市场总需求，提升价格和产出。工资的上涨带来成本和价格水平的提高。此外，市场竞争力的强弱与价格水平呈反方向变动，即竞争性越强价格水平越低。

所以，当 $H > 1$ 且 $N \leq N_0$ 无效时，各外生变量对均衡产出和均衡就业量是否造成影响以及影响程度如何，市场弹性是关键，市场越富于弹性，各外生变量对均衡值的影响越大。厂商对配额约束的操纵与市场弹性存在反向关系。因此，将市场需求弹性考虑到嵌入人力资本因素的非均衡模型中，模型的通用性更强。

三 政策有效性分析

本节分析了工资给定的情况下厂商根据需求曲线定价的行为，重点比较分析了具有人力资本因素和不考虑人力资本因素的状况，在每种状

况中分别按照 $N \leqslant N_0$ 有效和 $N \leqslant N_0$ 无效的情况进行分析。

首先，在 $H=1$ 且 $N \leqslant N_0$ 有效的情形中。劳动力市场处于充分就业状态，厂商的生产受到配额限制，最大产出为 $Y_0 = F(N_0)$，变动政府支出、税收、初始禀赋对产出和就业无效，但这些变量对价格水平发挥效应，此时的均衡是充分就业均衡。当厂商的生产不受 $N \leqslant N_0$ 限制时，劳动力市场中存在超额供给，家庭可以抉择供给劳动或享受闲暇时光。当厂商定价行为不受配额约束时，工资水平的变动对市场交易额和商品价格造成影响。市场需求弹性越大，产品替代性越强，竞争性导致较低价格水平和较高的产量水平。相反，市场中需求弹性越弱，厂商的垄断力量越强，行为人操纵价格进而操纵成本的势力越强，在同时考虑价格约束和数量约束的非均衡分析中，行为人通过间接方式操纵配额约束可以增进自身福利，实现帕累托改进。

此外，市场缺乏弹性时的政府支出、税收，以及工资水平的变动对价格、产出和就业的影响力会明显小于市场富有弹性时的状况，市场竞争力与商品市场交易量同向变动，市场中商品之间竞争性越强，弹性越大，商品之间替代性越强，与垄断性较强的市场相比，竞争性强的市场成交量较高，产出较大，对劳动力需求较大，就业增加进一步促使产品需求增加，产出增加，这种"乘数效应"会提高整体生产力水平，增进整个社会的福利水平。总之，政策对行为人定价行为产生的影响与市场弹性有较强的相关性。一般来说，相比于市场缺乏弹性的情况，市场富于弹性时的经济政策对均衡值的影响更大。

其次，在 $H>1$ 且 $N \leqslant N_0$ 有效的情形中，短期内，产出受到配额约束，厂商操纵成本进而操纵配额约束的权限范围较小。若从长期来看，工资水平上涨激励人们增加人力资本投资，人力资本水平的提高可以提高劳动生产率降低生产成本，而且收入效应使消费增加，产出增加，价格水平降低。长期中受约束的厂商可以通过操纵配额约束，间接影响人力资本水平，增进自身福利。此时变动支出、税收和初始禀赋为产出、就业带来的影响与 $H=1$ 的情况相一致。工资变动间接影响人力资本水平。在约束 $N \leqslant N_0$ 无效的情形中，劳动力市场存在超额供给，不受限制的厂商在定价时，总是选择能使对他提出的所有需求都得到满足的那个价格水平，此时的就业水平和以劳动者为载体的人力资本水平受到政府支出、税收以及货币禀赋的影响，而且这些因素所发挥的作用不失一般性。

最后，厂商依据客观需求曲线定价的行为与市场需求弹性有较强的相关性，市场竞争性越强，产品替代性也就越强，厂商影响价格的势力较小，富有弹性的市场中总需求增加最终会促使产出增加、价格降低，进而劳动力需求增加，人力资本水平提高，乘数效应的作用促使市场整体效应得到提高。反之，厂商的垄断力越强，产出越低，就业量下降，价格却高于竞争性较强的市场中的价格，最终导致市场效率的下降。所以说，市场弹性是交易者做出行为选择的关键。

第四节 行为人自主定价下的经济政策有效性分析

（1）本章第一部分分析了厂商决定价格和家庭决定工资的情形，其行为选择依据主观需求曲线。

首先，根据行为人自主定价模型可知，人力资本因素的引入不影响货币中性、初始禀赋对产出和就业无效性等特点，即凯恩斯主义政策对调整产出和消除失业是失效的。但是，凯恩斯主义政策能够影响行为人的定价行为。

其次，评估厂商定价行为的自主性，需求弹性十分关键。当 $\varepsilon \to 1$ 和 $\eta \to 1$ 时，随着市场需求弹性逐渐降低，厂商和家庭的自主行为能力增强，凯恩斯主义政策导致的产出效应和就业效应减弱，当极端情况 $\varepsilon \to 1$ 出现时，政府政策完全失效，对提高人力资本水平也毫无效用。当 $\varepsilon \to \infty$ 和 $\eta \to \infty$ 时，随着市场需求越来越富有弹性，凯恩斯主义政策对消除失业的有效性逐渐增加。

最后，在行为人自主定价的框架下，家庭的市场势力不仅与家庭的福利呈正相关关系，而且与人力资本水平呈正相关关系。

（2）本章第二部分分析了在不完全竞争的制度框架下，当工资给定时，厂商依据需求曲线如何定价的问题。

首先，在 $H=1$ 且 $N \leqslant N_0$ 有效的情形中，劳动力市场处于充分就业状态，家庭始终处于短边，厂商受到数量配额限制，最大产出为 $Y_0 = F(N_0)$，此时的凯恩斯主义政策的就业效应和产出效应完全失效，但是政府政策的价格效应和人力资本水平效应很明显。当 $N\leqslant N_0$ 无效时，劳动力市场中存在超额供给，凯恩斯主义政策产生的价格效应和工资效应与市场需求弹性有较强的相关性，一般来说，政府的政策在富有弹性的市场中的有效性更强。

其次，在 $H>1$ 且 $N\leqslant N_0$ 有效的情形中，短期内产出被限制在 $Y=F(N_0)H$ 上；长期中，工资水平的持续上涨会促使家庭增加人力资本投资，随着人力资本水平提高，劳动生产率提高，产出增加，提升整体经济水平。此时的凯恩斯主义政策仍然无效。如果 $N\leqslant N_0$ 无效时，劳动力市场存在超额供给，厂商制定的价格为市场中所有需求都能被满足的价格，凯恩斯主义政策的人力资本效应十分明显。

最后，市场需求弹性在厂商定价行为中发挥非常重要的作用，厂商的定价自主权随着 $\varepsilon\to\infty$ 逐渐递减。市场需求越富有弹性，即市场竞争性越强，总产出会越多，价格也会越低，对消除失业和提高人力资本水平能够发挥更强的作用，最终结果与瓦尔拉斯一般均衡时的状况就越贴近。因此，行为人自主定价的经济学分析不失一般性。

（3）本章得到的均衡并非是帕累托最优的。分析得到的无效率性质与传统的凯恩斯均衡十分相似。从这两个不完全竞争模型的整体来看，其配置与"凯恩斯式"的配置有同样的性质，从对均衡方程组的分析来看，对企业来说，边际成本总是低于价格，如果市场有更多的需求，企业愿意按照均衡时的价格和工资生产和出售更多的商品。同样，如果市场有更多的劳动力需求，家庭愿意按照给定的价格和工资提供更多的劳动力。说明，在固定价格和工资情况下，均衡交易量被限制在一个过低的水平上，增加交易量能增进企业和家庭的福利。传统凯恩斯主义政策是通过扩张性的货币政策或财政政策来增加产出和就业。但是，政府政策将会导致价格和工资的改变，政策效果的有效性受到限制。通过对不同假设条件下的均衡值分析可知，经济政策带来价格效应和工资效应，扩张性政策产生的"古典型"效应与相应的瓦尔拉斯模型的结果十分相似。很明显，相应的瓦尔拉斯一般均衡的定义就是由 $\varepsilon\to\infty$，$\eta\to\infty$ 时的等式刻画的。

总之，本章的不完全竞争非均衡模型产生了一种具有"凯恩斯式"的非效率特征的配置，但对政府政策的反应上有点类似于瓦尔拉斯模型。

第五节 本章小结

本章第一部分我们简单地构建了包括人力资本因素的行为人依据主观需求曲线自主定价的非瓦尔拉斯均衡模型,通过对模型的构建和求解可知,瓦尔拉斯一般均衡只是当模型中 $\varepsilon \to \infty$,$\eta \to \infty$ 趋向无穷时的一个特殊的极限形式[从式(6-2)和式(6-4)可见]。也就是说,当可认知的需求曲线具有无限弹性时就会得到这样的结果。

本章第二部分构建了一个包含客观需求曲线的不完全竞争模型,并在其中引入了人力资本因素,研究了非瓦尔拉斯均衡模型的各种性质,并将这些性质与基本的古典模型和凯恩斯模型的性质做了比较。将非均衡假设条件进一步放松做研究是不失模型的严格性和一般性的。

通常经济学家们讨论的古典型或凯恩斯型主要针对政府政策的反应而论的。从模型求解和分析我们看到,本章第二部分中对政策的反应,无论是货币政策和财政政策实际上都具有"古典型"性质的。不完全竞争模型产生的是真实刚性,而凯恩斯模型的特征通常与名义刚性有关。

第七章

中国劳动力市场非均衡分析

第一节 引言

在我国的历史进程中,在不同的文化背景,不同的制度、体制因素下,我国的宏观经济体系和要素市场体系表现出不同的非均衡特征。伴随市场经济体制不断完善,我国劳动力市场从发育、发展,到逐渐成熟取得了很大的进步。但是,就我国劳动力市场的现状和发展模式看,无论从供给总量、需求总量方面还是从市场结构方面,非均衡态都比较显著。城乡之间存在劳动力流动障碍和劳动力配置失效;市场供求失衡已成为常态,庞大的就业群体与劳动参与率下降以及持续走低的就业弹性并存;城市二元劳动力市场分割促使高级劳动力市场的劳动者向次级劳动力市场流动很难,而生活成本的提高促使次级劳动力市场的劳动力出现逆向流动的情况,出现民工返乡潮;户籍制度的制约打消了农民工进城务工的热情,阻碍了劳动力顺畅流动,降低了劳动力资源的配置效率。因此,如何能更深刻地剖析中国劳动力市场发展中存在的问题,发现劳动力市场非均衡运行的本质所在,对于完善劳动力市场机制和缓解就业压力有重要的意义。本章从市场体系出发,以前几章非均衡理论模型为基础,不仅构建了嵌入人力资本因素的劳动力单市场非均衡模型,而且将单市场模型拓展到具有劳动力、消费品的双市场非均衡模型,并收集数据进行实证分析,最后给出结论和做出经济学解释。

本章结构安排:第一节是引言;第二节是中国劳动力市场现状概述;第三节是以前几章的非均衡理论研究为基础,构建嵌入人力资本因素的单市场（劳动力市场）非均衡实证模型；第四节构建劳动力和消费品的双市场非均衡实证模型，在第三节和第四节实证中包括数据来源和处理、变量描述、模型回归、结果陈述，以及对不同研究结果进行差异比对分析；第五节对本章做一个简要的小结。

第二节　中国劳动力市场非均衡运行现状概述

劳动力市场均衡包括静态均衡和动态均衡：劳动力市场静态均衡，是指在一定的工资水平下，劳动力需求恰好与供给相等的一种状态，此时的工资水平为均衡工资水平或市场恰好出清的工资水平，劳动力实际成交量为均衡就业量；劳动力市场动态均衡，是指在一个生产周期内工资水平的波动导致劳动力的有效供给量和有效需求量不断调整最终趋于均衡的状态，因此是种不稳定的、短暂的、更一般的均衡状态。

与劳动力市场均衡相对应的是劳动力市场非均衡，主要内容包括两方面，一是指劳动力供需总量不一致；二是指在给定时期内，工资水平波动使劳动力供给和需求持续地相互调整，逐渐由非均衡趋于均衡。在现实中，由于主观原因和客观原因，例如由于制度、习俗以及当时的经济发展状况，使工资率和劳动力的供求关系彼此不会迅速做出反应，工资水平波动存在上限和下限，劳动力价格不会及时准确地随劳动力供需做出调整。因此，劳动力市场运行的均衡状态只是暂时的、特殊的，而劳动力市场运行的非均衡状态才是常态，我国劳动力市场运行非均衡综合表现为：二元经济体制下劳动力供求始终不均等，制度和行政分割使区域、城乡之间劳动力流动受到限制，劳动力资源配置效率十分低下，行业、产业和企业之间存在严重的歧视问题等。具体表现如下：

一　中国劳动力市场运行中的供给与需求非均衡

首先，能够体现劳动力供给状态的因素包括劳动力年龄人口数量和劳动参与率，其中劳动力年龄人口是一个长期因素，在短期内是相对稳定的；劳动参与率是在劳动年龄人口一定时，决定经济活动人口的数量占劳动年龄人口的比例。

第一，从劳动年龄人口总量上看。在中国特有的国情下，从目前来看劳动力资源总量还是处于稳定提升状态，中国劳动力资源总量从

2000年到2011年增加了接近4亿人，人数分别为9.57亿和13.40亿（不包括香港特别行政区、澳门特别行政区和台湾地区），到2011年的经济活动人口为78388万人，我国劳动年龄人口的总量在2012年达到峰值9.22亿人后，增量由正转负进入总量减少阶段，到2018年为8.97亿人，仍保持近9亿人的规模，显示出我国劳动力资源绝对量依然庞大。全部的就业人口规模是7.76亿人，其中有2.86亿的农民工，就业总量很庞大、流动性很强，特别是一些结构性矛盾比较突出。对于我国独有的庞大人口数量来说，我国出台了针对这一国情的计划生育政策，2016年和2017年出生人口分别为1786万人和1723万人，明显高于"十二五"时期年均出生1644万人的水平，政策效果显著，再加上经济制度的不断改革和人们意识形态的改变，使社会的整体趋势是稳步上升的，出生率持续下降，虽然供给还是相对过剩但是劳动年龄人口整体是下滑趋势。从20世纪初，新增劳动力人口下滑趋势很明显，这种态势一直到2007年下降到1000万人以下，到2012年新增劳动年龄人口为9372万人，比2011年减少345万人。因此，单从劳动年龄人口的绝对数量变化趋势看，中国的劳动力供给压力正在减轻。

第二，从劳动参与率看。我国劳动参与率从1995年的83%下降到2003年的71%，再到2011年的65%，2017年的68.93%，2018年的68.72%，2019年的67.99%，我国劳动参与率呈现下降趋势的原因有：一是随着我国逐渐步入老龄化时代，再加上科技的快速发展，竞争的激烈增加，使年龄较大的劳动者选择提早结束职业生涯；二是随着个人对知识的渴望和对未来能有较高起点的追求，会选择继续接受教育，其结果是学习和接受教育培训的阶段延长，选择工作的日期延迟，这样就大大缓解了当今的就业压力。持续的劳动参与率下降是对劳动力失衡的一种调解结果，间接导致操纵配额约束的措施将劳动力市场调整到事后均衡，但不可否认的是，任何调整机制应该有一个度，如果调整过度会阻碍我国劳动力要素的优势作用。

另外，从劳动者所拥有的素质和能力水平看，劳动者的个人能力素质是劳动者做出供给行为选择的一个关键决定因素，不同人力资本水平的劳动者对自身的职业定位是不同的，再加上制度因素、环境因素、自身家庭状况等，劳动者经过权衡之后做出的供给选择是自身最优化的体现。尽管我国劳动力资源丰富但劳动者所拥有的人力资本水平底子相对比较薄弱，我国已经在教育投资和建设方面加大力度，不断地改革教育制度和方式，全面普及劳动者中高级教育，力争提升全体劳动者素质，这不仅有利于缓解总量性和结构性供求失衡，而且促使高技能、高人力资本的劳动者能够与先进技术很好地匹配，进而有更多的创新。从需求方面来看，科学技术的快速发展必定对其载体有更高的要求，这进一步加大了教育制度改革的力度。

其次，影响劳动力需求的因素较多，经济增长是主要影响因素之一。改革开放以来，快速的经济增长极大地推动了劳动力需求的增加，也为我国就业增长创造了良好的条件，但就业增长并不完全依赖于经济增长，还取决于就业弹性，就业弹性是体现劳动力需求特征的一个重要指标。就业弹性与劳动力就业岗位的多少成正比，改革开放之后，伴随市场经济的发展使劳动者的就业空间越来越开阔、就业层面也出现了多元化的趋势，由最初的劳动密集型拓展为资本、知识和技术密集型，就业弹性平均为 0.32，20 世纪 90 年代以来，中国就业弹性平均值为 0.12。随着经济结构不断优化调整，服务业的加快发展，整个经济发展的就业弹性在不断提高，对经济增速的依赖性在不断减少。2000—2008 年，GDP 每增长 1% 可以拉动非农就业增加 100 万人左右，2009—2012 年就业弹性上升到 140 万人左右，2013—2016 年上升到 180 人万左右，也就是 GDP 每增长 1% 可以带动非农就业增长 180 万人左右。可见，我国经济增长方式的转变和产业结构的调整促使就业弹性发生很大转变。

最后，中国劳动力市场的供需非均衡表现为：劳动力供求失衡持续拉大。

我国供需失衡主要表现在：

（1）供求失衡和结构性失衡在不同区域表现各不相同，"供过于求"和"供不应求"并存。

（2）从产业需求来看，主要以第三产业需求为主。从行业需求看，对劳动力的需求大多集中在制造业和服务业，包括批发和零售业、租赁和餐饮业等方面。

（3）根据求人倍率（需求人数与求职人数之比）指标来看。目前，我国劳动力市场的求人倍率保持在 0.7 左右，说明劳动力市场的就业趋势不容乐观。我国劳动力资源相对较丰富，区域性供需差异较大，成因也不尽相同，经济发达的东部和沿海地区就业范围广、就业种类多，相比于中西部地区就业压力较小，就业相对容易。其求人倍率在性别和年龄方面有明显的差别，男性的求人倍率略低于女性；其求人倍率平均值为0.96，年龄组（16—34岁）要高于其他年龄组；从文化角度看，初中级以下文化程度、高中、大专、大学、硕士以上各文化程度的求人倍率分别为1.01、0.89、0.77、0.82、1.3。

（4）人力资本水平和岗位需求不匹配的结构性矛盾越来越明显，不同级别的技术工人在不同地方受到不同程度的重视，西部地区由于经济、文化、地理位置等因素导致大量高人力资本水平的劳动者流失，初级专业技术人员更受重视。相反，经济比较发达的中东部地区则更倾向于雇用高级专业技术人员。据统计，1985—2017年，全国劳动力人口的平均受教育程度从6.2年上升到了10.2年，其中城镇从8.2年上升到了11.1年，乡村从5.6年上升到了9.0年。全国劳动力人口中高中及以上受教育程度人口占比从11.4%上升到了37.5%，其中城镇从24.7%上升到了50.3%，乡村从7.0%上升到了20.5%。全国劳动力人口中大专及以上受教育程度人口占比从1.3%上升到了17.6%，其中城镇从4.7%上升到了26.7%，乡村从0.2%上升到了5.5%。2017年，中国人力资本总量按当年价值计算为1934万亿元，其中，城镇为1587万亿元，农村为347万亿元，分别占人力资本总值的82%和18%。1985—2017年，中国人力资本总量增长了10.37倍，年均增长率是7.58%。近十年（2007—2017年）的年均增长率为7.34%，其中城镇人力资本总量的年均增长率为8.48%，而农村为3.66%。2017年，人力资本总量前五位为山东、江苏、河南、广东和浙江，后五位是甘肃、海南、宁夏、青海和西藏。2017年，中国人均人力资本按当年价值计算为172万元，其中城镇为235万元，农村为77万元。1985—2017年，我国的人均人力资本年均增长率为6.99%。近十年（2007—2017年），人均人力资本的年均增长率为7.05%，其中农村年均增长率为6.17%，而城镇为5.71%。2017年，人均人力资本前五位为上海、北京、天津、浙江和江苏；排名后五位的是黑龙江、西藏、云南、甘肃和青海。未来具有高人力资本的技术工人会更受欢迎；相反，人力资本水平较低的求职者面临供过于求的难题。可见，劳动者素质差异也是形成劳动力市场供求失衡的一个原因。

二 中国劳动力市场运行的制度性非均衡

1. 非完全竞争制度背景下的劳动力市场非均衡

在完全竞争条件下分析劳动力市场运行是种理论性的、理想化的分析方法，现实中的劳动力市场时刻都处于非完全竞争中，这种制度环境下的非均衡状态主要表现为以下几点：

第一，劳动力的流动障碍对市场均衡的打破。随着经济结构、产业结构的调整、市场化程度的加深以及二元体制的逐步完善，新兴产业的大量出现促使非正规部门就业量增加和就业种类日趋丰富，就业灵活性增强，职业变动增速。技术进步的推动和高生产率的追求导致对劳动力的人力资本水平要求越来越高，大量的异质性劳动力在区域之间、城乡之间以及不同产业之间的流动速度加快。但是，劳动力市场中的流动障碍、路径依赖带来的市场分割和就业歧视严重，特别是我国特有的国情、制度遗留和现状（主要是户籍制度、职称制度、劳动者身份制度、住房制度、公费医疗等福利制度）的束缚，促使劳资双方的双向选择行为受到极大的限制，劳动力的流动成本、交易成本大大增加，最终导致劳动力就业失衡以及劳动力配置效率低下，阻碍了经济、社会的进步。数据显示农村剩余劳动力进城务工的行业大多数为传统低端产业领域和非正规的服务部门，比例高达38%，农民工务工的普遍特点是工作环境差、不稳定，工资水平低，社会保障不完善，受到歧视和压迫较多，而且现在农民工工资的拖欠也是劳动力市场的一个难题。

第二，多重分割对劳动力市场均衡的打破。中国劳动力市场的分割现状为层次性分割。

首先，劳动力市场分为城市劳动力市场和农村劳动力市场。其中，城市劳动力市场又可分为三部分：城市正式部门，工作环境好、待遇高、稳定性高；城市非正式就业部门，工作环境较好、工资较高、劳动强度较小；城市非正式部门，工作环境一般、工资最低、劳动强度最大、受歧视最严重。

其次，从城乡差异角度分析劳动力市场分割。我国户籍制度的实施使中国劳动力市场的城乡分割持续了较长的历史并具有路径依赖性，政府一直为这一歧视性问题做出不断的努力，出台了相应的政策，但是进步却比较缓慢，农民工对于农转非的热情也不高。其原因：一方面，城镇中社会保障和社会福利制度不够完善、健全，这些保障和福利制度与户籍制度的相关性逐渐减弱，导致拥有城市户口的农民工也得不到城市户口应有的福利待遇，打消了他们的热情；另一方面，户籍制度的变迁较慢，虽然目前已有较大的改善，但对农民工来说还是一个不可逾越的鸿沟，农转非的苛刻条件较多，农民工望而却步，户籍制度的畸形发展导致城乡差距越来越大，城乡劳动力市场分割现象也越来越严重，劳动力配置失效严重。

再次，从正规性和非正规性角度分析劳动力市场分割。正规劳动力市场是建立在现代劳资条件上的国家正规部门（国有、集体以及现代企业）、薪酬获得相对合理、社会保障制度（休假、培训、晋升等）能够公平实施且相对较完善；非正规劳动力市场也叫次级劳动力市场，包括正规就业部门以外的其他就业部门，这一市场的特点是：劳动者的薪酬待遇不公平，难以被社会保障所覆盖、难以得到应有的权益，以及工作环境较差。

最后，从区域角度分析劳动力市场分割。劳动力市场的区域性分割一般是指城市与城市之间的分割，这一现象根源于制度因素，如户籍制度、住房和租房、社会保障及其他非正式制度等。我国劳动力市场区域性分割的结果是：劳动力流动受到很大限制，流动机制的扭曲导致过高的交易成本，高人力资本水平的劳动力难以发挥真实的能力，大大降低了劳动力资源配置效率，劳动力生产率下降；另外，地区性分割导致地区间经济差距越来越大，不利于社会和谐发展。

第三，就业服务机制不完善对劳动力市场运行的影响。就业服务机制是劳动力市场运行机制之一，其功能很强大，发挥着推动劳动力供需趋于均衡、缓解劳动力市场中的冲突、降低市场中制度性成本的功能等。在我国，从20世纪90年代开始发展就业服务机制，历经20多年的发展取得了较大的进展，但其网络覆盖范围不够全面，再就业需求和服务的供给还不能恰当地配套，信息不对称且存在时滞性，所以培育和发展劳动力市场就业服务体系的任务任重道远。我国就业服务体系存在的不足和亟待解决的问题有以下四点：

（1）就业服务机构参次不齐、缺乏统一性。我国现行劳动力市场的就业服务体系层次复杂、结构混乱、管理体制不统一和不健全，在区域、产业之间分布不均衡，服务资源分散导致浪费以及效率低下，就业服务人员严重供不应求，且专业水平较低，直到2011年，我国就业服务工作人员编制仍然相对较少，每名工作人员大约服务劳动者1.2万人，公共就业服务机构的运作经费不能得到完全的保证，目前，能够实现一次性全部拨款的有21个省份，分期拨款的有3个省份，依靠自己实现收支的有2个省份，剩余6个省份财政经费不足以支撑就业服务中心，只能自食其力。另外，公共和私营就业服务机构的管理体制相关性很低，导致两者协作和资源共享存在困难，也没有办法监控和打击非法私营机构的违法行为，不能对劳动者做出市场性保护。因此，适当引入竞争机制，鼓励和扶持私人就业服务部门的发展，促使公共服务与私人服务能更好地融洽，进而劳动力就业服务体系的功能得到充分发挥。

（2）就业服务现状与劳动力市场发展现状相脱节。随着市场化程度的加深，就业形式呈现多样性、灵活性的特点，这就需要有相应的服务体系相配套，但是我国目前的就业服务模式仍然是传统就业体系的服务模式，信息平台不健全、信息范围狭窄、信息公开化程度低，导致交易成本很高，服务质量和效率较低。因此，应鼓励创新、建立和完善信息网络，使信息公开化以降低交易成本和提高整体效率。

（3）从职能角度看我国公共就业服务机构覆盖范围狭窄，服务内容单一、缺乏灵活性，成功运作的概率较低，但随着经济的高速发展、产业结构和就业结构的调整，对服务质量和服务种类有更高的要求，无形中会推动原有公共服务体系在内容、结构、方法和方式等方面不断地完善和更新。

第四，宏观调整体系不完善对劳动力市场运行的影响。我国目前劳动力市场的宏观调控体系建设很薄弱，对劳动力供需状况、风险预测、价格等没有进行系统性的定性分析和定量分析，作为市场载体的信息网络建设缓慢，无法满足市场的整体需求，对劳动力市场运行的认识具有盲目性。

2. 社会保障制度不完善下的劳动力市场非均衡

改革开放后，我国经济、社会以前所未有的速度发展，人民生活水平大幅度提高，适用于中国特色市场的社会保障制度逐渐培育和壮大，社会保障制度始终都是构建和谐社会的核心。但是，面对庞大的中国人口数量，制度遗留或路径依赖导致我国目前仍然面临很多问题。我国社会保障制度的非均衡表现为以下几点：

第一，社会保障资金缺乏且发放不到位，制度性失衡明显。根据最新立法规定，城市中所有企业及其雇用人员有义务上交基本养老保险费用，并享有应有的社会保障权力，规定企业缴纳大约总工资比例的20%，职工缴纳大约个人总工资比例的8%，但由于目前我国已进入大量劳动力退休的高潮，致使企业对基本养老保险费用的承担猛增到28%，企业没有动力和积极性参保，甚至逃避和拖欠基本养老保险的费用，这种规章制度与实际经济问题相脱节的现象越来越严重。在医疗保险制度方面，仅有25%的城镇在职员工享有医疗保险，接近90%农民工只能自费医疗，农村的医疗保险制度更是寸步难行，再加上农村最低生活保障做得不到位，导致贫困问题越来越严重，给社会和谐发展带来了极大的挑战。另外，养老保险基金在资本市场中运作受到很大限制，其投资收益渠道很狭窄，通常采取存入银行获取利息、购买国债获取收益率，其利用率和收益率都很低。总之，制度不完善和路径依赖的作用使新的社保制度正常运行受到很大阻碍。

第二，社会保障体系的分割。我国劳动力市场从培育到成熟这一历史变迁中，劳动力市场逐渐呈现多层次分割，建立在此基础上的社会保障体系也逐渐演化为分割的、残缺不全的体系，现有的分割状况表现为城乡分割、所有制分割、行业和地区分割等，其中城市中农民工不能得到合法的社会保障成为最敏感的问题，法律赋予城市中农民工的社保权利很难实施且效率很低，农民工没有信心参与社保，反而退保的要求较多。农民工参保率低的另一个原因是根据社会保障规则，农民工参保之后被迫要求缴纳医疗保险但还得自费看病，这种捆绑式制度无形中给农民工增加了负担，最重要的是社保的实施实际上形同虚设，在工伤事故中，农民工真正能得到的补偿和救助份额很低。事实上，农民工的被迫退保是对农民工利益的再次剥夺，使他们的收入更低，最后导致社会的贫富差距更大。从企业层面考虑，为农民工缴纳社保费用会增加生产成本，所以企业对缴纳农民工社保费会采取抵触和逃避的态度，同时，企业还会与政府合作，在共同利益的驱动下，享受企业提供资金的政府对待外来劳动力总是不闻不问，对于应尽的义务也是敷衍了事。

第三，政府的权责不到位。一方面，中央财政在基本养老保险及下岗基本保证金的收支方面由1997年的20多亿元，上升到1999年的360多亿元，再到2004年的800多亿元，到2008年的2294亿元，到2011年的4059亿元，2013—2018年，中国城镇基本养老保险参保人数持续增长，2018年，参保人数达到41902万人，同比增长4.0%，其中，城镇职工基本养老保险参保人数为30104万人，同比增长2.9%；离职退休职工参保人数为11798万人，同比增长7.0%。2018年，城镇职工基本养老保险参与率为69.3%，参与率较上年提升0.4个百分点。2013—2019年，中国社会基本养老保险基金收入保持稳定增长趋势。2018年，全国社会基本养老保险基金收入为55005亿元，同比增长18.0%，其中城镇职工基本养老保险基金收入为50145亿元，同比增长17.2%。联合国将65岁及以上老年人口占比超过7%或60岁及以上人口占比超过10%作为进入老龄化社会的标准。按照这一标准，中国自2000年开始进入老龄化社会，2018年，我国60岁及以上老年人口规模为2.49亿人，占总人口比重达到17.9%，2019年我国60周岁及以上人口25388万人，占总人口的18.1%，65周岁及以上人口17603万人，占总人口的12.6%。从目前的趋势来看，未来中国老龄化速度会以较高斜率上升，"十四五"期间中国或进入中度老龄化社会，2030年之后65岁及以上人口占总人口的比重或超过20%，届时中国将进入重度老龄化社会。随之，养老和退休保障体系负担加重，财政补贴金额不断上升，养老金短缺将成为政府面临的最棘手问题。伴随着中国人口老龄化加速，领取养老金的退休人口数量将上升，缴纳养老金的职工人数占比将下滑，未来社会基本养老基金收支结余将会收窄。如此庞大的收支运行体系需要不断地扩大社保范围，增加保费投资的收益才能维持这一制度的维护和运行，其中缴费周期长的年轻农民工群体就是社保收益的重要来源，这对缓解社会保障资金压力起到关键性作用。另外，政府没有承担相应的责任。对于社会保障制度，政府仅担当部分组织责任，对于社保基金的最低限度的保证以及基金的创收不承担任何责任，进城务工人员的社保基金根本得不到政府的补贴，反而用自己的收入来支援城市社保机构的运作，这很容易导致务工人员对政府缺乏信任感和对形同虚设的社保制度产生抵触和厌恶感，不利于社保制度的开展和实施。

第四，全国社会保障体系监管滞后、监管力度不够，不能很好地与劳动力市场制度结合起来。主要表现为相关法律、法规和约束力发挥作用的效率低下。直到2011年中国还没有一部权威的、一致的有关社保的法典。原有的社会保障法规显现出很多缺陷：暂时性政策较多且随意变动性较大，区域与区域之间、产业与产业之间很不一致性，中央和政府监管机制不健全，其中收支盈余方面很不透明，存在地方政府挪用甚至大量消费的现象，导致社保体系管理很混乱，社会保障体系运行效率低下。在社保制度中，失业保险制度与劳动力市场运行存在严重脱节问题，与积极的劳动力市场相比，失业保险制度覆盖范围窄、运行水平低、不公平现象严重等问题非常突出，所以应该把失业保险制度放到重点位置，利用后发优势不断地完善这一制度，使之与劳动力市场运行相匹配。

总之，要建立一个全国一体化的市场体系，特别是要建立一个使劳动力能跨地区、跨行业、跨产业流动的一体化劳动力市场，最重要的就是制度先行，要有一个好的制度环境，尤其是要建立较完善的社会保障体系，该体系具有公平性、灵活性强和覆盖范围广的特点。依此目标，中国的社会保障制度应该在相异地区、相异行业、相异企业之间打破分割，公平实施，在制度的规定、标准、管理以及征收方面尽量做到一视同仁。

我国劳动力市场无论是供给总量、需求总量方面、市场结构方面，还是制度方面都较不完善，还存在很多问题，劳动力市场的非均衡运行会影响经济整体和谐、稳定、健康发展，对社会进步也会带来很大阻力。因此，全面深入剖析劳动力市场的非均衡发展的根源是目前亟待解决的问题。

第三节 中国劳动力市场非均衡性计量分析

非均衡理论的实质是承认市场非均衡是常态,从市场供需失衡的现实条件出发,指出价格调节的局限性和数量调节的必要性,将数量调节和价格调节相结合来研究现实市场经济运行现状,这是一种新视角也非常具有现实意义。下面从非均衡视角实证分析中国劳动力市场。

一 实证研究模型选取

基于非均衡理论,美国经济学家费尔和杰菲等在1972年首次提出了非均衡经济计量模型,之后许多学者对非均衡模型进行了拓展和改进,例如,Quant、Zeller、Tsurumi和邹志庄等研究了回归方程中模型参数变化点的检测和检验问题,数量和价格调节问题,并建立了数量和价格调节方程。国内张世英和张忠民等总结了前人研究工作,在20世纪80年代初,系统地建立了较完整的系统变结构分析与变结构经济计量模型体系,提出了处理变结构模型的两条途径:贝叶斯途径和非贝叶斯途径,并从这两条途径出发研究线性回归模型、非线性回归模型、多状态模型和联立方程模型等。此外,张世英等针对多市场非均衡模型建模中遇到的难题:正态密度的多重积分问题,提出了模拟矩阵法和数论仿真法。通常实证分析中将非均衡模型分为样本分割已知模型和样本分割未知模型两类。

1. 样本分割未知的非均衡模型

样本分割未知是指依据短边原则判断样本范围内的需求量和供给量哪个属于交易量,短边原则 $Q = \min(D_t, S_t)$ 表示供给量、需求量与交易量的关系,这时的非均衡模型由供给函数、需求函数和短边原则下的交易量方程构成,样本分割未知的基本模型如下:

$$D_t = \alpha_0 X_{dt} + \mu_{dt}$$
$$S_t = \beta_0 X_{st} + \mu_{st} \qquad (7-1)$$
$$Q_t = \min(D_t, S_t)$$

以上三个方程依次为需求方程、供给方程和交易量方程。D_t、S_t、Q_t 分别为 t 时期的需求量、供给量和实际交易量,X_{dt}、X_{ds} 分别为影响市场总需求和总供给的外生变量,α_0、β_0 为待估参数,μ_{dt},μ_{st} 为随机误差项，$\mu_{dt} \sim N(0, \sigma_d^2)$，$\mu_{st} \sim N(0, \sigma_s^2)$ 且 μ_{dt}，μ_{st} 相互独立。

在样本分割未知的非均衡模型中，D_t，S_t 都是不可观察的量，在信息不完全的情况下，无法判断实际交易量等于供给量还是需求量。

2. 样本分割已知的非均衡模型

样本分割已知的非均衡模型包含有样本分割的标志，一般可分为定向和定量非均衡模型。

（1）定向非均衡模型。由供给函数、需求函数和短边原则确定的交易量方程构成的非均衡模型称为定向非均衡模型。基本模型为：

$$Q_t = \begin{cases} D_t(\Delta P \leq 0) \\ S_t(\Delta P \geq 0) \end{cases} \quad (7-2)$$

表示用价格的变动方向来分割样本 Q_t 的供需状态，$\Delta P = P_t - P_{t-1}$，当 $\Delta P > 0$ 时，$D_t > S_t$；当 $\Delta P = 0$ 时，$D_t = S_t$（均衡状态）；当 $\Delta P < 0$ 时，$D_t < S_t$。

定向非均衡模型通常采用极大似然估计法，基本模型为：

$$D_t = \alpha_1 P_t + \beta_1 X_{1t} + \mu_{1t} \quad (7-3)$$

$$S_t = \alpha_2 P_t + \beta_2 X_{2t} + \mu_{2t} \quad (7-4)$$

$$Q_t = \min(D_t, S_t) \quad (7-5)$$

$$Q_t = \begin{cases} D_t(\Delta P < 0) \\ S_t(\Delta P > 0) \end{cases} \quad (7-6)$$

其中，X_{1t}，X_{2t} 是除了价格 P_t 以外影响需求和供给的外生变量向量，$\mu_{dt} \sim N(0, \sigma_d^2)$，$\mu_{st} \sim N(0, \sigma_s^2)$，且 μ_{dt}，μ_{st} 相互独立。此时交易量的条件概率密度是：

$$g_{1t} = h(Q_t = D_t) = \frac{\int_{Q_t}^{\infty} g(D_t, S_t) dS_t}{r_t} = \frac{f_1(Q_t) F_2(Q_t)}{r_t}$$

$$g_{2t} = h(Q_t = S_t) = \frac{\int_{Q_t}^{\infty} g(D_t, S_t) dD_t}{1 - r_t} = \frac{f_2(Q_t) F_1(Q_t)}{1 - r_t}$$

其中，$g(D_t, S_t) = f_1(D_t) f_2(S_t)$ 为联合概率密度函数，g_{1t}、g_{2t} 是当 $\Delta P < 0$ 或 $\Delta P > 0$ 时 Q_t 的条件概率密度，于是式(7-3)、式(7-4)、式(7-5)、式(7-6)的似然函数为：

$$L = \prod_{\Delta P_t < 0} g_{1t} \prod_{\Delta P_t < 0} g_{2t} \left[\prod_{\Delta P_t < 0} r_t \prod_{\Delta P_t < 0} (1 - r_t) \right] = \prod_{\Delta P_t < 0} f_1(Q_t) F_2(Q_t) \prod_{\Delta P_t < 0} f_2(Q_t) F_1(Q_t)$$

求解似然函数 L 的最大值从而确定定向非均衡模型的相应参数。

（2）定量非均衡模型。由供给函数、需求函数，基于短边原则的交易量方程和价格调节方程构成的样本分割已知的非均衡模型称为定量非均衡模型。基本模型为：

$$\Delta P = \begin{cases} \lambda_1 (D_t - S_t)(D_t - S_t > 0) \\ \lambda_2 (D_t - S_t)(D_t - S_t > 0) \end{cases} \quad (7-7)$$

式（7-7）称为价格调节方程，表示价格变动是过度需求 $D_t - S_t$ 的函数，λ 为价格调节的未知参数。除了受到市场供给和需求的影响外，价格还受其他变量的影响，于是价格调节方程表示为：

$\Delta P = \lambda (D_t - S_t) + \beta X_t + \mu_t$

其中，μ_t 为随机扰动项，X_t 为前定变量向量，连同供给方程、需求方程和交易量方程构成一般非均衡模型。

定量非均衡模型通常采用二阶段最小二乘法，基本模型为：

$$D_t = \alpha_1 P_t + \beta_1 X_{1t} + \mu_{1t} \quad (7-8)$$

$$S_t = \alpha_2 P_t + \beta_2 X_{2t} + \mu_{2t} \quad (7-9)$$

$$Q_t = \min(D_t, S_t) \quad (7-10)$$

$$\Delta P = \begin{cases} \lambda_1 (D_t - S_t)(D_t - S_t > 0) \\ \lambda_2 (D_t - S_t)(D_t - S_t < 0) \end{cases} \quad (7-11)$$

这里确定性的价格调节方程代替了定向模型中的样本分割方程。

当 $\Delta P = \lambda_1 (D_t - S_t) > 0$ 时，有 $D_t > S_t$，$S_t = Q_t$，进而 $D_t = \alpha_1 P_t + \beta_1 X_{1t} - 1/\lambda_1 \Delta P_t + \mu_{1t}$ （7-12）

当 $\Delta P = \lambda_1 (D_t - S_t) < 0$ 时，有 $D_t < S_t$，$D_t = Q_t$，进而 $S_t = \alpha_2 P_t + \beta_2 X_{2t} - 1/\lambda_2 \Delta P_t + \mu_{2t}$ （7-13）

根据式（7-12）和式（7-13）组成联立方程组，利用二阶段最小二乘法来估计模型参数。定量非均衡模型的二阶段最小二乘法利用了样本的全部数据估计模型参数，且估计量是一致估计量。

3. 市场聚合条件下的非均衡模型

对宏观市场的分析，离不开对构成它的微观市场及其相互关系的考察，这样的细分法有助于详细研究各微观市场的运行现状，将细分后的微观市场进行聚合就能达到对宏观经济的整体认识。但是，从宏观角度看，市场结构缺陷、制度性分割，以及交通区位等的制约导致微观市场的供需失衡信号很难有效地传递到另一个要素市场中，宏观市场上同时存在没有充分实现意愿交换的需求者和供给者。聚合后的宏观市场不再遵循自愿交易和市场效率原则，经济中同时存在宏观总量和宏观结构非均衡，市场最终的实际交易量小于有效供给或有效需求。目前，有关非均衡市场聚合研究主要有两种形式的市场聚合方程：

（1）CES[①]型指数形式的聚合方程。CES型指数形式的聚合由 Lambeit 提出，他通过对微观经济市场的供给函数和需求函数采取对数形式，最终得到的聚合函数具有可控性和平滑性，具体形式如下：对第 i 个微观市场的对数处理得到非均衡模型为：

$$\ln d_t = \beta_{1i} X_{1i} + \varepsilon_{di} \qquad (7-14)$$

$$\ln s_i = \beta_{2i} X_{2i} + \varepsilon_{2i} \qquad (7-15)$$

$$\ln q_i = \min(\ln d_i, \ln s_i) \qquad (7-16)$$

式 (7-14)、式 (7-15)、式 (7-16) 中的各参数含义与定量非均衡模型中的含义相同，这里只是表示第 i 个市场的情况。将所有的微观市场进行积分加总后，得到宏观市场的实际交易量，该交易量满足：

$$Q_t = (D^{-\rho} + S^{-\rho})^{1/\rho} \qquad (7-17)$$

其中，D、S、Q 分别为宏观总有效供给、有效需求、实际交易量，ρ 度量宏观市场的市场有效程度的因子。在现实经济中，ρ 度量宏观市场偏离短边原则的程度，ρ 值越大宏观市场越有效，市场运行状态越接近遵循"短边原则"的微观市场运行状态。反之成立。因此，当 $\rho \to \infty$ 时，宏观市场严格遵循短边原则，此时的市场总量和结构缺陷将消失。市场状态表现为：$Q \leq \min(D_t, S_t)$，且 $Q = \lim_{x \to \infty}(D^{-\rho} + S^{-\rho})^{1/\rho} = \min(D_t, S_t)$。

（2）双曲线形式的聚合方程。双曲线聚合方程由学者 Burkett 于 1988 年提出，Burkett 假设宏观市场是由大量存在不同程度超额供给的

[①] Lambeit, Black, Stanley, and Harry Kelejian, "A Macro Model of the U. S. Labor Market", *Econometrics*, 1907, 38 (5): 712–741.

微观市场组成，如果这些微观市场同时同向增加需求，最终结果是减弱超额供给$[(S-Q)/S]$的程度和增加超额需求$[(D-Q)/D]$的程度，曲线$(S-Q)/S$和曲线$(D-Q)/D$的相对变化近似于等轴双曲线，表达式：

$$[(S-Q)/S] \cdot [(D-Q)/D] = r'z \qquad (7-18)$$

式（7-18）中，r'为待估系数向量，z为市场短缺量的变化向量。令$r^2 = r'z$，求解式（7-18）可得双曲线聚合方程为：

$$Q = \frac{D+S}{2}\left[\frac{(D+S)^2}{4} - (1-r'z)DS\right]^{\frac{1}{2}} \qquad (7-19)$$

其中，D、S、Q的经济含义与前文相关变量的解释相同，且对任意r，此聚合方程满足：$Q \leqslant \min(D, S)$，$\lim_{r \to 0} Q = \min(D, S)(r \geqslant 0)$，当$r = 0$时，$Q = \min(D, S)$。

经济含义：CES型指数聚合方程和Burkett双曲线聚合方程具有相似的经济解释，双曲线聚合方程中r的作用等同于CES聚合方程中ρ的作用，r度量市场聚合程度和宏观市场效率，r^2越小，市场效率越高和市场结构"摩擦"程度越低，宏观市场交易总量越接近于遵循短边原则的微观市场交易量，市场上供给和需求同时存在超额供给或超额需求的程度越小。可见，满足条件$Q \leqslant \min(D, S)$比宏观短边原则$Q = \min(D, S)$对现实经济问题的解释力更强。相比较来说，双曲线聚合方程更适用于经济问题以及在实证分析中的可操作性更强。因此，针对我国长期存在的宏观总量失衡和结构失衡的现状，本书采用双曲线聚合方程分析劳动力市场的非均衡问题。

最早建立有关劳动力供求的经济计量模型的是Mosbaek[1]，他研究了沥青煤产业中劳动力供给和需求模型，并用最小二乘法对模型进行了估计。但事实上，在这种假设的前提下用OLS估计是不恰当的，因为他没有将劳动力市场非均衡性考虑进去。之后Black等[2]基于利润最大化原则建立了CES生产函数模型，B-K模型假定劳动力市场非均衡是

---

[1] Mosbaek, Ernest, "Fitting a Static Supply and Demand Function for Labor", *Weltwirtschaftliches Archiv*, 1959, 82 (1): 133–146.

[2] Black, Stanley, and Harry Kelejian, "A Macro Model of the U.S. Labor Market", *Econometrica*, 1970, 38 (5): 712–741.

存在的,且将工资调整机制引入非均衡模型,并用二阶段最小二乘法对该模型进行了估计。Lucas 和 Rapping's（L-R）[1][2] 建立了聚合劳动力市场模型,重点分析了影响劳动力供给和需求的因素,以及失业率在模型中的作用。Harvey 和 Richard[3] 在 L-R 模型的基础上建立了一个较完整的具有聚合效应的线性非均衡劳动力市场计量模型,该模型由四个联立方程组成,包括劳动力实际交易量方程、劳动力供给和需求方程、真实工资调整方程,并且采用极大似然法进行估计,模型的具体形式为:

$$\ln L_t^D = \alpha_0 + \alpha_1 \ln W_t + \alpha_2 \ln Q_t + \alpha_3 N + \varepsilon_{1t} \tag{7-20}$$

$$\ln L_t^S = \beta_0 + \beta_1 \ln w_{nt} + \alpha_2 \ln A_t + \alpha_3 \ln M_t + \varepsilon_{2t} \tag{7-21}$$

$$\ln L_t \leq \min(\ln L_t^D, \ln L_t^S) \tag{7-22}$$

$$\ln w_t - \ln w_{t-1} = \gamma (\ln L_t^D - \ln L_t^S) + \gamma_2 V + \varepsilon_t \tag{7-23}$$

其中,L_t^D 表示 t 时期经济生产中劳动力的雇用量;L_t^S 表示 t 时期经济生产中劳动力的供给总量;Q_t 表示历年国内生产总值;W_t 为 t 时期经济生产中工人的平均工资;N 为规定时期内的技术进步状况;M_t 表示历年人口总量;w_t 为 t 时期劳动者的净工资收入,A_t 表示 t 时期劳动者的年均纯收入;L_t 为 t 时期劳动力市场的实际交易额,该交易额遵循短边原则;V_t 为 t 时期影响工资调整的其他外生因素。

本书对 L-R 模型进行了拓展,将人力资本因素嵌入该非均衡模型,并对中国劳动力市场进行了实证分析。其中,用人力资本存量代替模型中的变量 N,理由是:一方面促进技术进步的主要动力来源于高技术水平的人才,人力资本水平通过劳动者行为表现出来,人力资本水平是科技发展的关键要素;另一方面本书是对具有人力资本因素的劳动力市场非均衡问题做研究,引入人力资本因素符合本书的内容安排。

---

[1] Lucas, Robert, and Leonard Rapping, "*Real Wages, Employment and Inflation*", in Edmund Phelps (ed.), *Microeconomic Foundations of Employment and Inflation Theory*, New York: W. W. Norton and Co., 1970.

[2] Lucas and Rapping (1970), "Provide a Concise Summary, of Attempts to Estimate Labor Supply Functions Prior to the Late 1960s", Summaries of Some of the Best Examples of Work on Labor Supply Since then Can be Found in Hall (1973), The Literature on the Demand for Labor is Discussed by Nadiri, Rosen (1974) and Hamermesh (1976).

[3] Harvey S. Rosen and Richard E. Quand, "Estimation of A Disequilibrium Aggregate Labor Market", *The Review of Economics and Statistics*, Vol. 60, No. 3 (Aug., 1978), pp. 371–379.

二 我国劳动力市场非均衡性实证分析

由于本书分析引入人力资本因素的劳动力市场的非均衡性问题，根据已有文献（唐家龙，2009）[①] 实证分析结果显示，1952—1977年，我国人力资本水平的外部效应还没有显现，人力资本更多地体现为与普通劳动力的结合，作为生产要素投入生产过程中。从改革开放后，人力资本带来的外部性越来越明显，对市场供求关系的作用力也越来越强。因此，本书接受唐家龙的观点，将人力资本因素作为一个主要的影响因素嵌入劳动力供给模型和需求模型中进行全面分析。

基于上述理论模型概述，本节利用统计数据定量分析劳动力市场的供需失衡和结构性失衡现状，揭示劳动力市场非均衡运行的实质。

1. 数据描述

本书分析对象的参数来源于历年统计年鉴中的宏观经济数据。GDP数据采用历年综合国内生产总值。我国从1978—2010年的不变价GDP均值为9762.7亿元，GDP总值从3645.2亿元增加到401202亿元，年度平均增长率为8.34%。其中，1979年同比增长率处于最低峰值，1994年为同比增长的最高峰，1983年、1984年发生了改革开放后的第一次通货膨胀，1986年、1987年经济波动背景导致又一次通货膨胀，更严重的通货膨胀是出现在1993年、1994年，当时的通货膨胀率接近25%，2006年、2007年也出现了经济高速增长的状况。这几次大的经济波动都是与高投资密切相关。但总体来看，改革开放后，我国GDP保持了相对平稳的增长速度。2019年我国国内生产总值990865亿元，接近100万亿元，按照年平均汇率折算达到14.4万亿美元，稳居世界第二。人均国内生产总值70892元，按年平均汇率折算达到10276美元，突破1万美元大关，实现新的跨越。当前仍面临经济下行压力，还会进一步采取措施，今年经济稳定增长可以预期。

我国1978—2010年人口总量由96259万人增加到134091万人，总人口年均增长率为7.2%，其中经济活动人口在1978年为40682万人增加到2010年的78388万人，年均增长率为3.78%。全国就业人员从1978年的40152万人增加到2010年的76105万人，平均从业人员为

[①] 唐家龙：《中国经济增长的源泉》，博士学位论文，南开大学，2009年。

47371万人，年平均增长率为2.43%，低于同期GDP增长率。可以看出，改革开放后，我国劳动力增长率保持稳定状态。2019年年末中国大陆总人口140005万人，比上年年末增加467万人。2019年我国城镇常住人口84843万人，比上年年末增加1706万人；乡村常住人口55162万人，减少1239万人。近年来，我国城镇化率持续增长，推动农村人口涌向城市，农村居住人口和农业从业人员将大幅下降。中国城市化率从1990年的26.44%持续上升到2019年的60.60%，与发达国家还有一定距离，但远超同期印度水平。未来几年中国城镇化率将持续增长，城镇化的速度将继续平稳下降，预计到2035年，中国城镇化比例将达到70%以上。1978—1882年我国劳动力增长率基本平稳增长，1983—1985年出现增长高峰期，之后一直保持平稳趋势，到2005年出现了劳动力增长的低谷。2019年，16—59周岁的劳动年龄人口89640万人，占总人口的比重为64.0%；60周岁及以上人口25388万人，占总人口的18.1%，其中65周岁及以上人口17603万人，占总人口的12.6%。综合来看，改革开放以来，经济的快速发展刺激劳动力需求增加，但是经济增长并不意味着就业能同比例增长，我国的就业增长率呈逐渐下降趋势，表明经济发展过程中每创造一个增量的价值所需要的劳动增量变小了，这也表明经济增长中劳动含量逐渐下降，资本（包括物质资本和人力资本）的相对比重不断加大，劳动生产率不断提高，我国经济的资本密集程度逐渐增加，就业结构也随之改变。

  人才是经济增长的关键，依附于人身上的人力资本水平是科技进步的动力。根据人力资本理论，教育是劳动者报酬和人力资本水平的重要影响因素。工资方程中的教育回报系数体现了教育对个体工资的平均影响，事实上，教育不仅仅能提高个体的知识水平，也能促进个体其他多方面能力的提高，还可能降低个体在劳动力市场中所受的歧视。改革开放以后，中国在人力资本的投入方面取得了很大进步，加大教育投入力度，收入差距在不同教育层次较明显，鼓励了人们进行更多的人力资本投资，最终提高了人口素质和促进经济发展，但是一些盲目的投资造成了高校毕业生就业困难问题。到2011年，中国对大专以及大学毕业生的需求比重分别是-2.2%和-0.2%，相应的求职比重为17.2%和5.6%，求人倍率分别为0.83和0.81，处于明显的供过于求的状况。

2018年大学毕业生的就业率为91.5%。其中，本科毕业生和高职高专毕业生就业率分别为91.0%和92.0%，两者的"受雇工作"的比例分别为73.6%和82.0%，毕业生待就业比例分别为4.2%和7.5%。通常主要用人力资本存量水平度量一个国家或一个地区的人力资本水平。有关人力资本存量的度量方法主要包括两种：从人力资本产出角度和人力资本直接投入角度度量，前者主要采用劳动者报酬法，即用劳动者的平均劳动所得来衡量劳动者身上所蕴含的人力资本存量；后者使用的方法主要有学历指数法、教育经费法、受教育年限法，其中受教育年限法依据学历水平的不同将劳动者归类，然后对不同层次劳动者的受教育年限进行加权求和。有关人力资本存量的估算方法到目前为止还没有形成统一的标准。本书使用的人力资本存量是依据Goldsmith（1951）永续存盘法估出的，该方法起始于对物质资本存量的估算。国内学者钱雪亚[①]将平均教育水平作为人力资本的替代变量，利用永续存盘法得到与物质资本相似的人力资本存量估算结果。本书利用该结果，获得1978—2010年人力资本存量水平序列，从而得到人力资本存量水平和人力资本存量增长率。从估算结果看，我国1978—2011年人力资本的平均增长率为2.18%，2017年，中国人力资本总量按当年价值计算为1934万亿元，其中，城镇为1587万亿元，农村为347万亿元，分别占人力资本总值的82%和18%。1985—2017年，中国人力资本总量增长10.37倍，年均增长率是7.58%。近十年（2007—2017年）的年均增长率为7.34%，其中城镇人力资本总量的年均增长率为8.48%，而农村为3.66%。全国劳动力人口的平均受教育程度从6.2年上升到了10.2年，其中城镇从8.2年上升到了11.1年，乡村从5.6年上升到了9.0年。全国劳动力人口中大专及以上受教育程度人口占比从1.3%上升到了17.6%，其中城镇从4.7%上升到了26.7%，乡村从0.2%上升到了5.5%。特别是随着教育体制、结构以及制度逐渐改进和完善，我国受教育年限基本保持逐年稳定提高的态势。

从居民收入和消费水平看，我国城镇居民人均可支配收入在1978年为343.4元，到2011年人均可支配收入总额为19109元，年均增长

[①] 钱雪亚：《中国人力资本水平再估算（1995—2005）》，《统计研究》2008年第12期。

率为7%，而农村居民的人均纯收入从1978年的133.6元增加到2011年的5919元，年均增长率为8.3%。2019年全国居民人均可支配收入30733元，城镇居民人均可支配收入42359元，农村居民人均可支配收入16021元，1978—2011年全国居民平均消费水平由184元增加到9098元，居民消费率在1978年为48.8%，1982年消费上涨到68.7%，而1990年比1982年降低了7.4个百分点，1994年和1995年又降低至57%左右，1997年又比1990年下降1.4个百分点，此后稍微有增长，但增长极为缓慢。近十年来，我国的居民消费率平均为54.41%，2009年下降到历史最低点48%，与前20年相比下降了7个百分点，比世界平均消费率（78%左右）低了20多个百分点。2019年全国居民人均消费支出21559元，其中，人均服务性消费支出9886元，占居民人均消费支出的比重为45.9%。城镇居民人均消费支出28063元，农村居民人均消费支出13328元，全国居民恩格尔系数为28.2%，其中城镇为27.6%，农村为30.0%。总体来看，我国消费率总体趋势是下降的，且城镇居民消费率明显高于农村居民消费率。

2. 模型选取和实证分析

本章采用的是双曲线型聚合方程对非均衡劳动力市场进行实证分析，其原因是该模型能够更好地拟合我国特有的劳动力市场现状，从宏观劳动力市场角度看，我国劳动力市场存在市场结构缺陷，市场常态是短缺和过剩并存或交替出现，是具有典型聚合效应的市场。因此，基于前述的双曲线聚合方程，结合劳动力市场交易量方程、有效需求方程和有效供给方程，构建对数化联立方程计量经济模型：

$$\ln L_t^D = \alpha_0 + \alpha_1 \ln GDP_t + \alpha_2 \ln W_t + \alpha_3 \ln H_t + \mu_{dt} \qquad (7-24)$$

$$\ln L_t^S = \beta_0 + \beta_1 \ln P_t + \beta_2 \ln w_t + \mu_{st} \qquad (7-25)$$

$$\ln Q_t = \min(\ln L_t^D, \ln L_t^S) \qquad (7-26)$$

其中，模型中所有变量采用自然对数形式，劳动力的雇用量 L_t^D 采用 t 时期全国就业人员年末总数；GDP_t 是 t 时期国内生产总值；W_t 为 t 时期从业人员的平均工资；H_t 是 t 时期人力资本存量水平；劳动力的供给总量 L_t^S 使用 t 时期经济活动人口总数；人口总量 P_t 使用各年总人口数；总的纯收入水平 w_t 使用各年城镇居民和农村居民的总纯收入；Q_t 为 t 时期劳动力市场的实际交易额，该交易额遵循短边原则。所用宏观数据的样本空间范围为 1978—2010 年,数据来源为《中国统计年鉴》《中国劳动统计年鉴》《中国劳动和社会保障年鉴》《人口和就业统计年鉴》。运用统计软件 Eviews 6.0 对上述时间序列数据进行回归分析,估计模型的参数系数。

(1) 劳动力需求方程估计。由于样本统计数据具有时间趋势,首先对国内生产总值、平均工资、人力资本存量和就业人员总数进行单位根和协整性检验,可知各变量经过一阶差分后的 ADF 统计值均小于临界值,拒绝原假设,各变量均为一阶单整的平稳时间序列,且就业人员与国内生产总值、平均工资、人力资本存量存在长期的稳定关系。然后用广义差分法修正模型的序列相关问题:一阶自回归修正系数为 AR(1),采用方差膨胀因子检验,算出的 VIF 分别为 5.56、7.69、8.33、3.71,各值均小于 10,则说明该模型不存在多重共线性。修正以后的估计结果具有较好的可靠性,回归结果见表 7-1。

表 7-1　　　　劳动力市场需求方程回归结果(样本量 n = 34)

情况		$H = 1$ 的情况			$H > 1$ 的情况			
项目	估计结果	常数项	$lnGDP_t$	lnW_t	常数项	$lnGDP_t$	lnW_t	lnH_t
lnL_t^D	估计值	9.1136	0.5171	-0.424	1.492	0.0885	-0.127	0.7419
	t 值	88.405	6.3728	-4.532	3.136	2.8202	-3.004	16.764
	R^2				0.99816	0.950818		
	adjusted R^2	0.947034			0.997546			
	AIC	-3.0778			-6.3645			
	DW 统计量	2.027054			2.122057			
	F 统计量	251.3225			1627.002			

为了考察无人力资本因素和有人力资本因素两种情况下劳动力市场的非均衡特征,这里就两种情况分别作了回归。可以发现,劳动力市场需求方程无论是否含有人力资本因素,模型整体都通过了统计检验,F 统计量的值在 $H > 0$ 和 $H = 0$ 中分别为 1627.002 和 251.3225。从偏斜率系数看,GDP 对劳动力需求的贡献在 $H = 0$ 和 $H > 0$ 情况中分别为 0.5171 和 0.0885,W_t 在两种情况中的偏斜率系数分别为 -0.424、-0.127,负值表示随着工资的上涨会导致对劳动力需求量的下降,这

符合现实状况。综合来看，当 $H>0$ 时，三个解释变量对劳动力需求的影响依次为 H_t、W_t、GDP_t；当 $H=0$ 时，解释变量对劳动力需求的影响依次为 GDP_t、W_t。说明引入人力资本因素后 GDP 和工资水平的变动对劳动力需求量的变动影响相对变小，人力资本水平对劳动力需求的影响较大，其偏斜率系数为 0.7419，提高了外生变量的整体解释力。

因此，本书认为，引入人力资本因素和无人力资本因素的模型估计存在差异，引入人力资本因素的模型的拟合效果优于无人力资本因素的模型的拟合效果，嵌入人力资本因素后提升了解释变量的共同影响力，引入人力资本因素使变量 GDP_t 和 W_t 的回归系数明显降低，但同时说明人力资本因素对劳动者就业效应发挥重要作用，在三个外生变量中起决定性作用，这说明改革开放后，我国人力资本在生产函数中被"激活"了，具有了外部效应，而且随着社会、经济的发展，以及科技水平的进步，劳动力需求方在进行劳动力选择时，越来越多注重劳动者的个人素质和人力资本水平。在无人力资本因素的情况中，经济水平是劳动力就业率的主要影响因素，其次才是劳动者的工资水平。所以，在政策选择中，如果不将人力资本因素考虑在内，就会认为推动经济发展、提高 GDP_t 是提高就业率的关键因素。事实上，具有高人力资本水平的人才是推动经济增长和促进整体就业趋势的动力来源，提高劳动者的知识、技能、健康等整体的能力水平才是提高整体国民水平的关键，因为随着社会、经济、科技的快速发展，社会的进步不仅依靠本身独有的自然资源、物质资本等不可再生资源，在激烈的竞争中，如何取得竞争优势、如何提高生产率的最直接也是最关键的是提高劳动者的自身素质，这一点在实证分析中也得到了证实。因此，研究嵌入人力资本因素的劳动力市场非均衡问题能够更清晰地把握劳动力市场的实质性，并据此给出更全面、合理的经济政策。

（2）劳动力供给方程估计。表 7-2 给出了基于统计数据得出的 1978—2011 年不同年份我国劳动力市场供给状况。可以发现，劳动力市场供给方程整体都通过了统计检验，且拟合效果较好。F 统计量和 t 统计量也说明模型回归较好。从偏斜率系数看，P_t 和 w_t 的偏斜率系数分别为 1.27178、0.374236。这意味着目前我国对劳动力供给的影响主要还是依赖总人口数量。

表7-2　　　　劳动力市场供给方程回归结果（样本量 n = 34）

项目	统计结果	常数项	P_t	w_t
L_t^S	估计值	-83296	1.27178	0.374236
	t 值	-8.1039	13.47325	-2.463529
	R^2	0.967947		
	调整的 R^2	0.964512		
	AIC	18.52726		
	DW 统计量	2.03		
	F 统计量	281.848		

（3）劳动力价格调解方程估计。在市场经济中，价格和数量调节机制在市场运行中发挥重要作用。改革开放后，我国劳动力市场建设逐渐完善，劳动力供给和需求也逐渐实现了自由交易，价格机制逐渐成为调节供需的主要手段。因此，本书在分析劳动力市场非均衡问题时，利用真实工资调整方程式（7-23），并对其进行修正，采用工资的变化率来反映供给和需求调节部分，具体形式为：

$$\ln w_t = \ln w_{t-1} + \gamma_1 \left[(\ln w_t - \ln w_{t-1})/\ln w_{t-1} \right] \cdot L_t + \varepsilon_t \quad (7-27)$$

其中，模型中各变量取自然对数，w_t、w_{t-1} 分别为 t 时期和 $t-1$ 时期劳动力的价格；γ_1 为调节系数，反映供给和需求之差的影响系数；L_t 为基于短边原则的劳动力实际交易量；ε_t 为扰动项，一般 $\varepsilon_t \sim N(0, \sigma_t^2)$。

表7-3 给出了根据宏观经济数据得出的劳动力价格调整回归结果。调整系数 γ_1 的回归值看出价格调节机制在劳动力市场达到事后均衡中起重要作用，政府可以通过调节工资水平进行对劳动力市场的宏观调节。

（4）劳动力市场非均衡度分析。基于劳动力供给和需求的方程，选取数据进行回归，利用回归值就可以定量地计算出劳动力市场非均衡度。非均衡度的计算式为：

$$d = (\tilde{L}_t^D - \tilde{L}_t^S)/L_t \quad (7-28)$$

其中，d 为非均衡度（市场摩擦程度），L_t^D、L_t^S、L_t 为 t 时期劳动力市场的有效需求量、有效供给量和实际交易量的估计值，通常 L_t 取 L_t^D、

表7-3　　劳动力市场工资调节方程回归结果(样本量 n=34)

	统计结果	常数项	$\ln w_{t-1}$	$[(\ln w_t - \ln w_{t-1})/\ln w_{t-1}] \cdot L_t$
$\ln w_t$	估计值	-0.404345	0.982215	0.076239
	t 值	-5.096	148.3618	11.33586
	R^2		0.999666	
	$\overline{R}^2$		0.999630	
	AIC		-4.622397	
	DW 统计量		1.9982	
	F 统计量		41111.97	

L_t^S 中的较小值，非均衡度 d 的绝对值大小反映了需求和供给之间的非均衡程度，$d>0$ 为过度需求状态，$d<0$ 为过度供给状态，$d=0$ 为供给和需求平衡状态。通常非均衡度的值越大，说明劳动力市场超额需求的状况越严重；反之，非均衡度的值越小，说明劳动力超额供给的状况越严重；如果非均衡度的值趋向于0，说明市场供需趋于平衡。

表7-4给出了基于统计数据得出的劳动力市场非均衡度度量值，可以看出，1978—1991年，我国劳动力市场供给和需求总是处于供过于求和供不应求交替出现，1978—1981年我国劳动力市场处于过度供给状态，且过度供给程度逐渐降低，1982年劳动力市场出现过度需求趋势，之后1983—1988年又出现了过度供给，且这种非均衡程度有逐渐增加的趋势，1988年出现非均衡度的峰值，1989—1991年，市场又逐渐转变为供不应求的状态。过度供给和过度需求交替出现是我国劳动力市场非均衡发展的常态。改革开放以后，我国城市劳动力市场逐渐增加，使过度需求的程度逐渐缓解，这与经济政策、经济转轨、大量下岗职工，以及当时的就业政策有较大相关性。从1992年之后，我国劳动力市场基本上处于供给过剩的状态，且这种非均衡程度是不稳定的。从1995年开始劳动力供给过剩的程度逐渐减弱，但到2002年开始又出现增加的趋势。事实上，我国劳动力市场的这种明显的非均衡性，更多体现出供给大于需求的状况，劳动力市场整体交易量是偏离宏观短边原则的。这种过度供给和过度需求交替出现的非均衡状态是我国劳动力市场不完善、价格不灵活、体制不健全的一种表现。但是，相比于改革开放

前的情况，改革开放后我国持续的经济体制改革、引入市场机制、实行市场调节和计划调节相结合的经济体制和运行机制，体制和制度背景不断完善，再加上参加经济活动的微观经济主体单位能够实现自主经营、自负盈亏，能够自由选择投资机会和经营方式的自主权，承担投资风险和经营风险等，推动我国劳动力市场体系不断进步和完善。其中，工资调节机制中的计划调节逐渐减弱，市场调节逐渐成为主要的调节手段，这在劳动力价格调解方程中也有体现。

表7-4　　　　　　　　劳动力市场非均衡度

年份	非均衡度	年份	非均衡度	年份	非均衡度	年份	非均衡度
1978	-0.01319984	1986	-0.00514800	1994	-0.00628567	2003	-0.02151115
1979	-0.01835511	1987	-0.00524790	1995	-0.15679130	2004	-0.02158244
1980	-0.01279479	1988	-0.00544778	1996	-0.01036983	2005	-0.02706231
1981	-0.00763865	1989	0.02077730	1997	-0.01088513	2006	-0.01783189
1982	0.00108179	1990	0.00410817	1999	-0.01090080	2007	-0.04413111
1983	-0.01104746	1991	0.00140477	2000	-0.00824999	2008	-0.04868720
1984	-0.01078905	1992	-0.00048373	2001	-0.00658944	2009	-0.02218178
1985	-0.00479217	1993	-0.00336786	2002	-0.01926737	2010	-0.02999803

第四节　双市场非均衡性计量分析

我们知道在一个庞大的经济体系中，每个微观市场不可能独立存在、独立运行，市场与市场之间存在密切的关系，当研究市场运行体系的不均衡性时，就需要同时将其他相关市场的运行状况加以考虑，并建立多市场联立非均衡模型。但是，与单一市场的非均衡模型相比，多市场非均衡模型在建模的前提假设条件、模型估计，以及如何更真实地体现市场运行的非均衡机制等方面都比较有难度，目前有关多市场非均衡建模及实际应用还在不断探究中。本节从宏观分析角度研究消费品市场和劳动力市场构成的非均衡市场体系，建立简单的双市场非均衡模型，讨论劳动力市场和产品市场的相互关系，重点分析多市场非均衡模型的突出特点：市场间的溢出效应。因此，首先应该考虑到双市场之间的溢出效应关系和各自市场的聚合交易量。非均衡角度将溢出效应描述为一个市场的本期非均衡对其他市场非均衡的影响或一个市场上期的非均衡对本期自身或其他市场非均衡度影响，分别称为同期溢出效应和动态溢出效应，通常主要考察同期溢出效应。在非均衡模型中，溢出效应有多种表达式，本节采用交易量与有效需求之间的差来表现溢出效应，具体形式为：

$$D_i = \tilde{D}_i + \sum_{j=1}^n r_{ij}^d (Q_j - \tilde{D}_j) \tag{7-29}$$

$$S_i = \tilde{S}_i + \sum_{j=1}^n r_{ij}^s (Q_j - \tilde{S}_j) \tag{7-30}$$

$$Q_i = \min(D_i - \tilde{S}_j) \tag{7-31}$$

其中，$D_i(S_i)$ 为不同种消费品的有效需求（有效供给），$\tilde{D}_i(\tilde{S}_i)$ 为不同种消费品的理想需求（理想供给），r_i^d、r_i^s 为不同市场间溢出效应的影响系数。Q_i 是遵循短边原则的市场上实际交易额。

基于溢出效应的表达式，并采用双曲线聚合形式的建模方法，建立消费品市场和劳动力市场的双市场非均衡模型为：

$$C^D = \tilde{C}^D + r_{11}(L^D - L^S) \tag{7-32}$$

$$C^S = \tilde{C}^S + r_{12}(L^D - L^S) \tag{7-33}$$

$$L^D = \tilde{L}^D + r_{21}(C^D - C^S) \tag{7-34}$$

$$L^S = \tilde{L}^D + r_{22}(C^D - C^S) \tag{7-35}$$

两个市场的交易量为：

$$C = (1/2)(C^D + C^S) - (1/2)\sqrt{(C^D + C^S)^2 - 4r_{1i}^2 C^D \cdot C^S} \tag{7-36}$$

$$L = (1/2)(L^D + L^S) - (1/2)\sqrt{(L^D + L^S)^2 - 4r_{2i}^2 L^D \cdot L^S} \tag{7-37}$$

其中，C^D、C^S、L^D、L^S 分别为消费品市场和劳动力市场的有效需求和有效供给；$\tilde{C}^D$、$\tilde{C}^S$、$\tilde{L}^D$、$\tilde{L}^S$ 分别为消费品市场和劳动力市场的理想需求和理想供给，r_{1i}、r_{2i} 为市场间的溢出效应因子，C、L 为消费品市场和劳动力市场的实际交易量。

基于以上数理模型，以下将利用中国数据进行实证分析。

一　构建我国劳动力和消费品双市场非均衡模型

根据式（7-32）至式（7-35），本节构建能够体现中国劳动力市场和消费品市场的非均衡模型,并利用历年宏观经济数据(1978—2010年)研究两市场的非均衡运行状态。

劳动力市场的供给和需求方程仍采用上一节构建的非均衡方程,其中加入了消费品市场带来的溢出影响,并对比分析 $H=0$ 和 $H>0$ 的非均衡状态。对消费品市场的非均衡分析,除了考虑劳动力市场对其造成的溢出影响,还需考虑市场自身的供给和需求状态及其影响因子。

消费品市场作为三大要素市场(消费品、劳动力和货币市场)中的内生性要素市场,在很大程度上影响着国民经济的整体运行状况,消费品市场的非均衡必然导致劳动力市场、货币市场以及整个经济体系的非均衡,同样,消费品市场的运行也受到劳动力市场和货币市场的溢出影响。在衡量指标方面,通常从国民经济核算角度衡量消费总供给,即消费总供给等于国内生产总值扣除全社会投资总额再加上进出口额。从国内生产总值的整体分配去向来看,主要用于消费、投资和积累。随着经济的快速增长,消费品市场的供给也相应增加。所以,GDP 是决定消费总供给的一个重要因素。另外,全社会投资对商品市场起着重要作用,改革开放之后,经济增长带动投资增长,投资的需求旺盛、投资规模扩大,投资带来的消费品品种和数量增多,因此采用全社会投资作为影响消费总供给的另一个解释变量,最后引入劳动力市场的溢出影响因子。一般来说,总需求由消费、投资和出口构成,其中消费需求占总需求比重最大,本章消费需求用全社会最终消费需求表示。影响消费品需求的因素有:总收入(主要是可支配收入)高的居民倾向于较高的消费水平,具有较强的消费欲望;以货币形式进行的前期储蓄越多,意味着居民的预期消费越多,因此把居民的前期储蓄作为影响消费需求的一个解释变量;另外,商品的物价指数越高,会抑制消费者的购买需求,所以把商品的物价指数作为影响消费需求的外生变量。基于上述分析,构建消费品和劳动力双市场的宏观非均衡模型:

$$\ln L_t^D = \alpha_{l0} + \alpha_{l1}\ln GDP_t + \alpha_{l2}\ln W_t + \alpha_{l3}\ln H_t + \alpha_{l4}\ln CY + \mu_{ldt} \quad (7-38)$$

$$\ln L_t^S = \beta_{l0} + \beta_{l1}\ln P_t + \beta_{l2}\ln w_t + \beta_{l3}\ln CY + \mu_{lst} \quad (7-39)$$

$$\ln C_t^d = \alpha_{c0} + \alpha_{c1}\ln SM_t + \alpha_{c2}\ln CPI_t + \alpha_{c3}\ln ZS_t + \alpha_{c4}\ln LY + \mu_{cdt} \quad (7-40)$$

$$\ln C_t^S = \beta_{c0} + \beta_{c1}\ln GDP_t + \beta_{c2}\ln I_t + \beta_{c3}\ln LY + \mu_{cst} \quad (7-41)$$

$$\ln L_t = \min(\ln L_t^D, \ln L_t^S) \quad (7-42)$$

$$\ln C_t = \min(\ln C_t^D, \ln C_t^S) \tag{7-43}$$

式（7-38）至式（7-43）构成了较完整的中国劳动力和消费品市场的双市场非均衡模型。其中，劳动力供给方程和需求方程中的参数的经济意义与上一节类似。模型中所有变量采用自然对数形式，在消费品市场供需模型中，C_t^d 为消费品市场需求总额，在计算中，C_t^d 采用全社会最终消费需求量；SM_t 为居民总储蓄；CPI_t 为采用商品零售价格指数；ZS_t 为采用居民总收入；I_t 为采用全社会投资总额；LY_t 和 CY_t 分别为劳动力市场和产品市场给对方市场带来的溢出影响；L_t 和 C_t 分别为劳动力和消费品市场的实际交易额，该交易额遵循短边原则。在式（7-38）至式（7-43）中，由于双市场的溢出效应部分难以观测，故在计算中使用了两个替代方式近似表达溢出量：

$$(C^d - C^s)/C \approx (P_t - P_{t-1})/P_{t-1}, \text{即} C^d - C^s \approx [(P_t - P_{t-1})/P_{t-1}] \cdot C \tag{7-44}$$

P_t 和 P_{t-1} 分别为本期和上一期的消费价格指数，式（7-44）表示消费品市场对劳动力市场的溢出效应，说明消费品市场的非均衡状态可以通过物价的变化率来反映。

$$(L_t^D - L_t^S)/L \approx (w_t - w_{t-1})/w_{t-1}, \text{即} L_t^D - L_t^S \approx [(w_t - w_{t-1})/w_{t-1}] \cdot L_t \tag{7-45}$$

w_t 和 w_{t-1} 分别为本期和上一期的社会平均工资水平，式（7-45）表示劳动力市场对产品市场的溢出效应，说明劳动力市场的非均衡状态通过工资的变化率来反映。

二　模型估计和回归分析

由式（7-44）、式（7-45）可以看出，在宏观经济中，政府可以通过调节商品价格水平和劳动力工资水平对经济进行宏观调节。利用历年宏观经济数据对式（7-38）至式（7-43）的模型进行回归分析，表7-5至表7-9给出了基于宏观统计数据（1978—2012年）的双市场非均衡的整体状况。

首先，劳动力市场回归结果分析。表7-5、表7-6、表7-7给出了劳动力市场非均衡发展的回归结果。对比分析 $H=1$ 和 $H>1$ 两种情况可知，嵌入人力资本因素的模型整体拟合结果好于无人力资本因素的情况。从偏斜率系数看，加入人力资本因素后，模型解释变量对因变量的影响程度依次是人力资本水平、经济水平、工资水平和产品市场的溢出效应。相对来说，人力资本水平在劳动力就业中起关键作用，其次是国内生产总值；不考虑人力资本因素时，经济发展水平是促进就业的主要推动力；工资水平的变动与劳动力需求呈反方向变动，这与事实相符；最后是消费品市场的溢出影响，在 $H=1$ 和 $H>1$ 中溢出效应都是显著的，说明消费品市场的非均衡程度会对劳动力市场的有效供给和有效需求造成影响，即消费品市场非均衡的溢出影响导致劳动力市场的交易量偏离宏观短边原则。表 7-5 的结果显示（$H>1$），劳动力市场需求变动的主要影响因素为人力资本水平，其次为经济水平，最后是同质性劳动力数量。为了进一步看出溢出效应的变化趋势，表 7-10 给出了分段年份溢出效应值，可以看出，劳动力市场溢出效应和产品市场溢出效应都有逐渐增长的趋势，说明劳动力市场非均衡状况与商品市场非均衡状况有密切关系。因此，在宏观经济中，政府可以通过改变产品市场的供求状况来间接调整劳动力市场的供求状况，可以同时采取调整物价水平和劳动力工资水平的途径来间接或直接缓解失业状况。表 7-7 回归结果显示，解释变量对劳动力供给量的作用依次是价格、工资和产品市场的溢出影响，表示目前对我国劳动力供给的影响主要还是总人口数量的变动，产品市场的溢出影响次之。

表 7-5　　　劳动力市场需求方程回归结果（样本量 n=34）

		统计结果	常数项	$\ln GDP_t$	$\ln W_t$	$\ln H_t$	$\ln CY$
有 H 的情况	$\ln L_t^D$	估计值	5.20675	0.064157	-0.06415	0.4412	-0.0330
		t 值	12.641	6.71435	-5.38429	13.166	-4.0296
		R²	\multicolumn{5}{c}{0.99994}
		$\overline{R}^2$	\multicolumn{5}{c}{0.999978}
		AIC	\multicolumn{5}{c}{-10.94635}
		DW 统计量	\multicolumn{5}{c}{5.3152}
		F 统计量	\multicolumn{5}{c}{62548.89}

第七章 中国劳动力市场非均衡分析

表7-6　　劳动力市场需求方程回归结果（样本量 n=34）

		统计结果	常数项	$\ln GDP_t$	$\ln W_t$	$\ln CY$
无 H 的情况	$\ln L_t^D$	估计值	8.7754	0.7470	-0.659833	-0.01847
		t 值	47.38033	5.98449	-4.853935	-2.246858
		R^2	\multicolumn{4}{c}{0.962059}
		$\overline{R}^2$	\multicolumn{4}{c}{0.951711}
		AIC	\multicolumn{4}{c}{-3.0513}
		DW 统计量	\multicolumn{4}{c}{1.6747}
		F 统计量	\multicolumn{4}{c}{92.97334}

表7-7　　劳动力市场供给方程回归结果（样本量 n=34）

	统计结果	常数项	P_t	W_t	CY
L_t^S	估计值	-83770	1.2709	0.35552	0.06154
	t 值	-8.8098	14.8343	2.9094	2.81663
	R^2	\multicolumn{4}{c}{0.9862}
	$\overline{R}^2$	\multicolumn{4}{c}{0.98243}
	AIC	\multicolumn{4}{c}{17.602}
	DW 统计量	\multicolumn{4}{c}{2.0229}
	F 统计量	\multicolumn{4}{c}{261.942}

表7-8　　消费品市场需求方程回归结果（样本量 n=34）

	统计结果	常数项	$\ln SM$	$\ln CPI$	$\ln ZS$	$\ln LY$
$\ln C^d$	估计值	0.027901	0.0366544	-0.502265	0.519304	-0.006351
	t 值	0.054316	6.845729	-4.701303	6.307290	-2.0044387
	R^2	\multicolumn{5}{c}{0.99978}
	$\overline{R}^2$	\multicolumn{5}{c}{0.999715}
	AIC	\multicolumn{5}{c}{-4.6543}
	DW 统计量	\multicolumn{5}{c}{1.8089}
	F 统计量	\multicolumn{5}{c}{16932.19}

207

表7-9　　　消费品市场供给方程回归结果（样本量 n = 34）

	统计结果	常数项	lnGDP	ln*I*	ln*LY*
ln*C*^{S}	估计值	-2.4406	1.9948	0.9146	0.0202
	t 值	-7.982	18.6825	10.017	2.0724
	R^2		0.99926		
	$\bar{R}^2$		0.999063		
	AIC		-3.24807		
	DW 统计量		1.9206		
	F 统计量		4976.454		

表7-10　　　　　　　　双市场溢出效应对比分析

	1978—1988 年	1989—1999 年	2000—2011 年
α_{l4}	0.23125	0.26417	0.49015
β_{l3}	0.20109	0.17326	0.31653
α_{c4}	0.20317	0.22013	0.24167
β_{c3}	0.18911	0.20856	0.21141

结论：通过对双市场非均衡的实证研究可知，不仅引入人力资本因素的模型的拟合效果优于无人力资本因素的模型的拟合效果，而且人力资本因素带来的就业效应大于变量 GDP$_t$ 和 W$_t$ 带来的就业效应，人力资本水平效应相对比较重要。由于市场与市场之间的溢出效应，消费品市场的非均衡会对劳动力市场造成影响。因此，在政策实施中，一方面，考虑到劳动者的人力资本水平差异性，要根据劳动者的不同知识、文化、技能水平，给予劳动者合理的定位，使劳动力资源得到合理配置，提高资源的配置效率。另一方面，基于溢出影响，在政策实施中要从宏观角度把握经济问题。

其次，消费品市场回归结果分析。利用最小二乘法估计对式（7-40）和式（7-41）进行回归，回归结果见表7-8和表7-9。从偏斜率系数看，解释变量对消费品供给的影响程度依次是居民总收入、零售价格指数、居民储蓄、产品市场的溢出影响，劳动力市场对产品市场的溢出影响是统计显著的，但系数较小（取绝对值）仅为0.006351，说明溢出效应对商品供需的作用相对较小。虽然双市场都受到来自其他市场非均衡溢出的影响，但消费品市场的供给和需求主要还是受到消费品市场本身外生解释变量的影响。在表 7-9 中，外生变量对商品供给的影响依次为经济水平，投资水平和劳动力溢出影响，三个变量的系数分别为 1.9948、0.9146 和 0.0202，系数均大于零，说明国内生产总值、全社会投资总额，以及劳动力市场的溢出影响都将推动消费品供给的增加。其中，GDP 和 I 对劳动力供给变动的影响最大，这说明宏观经济稳定、健康、快速发展促使地方扩建基础规模设施，对投资的需求旺盛，这又会带动经济进一步发展，带动消费品供给增加，对劳动力的需求增加。因此，为缓解商品超额供给的状况，可以采取压缩基建规模，减少投资品的需求，紧缩银根，限制贷款为经济降温。为了刺激消费品需求的增长，可以通过增加储蓄或居民的总收入，降低商品零售价格水平等途径得到。另外，从市场摩擦因子来看，劳动力市场的非均衡运行对产品市场造成了溢出影响，这种溢出影响导致消费品市场的交易量整体偏离短边原则。从表 7-10 双市场溢出效应可以看出，劳动力市场非均衡发展对商品市场的溢出影响呈逐年增长的态势。

最后，利用模型参数估计值衡量消费品市场历年的非均衡状况，见表 7-11。可以看出，我国消费品市场长期处于明显的非均衡状态，过度需求和过度供给交替出现。1978—1980 年市场过度需求处于较高的水平，1981 年开始过度需求程度下降，逐渐转为过度供给的状况。改革开放后，经济的快速发展促使投资增加，生产规模扩大以及产品供给增加。1984—1988 年随着改革开放的继续推进，人们的可支配收入增加，消费水平提高，消费需求快速扩大，且有逐渐上扬的趋势。综合来看，我国消费品市场 1978—1989 年整体处于短缺状态。1978 年，党的十一届三中全会提出的对内经济搞活、对外经济开放总方针，为经济与市场的快速发展创造了良好的制度背景。但由于制度导致的路径依赖、计划配置的遗留，市场运行仍显僵滞，流通渠道单一，供应短缺依然存在。随着市场经济体制的推进，我国国民经济开始快速增长，有效供给能力显著增强，社会商品极大丰富，到 20 世纪 90 年代中后期，一般性消费品和生产资料普遍供不应求的状况基本结束，基础产业"瓶颈"制约的状况明显缓解，全面买方市场格局初步形成，中国经济发展进入了一个崭新的阶段，但消费品供给和需求波动性较大。1991年到2001年商品市场由供不应求的状态逐渐扭转为供过于求的局势。供过于求的状况一直持续到2005年，之后供需状态交替出现，总体呈现供过于求的平稳发展趋势。可以说，2000年至今，我国国民经济高速发展，供给能力快速扩张，尤其是轻工业生产保持了快速增长势头，工业结构调整进展顺利，主要工业消费品产量和质量明显提高，满足城乡居民生活消费不同偏好，消费者选择空间逐渐拓宽，目前，东部沿海产业结构调整到以技术为依托的生产性服务业为重，对高级人力资本的需求较高，中部、西部地区进入工业化后期和服务业相结合的阶段，其人才结构仍以初中级人力资本为主，但是对高级人才的需求也是主要趋势。消费市场的新变化主要体现在，消费结构不断升级，服务消费已占到一半，信息消费快速增长，品质化消费成为人们的普遍追求，个性化和定制化消费已成为一种时尚，消费模式不断创新，线上线下融合发展加速，供应链产业链建设加速，跨界融合发展加速，全国实物商品网上零售额同比预计增长20%以上，消费的贡献不断增强，消费对经济的贡献率超过60%，将连续六年保持经济增长的第一拉动力。

表7-11　　　　　　　　　消费品市场非均衡度

年份	非均衡度	年份	非均衡度	年份	非均衡度	年份	非均衡度
1978	0.011199841	1986	0.0257353	1994	0.07508834	2003	-0.01215805
1979	0.01290963	1987	0.01226415	1995	-0.0566968	2004	-0.02902902
1980	0.03921568	1988	0.10438024	1996	-0.0757839	2005	-0.0194553
1981	-0.0377358	1989	-0.0059072	1997	-0.0499529	2006	0.00198413
1982	-0.0009804	1990	-0.1332767	1999	-0.0041068	2007	0.02772277
1983	-0.0039254	1991	0.00783546	2000	0.01546392	2008	0.02023121
1984	0.01280788	1992	0.02429543	2001	0.00710659	2009	-0.0670444
1985	0.05836576	1993	0.07400379	2002	-0.0050403	2010	0.04352227

注：依据商品零售价格指数计算而得，由于商品实际供给、需求和交易额难以观测，因此在计算商品市场非均衡度时，使用了消费品物价指数近似表达消费品的非均衡状态，用物价变化率反映非均衡状态。

综合来看，改革开放至今，消费品市场供求格局已经发生根本性变化，主要表现为以下几点：

第一，多数商品供求平衡或供大于求。计划时期和改革开放初期商品需求过剩的状况基本不存在。据统计资料显示，"八五"时期市场上供不应求的商品仍占一定比重。"九五"时期，随着经济的发展市场上供不应求的商品逐渐被供大于求和供求平衡的商品所取代，商品"过剩"的问题出现。目前的商品市场基本上是供过于求的稳定发展状态。

第二，物价波动与商品供求波动基本一致。在计划经济时期，计划定价使多数商品的价格呈刚性，但是，随着市场化的萌芽、发展以及商品供求关系的逐渐转变，价格开始放开，在计划和市场共存的制度背景下，价格出现逐渐上涨的趋势。近年来，价格机制成为主导机制，相比于商品供不应求时的状况，物价涨幅也出现了回落走势，商品价格基本能够反映商品供求状况。

第三，消费者地位由被动转为主动。在计划经济时期，政府的配额机制使消费者的选择空间很狭窄，满意度也难以达到。改革开放后，随着市场经济的发展，商品供应日益丰富，消费者的意愿度得到了极大满足，处于主导地位的消费者可以根据自身偏好做出选择，其选择层面呈现多元化、差异化的状况。

第四，市场对生产的导向作用增强。在计划经济时期，生产者遵循计划配额进行生产，生产与市场脱节较多。现在，生产者在价格机制的作用下，按照市场供求状况进行生产，市场对生产者起导向作用。随着国民经济的整体发展和科技的快速进步，国内市场将继续呈现良好发展势头，市场发育程度将进一步完善，稳定发展是商品市场运行的主旋律。

第五节　本章小结

本章基于前几章的理论模型，结合中国当今劳动力市场的非均衡运行状况，构建劳动力单市场非均衡模型和劳动力、产品的双市场非均衡模型，然后收集宏观经济数据进行实证分析，得出回归结果并给予解释。在单市场非均衡模型中，通过实证性检验，本书认为无论是理论分析还是实证研究，引入人力资本因素和无人力资本因素的模型构建和估计都存在不同。总体来说，引入人力资本因素的模型的拟合效果更好一些，提高了模型中外生变量的整体解释力，而且凸显出人力资本因素在市场发展中的贡献。在劳动力市场非均衡度考察中，改革开放后，我国劳动力市场运行处于较明显的非均衡状态中。在双市场非均衡实证中，本书认为我国商品市场和劳动力市场之间的溢出影响很明显，且双方之间的溢出影响有逐渐增长的态势，溢出效应存在导致劳动力和消费品市场的交易量是偏离宏观短边原则的。

第八章

产业结构优化中的异质性人力资本非均衡配置分析

第一节 引言

第七章深刻地剖析了中国劳动力市场非均衡运行的本质,依托非均衡理论模型,构建具有同质性人力资本因素的劳动力单市场非均衡模型和劳动力、消费品市场的双市场非均衡模型,并进行实证分析。但现实是,中国劳动力市场非均衡运行不仅源于同质劳动力数量、人口结构、个人禀赋等问题,更多源于劳动力素质、劳动力结构以及与经济结构、产业结构之间的融合程度。伴随经济持续平稳的发展,客观存在的市场性分割和人力资本异质性特征日益突出,一方面导致低质量人力资本的产业集聚效应低,人力资本的知识溢出和空间溢出效应不足,高质量人力资本呈现区域非均衡配置,带来区域产业结构的非均衡发展。另一方面导致异质性人力资本与区域产业结构的融合性不高,较低的耦合度不利于劳动力市场的完善和区域产业结构升级调整。因此,在网络化、数字化、智能化的当今,具有同质性人力资本的传统均衡分析方法,仅从劳动力数量及同质性假设出发研究双市场的非均衡性已难以解决实际问题,本章在理论演进的基础上做了实证拓展,从人力资本异质性出发,聚焦于产业集聚和产业结构优化两个方面,实证分析三者的作用机理和交互效应,力图揭示产品市场和劳动力市场非均衡背后的本质,提高市场运行效率,促进产业结构优化。

本章结构安排：第一节引言；第二节理论和现实框架；第三节构建检验模型，选取各变量的衡量指标，并对数据和变量进行说明；第四节对异质性人力资本、产业集聚与产业结构之间的关系进行实证分析；第五节做区域差异实证分析；第六节得出结论并给予政策启示。

第二节 基于异质性人力资本的产业结构优化：理论和现实框架

一 理论框架

改革开放40多年来，中国区域经济非均衡发展影响了经济的长期稳定增长，而产业结构优化是产业间协调发展和经济社会可持续发展的关键。现阶段我国发展全局的核心是科技创新，人力资本是经济变革之根本，产业集聚能提升资源配置效率，实现人才集聚，专业人才的集聚能碰撞出创新思维，产业积聚与异质性人力资本的有效匹配可缩小区域经济差距，实现区域协调发展。产业结构优化包括产业结构合理化和产业结构高级化，产业结构合理化是指在遵循产业发展规律的基础上寻找最优产业配比，以期提升产业间的协调度；产业结构高级化是以技术推动产业结构素质和效率的提升，实现最优投入产出比。

（一）异质性人力资本内涵

异质性人力资本归属于人力资本理论，异质性人力资本的雏形源于马歇尔和熊彼特的思想，主要集中于人力资本的类型和特有的创新性，舒尔茨、贝克尔则首次明确了异质性人力资本的概念和内涵，并构建了人力资本的完整理论，强调人力资本的可增值性和创造性，认为专业人力资本和企业家的异质性决定企业的市场竞争力和可持续发展力。异质性人力资本主要体现在人力资本质量差异上。综合来看，人力资本异质性指由于健康、教育、环境等差异导致人力资本在生产能力、工作效率和社会地位上存在质的差异，人力资本的数量、质量、结构具有空间差异性。

从概念来看。如廖泉文和宋培林（2002）认为异质性人力资本具有报酬递增性和知识溢出性，具有协调判断力、创新能力和风险控制力，异质性人力资本的形成源于生活教育的费用支出和后天的知识积累。安占然（2016）认为异质性人力资本是产业链的高级生产要素，其创新性是企业的核心竞争力的来源，是产业链跃升的动力，其内涵式演进伴随着产业升级而进行。从类型来看，如台航和崔小勇（2019）将人力资本分为初级、中级、高级，从三类人力资本在技术进步中的作用，分析人力资本差异性结构对技术进步的影响，认为初级人力资本主要影响技术效率，高级人力资本更多影响实质性的技术进步和技术变化，而中级人力资本对两者的影响力不明显。Caselli 和 Coleman（2001）按照劳动力受教育程度分为初级、中级和高级人力资本，基于报酬递增性质分为同质型人力资本和异质型人力资本。杨建芳和龚六堂（2006）认为教育和健康是人力资本的主要形式，构建内生增长模型分析人力资本积累和人力资本存量对经济增长的显著影响。高远东和花拥军（2012）将人力资本分为基础型、知识型、技术型和制度型，结果显示各类人力资本通过空间溢出效应对周边区域经济有促进作用，技术型和制度型人力资本的经济增长效应不明显，基础型人力资本通过技术模仿提升收入水平和区域经济水平。罗勇（2013）根据平均受教育年限将人力资本划分为异质性人力资本和同质性人力资本，将异质性人力资本嵌入自由企业模型，结果表明，异质性人力资本在短期内降低地区专业化水平，在长期内扩大收入水平。范道津（2008）依据个人能力和社会分工不同，将异质性人力资本分为技术型人力资本、研发型人力资本和企业家型人力资本，三者对经济的作用分别呈现出分工经济效应、专业化经济效应和协作经济效应。

（二）异质性人力资本与产业集聚

集聚本质上源于企业权衡成本收益基础上进行最优化选址的现象，且呈现空间扎堆的特征。宏观来看，产业集聚是企业空间集聚布局的经济行为，其深层含义实则是产业链上生产要素的区域性集聚。Ellison 和 Glaeser（1997）首次提出协同集聚概念，以制造业产业链上下游相关集聚案例予以实证支撑。Krugman 和 Venables（1990）通过构建外围核心理论，在衡量报酬与成本基础上强调要素流动与配置在外围核心区域的均衡作用，揭示产业集聚的实质是核心要素的配置与调整过程，要素的调整与配置过程囊括了知识溢出、技能溢出、经验溢出等外部性，而外部性的重要载体是异质性人力资本。Rotemberg 和 Saloner（2000）构建区域间贸易模型来分析产业集聚与人力资本之间的关系，结论显示，产业集聚的规模效益带来成本节约和效率的提升，进而推动工资上涨，吸引人力资本集聚并进一步强化产业集聚。Alcacer 和 Chun（2013）实证分析显示，集聚和竞争具有双循环机制，集聚带来的人力资本配置效应和溢出效应，会吸引更多企业集聚从而带来更大的竞争。丁潇潇（2014）研究显示，异质性人力资本存量和集聚水平对服务业劳动生产率有积极影响，且呈现区域差异性特征，异质性人力资本存量在西部地区提升绩效较大，异质性人力资本集聚水平在东部地区的效果明显。张文武和梁琦（2011）从普通劳动力和人力资本视角分析产业空间集聚和区域收入非均衡的动态演进，结论显示产业集聚和异质性人力资本集聚存在互为因果关系，外生的制度屏障阻碍普通劳动的区域流动，高质量的人力资本流动带来区域产业集聚和收入差异的扩大。

（三）异质性人力资本与产业结构优化

产业升级通常从宏观和微观两个视角做研究。从微观看，产业升级是产业链上某个环节的提升，企业报酬提升的主要途径是先进的技术，技术引进和自主创新是提升企业竞争力的核心要素。从宏观看，产业升级更多的是关注产业结构调整和优化，包括产业价值链的调整和增值，以及由劳动密集型向资本密集型、技术密集型、知识密集型产业变化的产业转移，产业结构向网络化、数字化、智能化的升级。

产业结构优化包括产业结构合理化和产业结构高级化，人力资本是产业结构优化的质量驱动力和创新驱动力，是区域产业结构升级的核心要素。国外学者（Audretsch et al.，1996）最先研究了异质性人力资本与产业结构的关系，高技能人力资本的集聚效应能够打破经济集聚和扩散的对称均衡，促进高技能产业的地区集聚，而低技能劳动力推动产业格局均衡分布。Forslid 和 Ottaviano（2003）利用核心—边缘模型考察产业在区域间的空间非对称性分布，其前提假设为高技能人力资本流动带来产业在不同区域集聚，社会性制度阻碍低技能人力资本的流动。Bodman 和 Le（2010）认为，高端研发型和技能型人力资本的积累有助于模仿和研发新技术，产品升级带来人力资本集聚和产业集聚，进而促进产业结构高级化、合理化。Venables（2010）认为，在非对称性信息

第八章 产业结构优化中的异质性人力资本非均衡配置分析

下，异质性人力资本会进行空间技能排序，高质量人力资本会自发选择高技能区域，人力资本的集聚效应带动整个区域生产率的提高，进而促使产业结构升级。国内学者主要有以下研究，高永惠（2006）在遵循供求规律的基础上，将异质性人力资本引入供求模型，在供给上，人力资本投资促进产业结构优化；在需求上，产品质量的需求与异质性人力资本相匹配，推动产业结构的升级。王耀中（2012）认为，人力资本作为知识的载体，会动态性地吸收和创新知识，知识溢出效应促使高附加值产业发展，推动产业结构的合理化和高级化。陈建军（2014）认为，地区经济发展差异在异质性人力资本推动产业结构优化中发挥门槛效应，东部地区高技能人力资本的产业结构升级效应明显，中部、西部地区的产业结构升级主要由初、中级人力资本发挥作用。李斌（2015）实证分析了异质性人力资本对产业结构变动的影响，制度型人力资本是产业结构合理化的主要影响因素，技能型人力资本和制度型人力资本的投资能有效推动产业结构合理化。孙海波（2018）将异质性人力资本引入 Matsuyama 模型中，认为产业结构升级的主要推动力是高级人力资本，初、中级人力资本对产业结构升级的影响力较弱且不稳定，高级人力资本对产业结构的积极影响在东部地区更明显。罗勇（2019）研究显示，异质性人力资本对产业结构高级化有促进作用，与不同产业的交叉项对产业结构合理化产生负向作用，异质性人力资本会推动东部、西部地区产业结构高级化，促进西部地区产业结构合理化。江三良（2020）认为异质性人力资本积聚对产业结构升级有显著的促进作用，异质性人力资本的知识溢出效应与产业结构升级所需知识不匹配。

已有文献主要集中于人力资本、产业集聚和产业结构升级两两之间的关系，较少有研究涉及二者之间的实证探讨，而且本书前几章集中分析嵌入同质性人力资本的双市场非均衡运行，重点突出人力资本对劳动力市场的非均衡影响，模型整体构建在一定约束条件下进行，做实证检验存在一定困难。因此，本章从异质性人力资本视角出发，将研究劳动力市场拓展到研究劳动力市场和产品市场，重点分析异质性人力资本对整个产业结构的作用机理并做实证检验，力求充实相关文献，并为后续研究做铺垫，主要内容包括：第一，通过一个简洁的模型将异质性人力资本、产业集聚对产业结构优化的影响统一到一个框架下进行研究；第二，将异质性人力资本分为初级人力资本、中级人力资本、高级人力资，从宏观层面和区域层面探讨异质性人力资本对产业结构优化的影响；第三，将产业集聚分为制造业集聚和生产性服务业集聚，并与异质性人力资本相结合，探讨两者对产业结构优化的影响机制。

二 现状与问题

（一）异质性人力资本发展现状

1. 人力资本量化分析

本章异质性人力资本水平的衡量源于全部就业人员，就业人员是指在16周岁及以上，从事一定社会劳动并取得一定劳动报酬或经营收入的人员。从图8-1和图8-2可见，2000—2018年，全国就业人口总量从72085万人增加到77586万人，增幅达到7.6%，第一产业就业人员整体呈现下滑趋势，由36043万人下降为20258万人，下降了33.8%，第二产业就业人员在2012年出现一个峰值点之后逐渐下降，数量由16219万人增加到23241万人，之后下降到21390万人，第三产业就业人员逐渐增加，且增速越来越快，由19823万人增加到35938万人，增幅为81.3%。可见，全国就业人口整体上呈现均衡上升状态，第一产业就业人员占比明显下降，第二产业就业人员是先增后减态势，第三产业就业人员增速明显，到2018年第三产业就业人员达到总就业人口的几乎一半，体现出产业结构正逐步从第一产业向第二、第三产业转移。

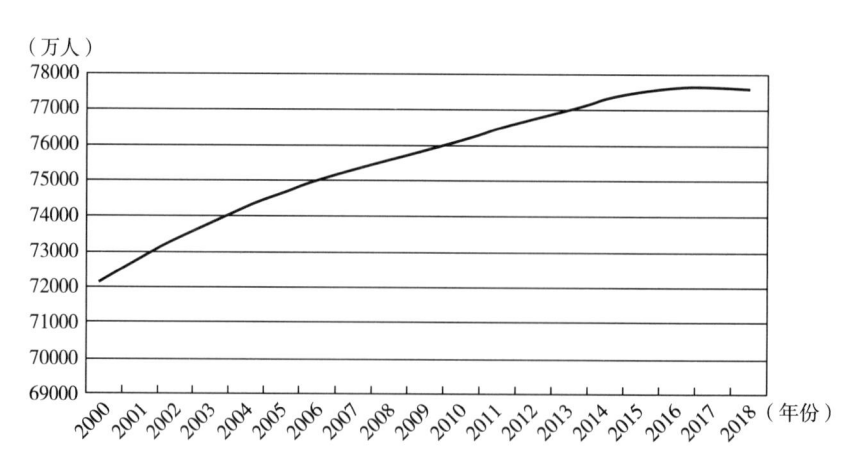

图8-1 全国就业人员数量情况

第八章 产业结构优化中的异质性人力资本非均衡配置分析

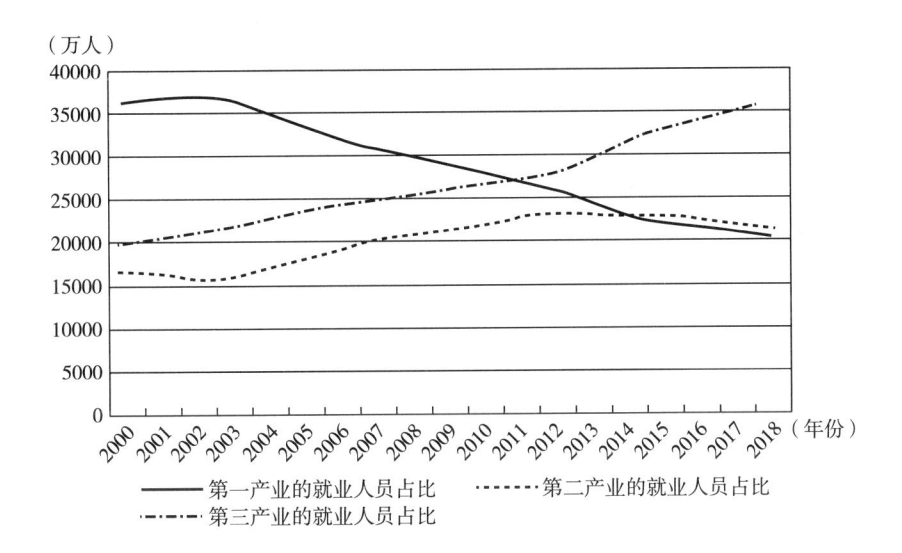

图8-2 第一、第二、第三产业就业人员数量情况

从教育程度来看（见图8-3），2004年到2018年，文盲就业人口从2045819万人下降到210127万人，研究生就业人口由150777万人增加到604368万人，本科生由1948374万人增加到5546124万人，专科生就业人口由2732645万人增加到6113560万人，高中就业人口是先增加后下降，文盲、小学、初中就业人口下降比例分别为89.7%、22.9%、35.8%。整体来看，我国就业人口中本科、专科占比增幅最大，其次是研究生就业人口，高中以下就业人口呈现明显下降趋势，说明我国人力资本存量水平整体上升，中高级人力资本就业人口增幅最大，初级人力资本就业人口数量逐渐下降，伴随着产业结构从劳动密集型向资本密集型、技术密集型、知识密集型转变，人力资本水平也在不断提升，产业结构与人力资本之间呈现螺旋式上升趋势。

2. 异质性人力资本结构化分析

第一，本章人力资本总量的核算用各地区从业人员平均受教育年限来表示。人力资本异质性分为初级人力资本，由从业人员中初中及以下人口比重构成；中级人力资本，由高中和大专人口比重构成；高级人力资本，由本科级以及研究生人口比重构成（见图8-4），2004—2018年，初级人力资本占比下降明显，由0.43下降到0.27，中级、高级人

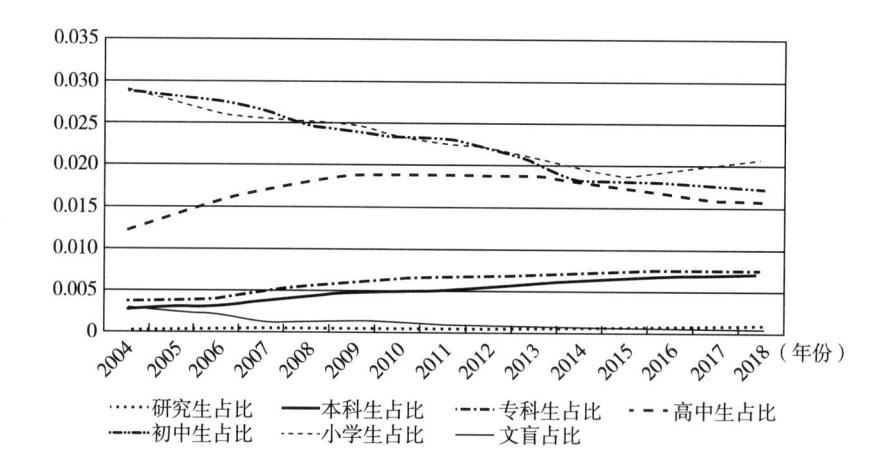

图 8-3 全国各教育层次占比

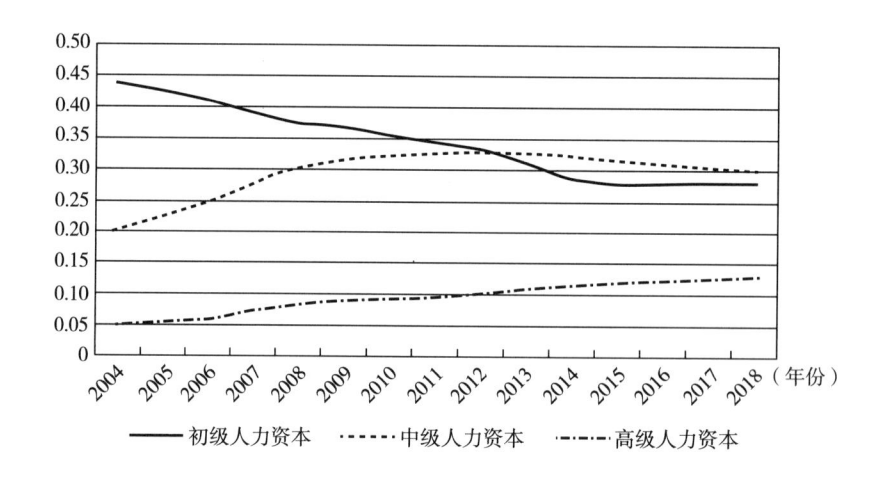

图 8-4 全国异质性人力资本占比情况

力资本整体上升，中级人力资本占比由 0.2 上升到 0.3，高级人力资本占比从 0.05 上升到 0.12。可见，在考察期间，我国人力资本水平呈上升趋势，但仍以初级、中级人力资本为主，高级人力资本占比相对较低。

第二，根据区域经济非均衡发展现状，将区域分为东部、中部和西部地区，对异质性人力资本的量化水平进行区位分析。首先，从东部地区看（见图 8-5），2004—2017 年，初级人力资本占比逐年下降，从

第八章 产业结构优化中的异质性人力资本非均衡配置分析

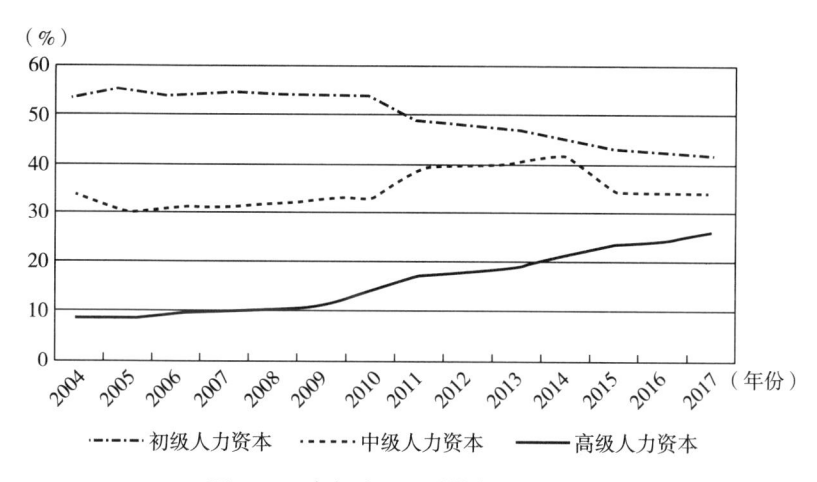

图 8-5 东部地区异质性人力资本情况

53.2%下降到41.8%，中级人力资本呈现非均衡动态演化特征，从2004年开始逐年下降，在2008年出现第一个转折点31.6%，然后逐渐增加到2014年的41.6%，之后逐渐下降并保持在34%左右，高级人力资本在2008年之后增长较快，从2004年的8.43%上升到2017年的25.7%，东部地区异质性人力资本整体呈现出以初中级人力资本为主，但异质性人力资本占比较中西部地区相对平均。可见，在经济发达的东部地区，以高端制造业和生产性服务业为主的产业结构，对中高级人力资本的需要较大，中高级人力资本的积累程度相对于中西部较高，初级人力资本数量在逐渐下降。其次，从中部地区看（见图8-6），2004—2018年，初级人力资本占比由42.6%下降到36.4%，降幅较小且占比较大，中级人力资本占比由16.6%增加到20.1%，在2009年之前平稳发展，2009—2014年有一个小幅增加，之后基本维持在20%左右，高级人力资本占比由1.93%增加到8.53%，异质性人力资本整体呈现出以初中级人力资本为主，虽然高级人力资本占比较小，但增幅最大。最后，从西部地区看（见图8-7），西部地区人力资本结构主要以初级人力资本为主，整个考察年间，初级人力资本占比呈现先增加后下降的趋势，2009年是一个增长的峰值点72.2%，之后基本保持在60%以上，中级人力资本水平在28%—37%浮动，高级人力资本增幅明显，由3.98%增加到

15.1%，西部地区的初级人力资本占比达一半以上，高级人力资本占比最少。因此，人力资本在区域间失衡性分布与地区经济和产业结构密切相关，东部地区以知识密集型和技术密集型产业为主，对高素质人力资本要求较高，高级人力资本的集聚程度也较高，处于后工业化的中西部地区承接东部地区的产业，主要以劳动密集型和资本密集型产业为主，初级人力资本占比较大，再加上经济增速较慢，薪酬水平低，生活便捷性差，导致难以吸引高技术人才的流入。反之，低人力资本水平不利于产业结构升级和优化，对先进技术的模仿和吸收能力差，创新能力不足，不利于中高端产业集聚。

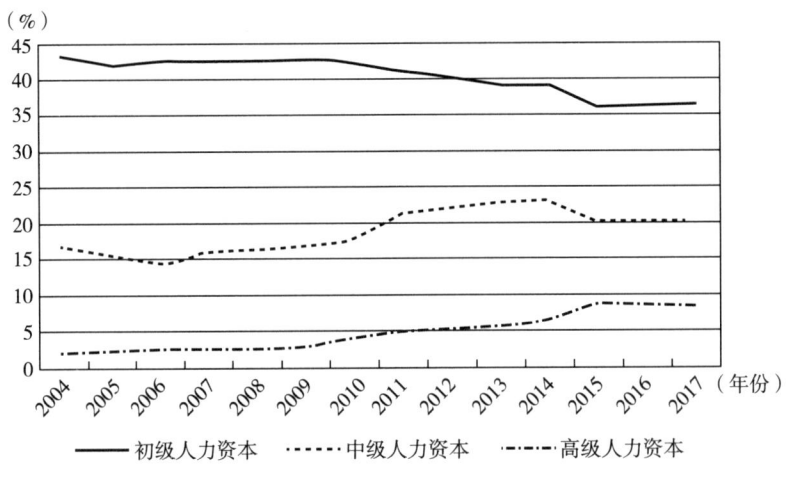

图8-6 中部地区异质性人力资本情况

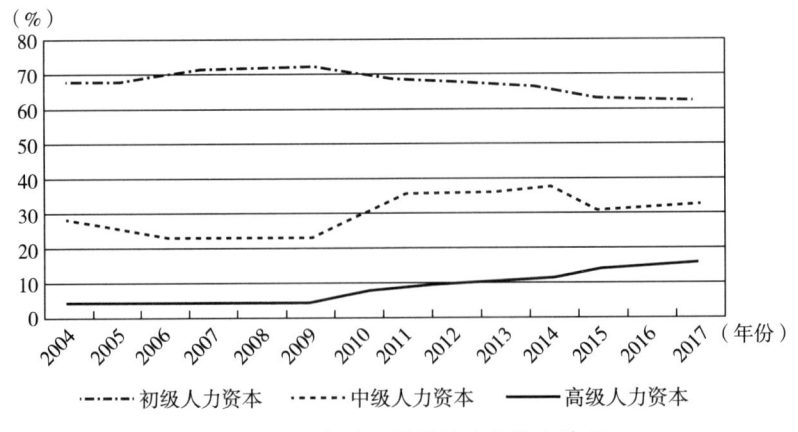

图8-7 西部地区异质性人力资本情况

第三，异质性人力资本的区域分布。首先，从初级人力资本视角出发（见图8-8），在整个考察期内，初级人力资本区域占比从高到低依次为西部地区、东部地区、中部地区，西部地区初级人力资本水平呈现倒"U"形，在2009年达到峰值72.2%，中部地区初级人力资本水平呈现平稳状态，基本维持在40%左右，东部地区初级人力资本水平有明显递减趋势。其次，从中级人力资本视角出发（见图8-9），在整个考察期内，中级人力资本区域占比从高到低依次为东部地区、西部地区、中部地区，整体呈现非均衡演化趋势，三个区域的中级人力资本占比最大值均出现在2014年，其指标值分别为41.6%、37.3%和23.1%，之后逐渐下降并在2015年恢复稳定状态。最后，从高级人力资本视角出发（见图8-10），三个区域的高级人力资本占比整体呈现增长趋势，东部地区增长最明显，其次为西部和中部地区，东部地区高级人力资本水平的增长速度是中部地区的3倍之多，其可能的原因是，东部地区先进的技术和完善的基础设施会吸引大量的高质量人力资本流入，高级人力资本的正外部性会推动区域产业结构优化和经济快速发展，中部地区和西部地区的人才流失可能源于经济欠发达，产业结构不合理，存在人力资本的"门槛效应"等。

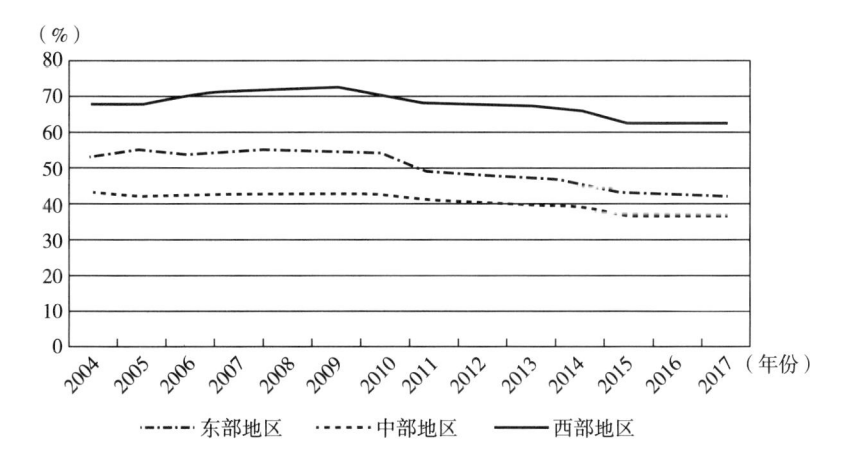

图8-8 区域初级人力资本情况

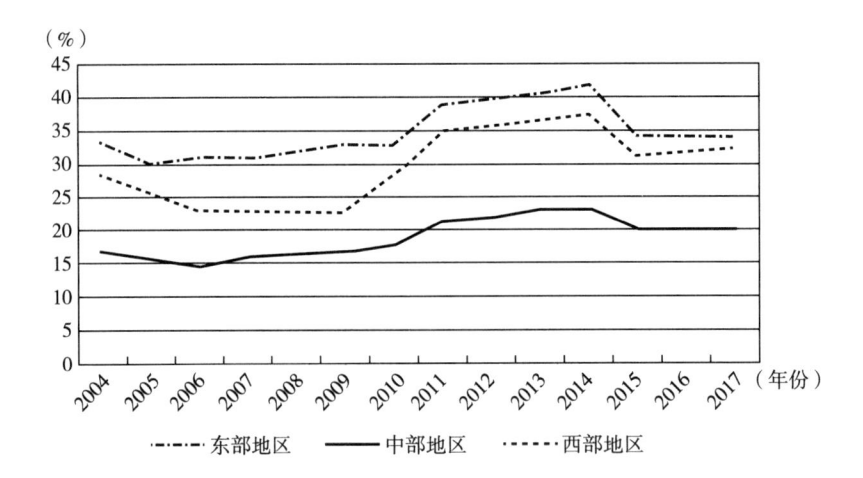

图 8-9　区域中级人力资本情况

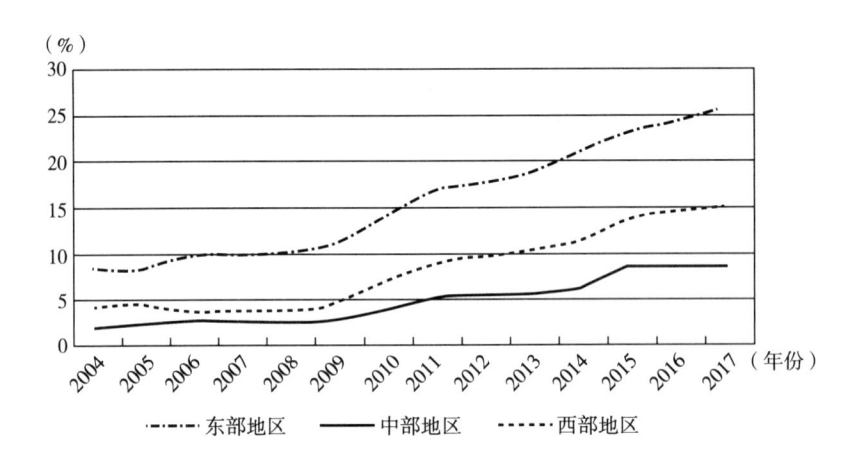

图 8-10　区域高级人力资本情况

(二) 产业结构优化现状分析

本章产业结构优化从两个方面分析,产业结构合理化和产业结构高级化,产业结构合理化用泰尔指数计算,产业结构高级化用第三产业产值占国内生产总值的比重来衡量,本部分主要分析产业增加值、产业结构优化、区域产业结构等情况。

第一,产业增加值变动情况(见图 8-11)。1996—2019 年,GDP 从 71813.6 亿元增加到 990865.1 亿元,第一产业增加值从

第八章 产业结构优化中的异质性人力资本非均衡配置分析

13878.3 亿元增加到 70466.7 亿元，第一产业增加值在 GDP 中的占比从 19.3% 下降到 7.1%，第二产业增加值从 88082.2 亿元增加到 386165.3 亿元，第二产业增加值在 GDP 中的占比从 47.1% 下降到 39%，第三产业增加值从 77430 亿元增加到 534233.1 亿元，第三产业增加值在 GDP 中的占比从 33.1% 增加到 53.9%。整体来看，第一、第二产业呈现平稳下滑趋势，第一产业增加值在 2006 年之前下降幅度较明显，2006 年之后，基本维持在 7%—10%，第二产业占比平稳下降，指标值分布在 40%—50%，在 2012 年前后，第二和第三产业增加值占比呈现反向运行，2012 年之前，第三产业增加值占比逐渐增加，第二产业增加值占比逐渐下降，2012 年之后情况相反，且第三产业增长最快。可见，在网络化、数字化、智能化背景下，我国产业结构以第二、第三产业为主，且第三产业发展很快，特别是生产性服务业。

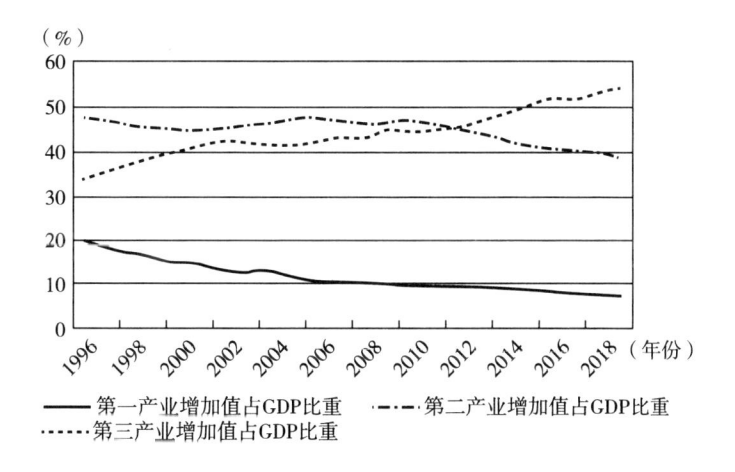

图 8-11 第一、第二、第三产业增加值在 GDP 中占比情况

第二，产业结构优化程度（见图 8-12）。2004—2017 年，产业结构合理化程度由 0.28 下降到 0.12，说明我国产业结构越来越趋于合理配置，产业结构高级化由 0.89 上升到 1.27，产业结构高级化的提升说明我国产业创新和利用先进技术的能力在逐渐提升，产业结构朝数字化和智能化方向发展，这就需要高质量的人力资本与之匹配，

拥有较高技术模仿能力、吸收能力和创新能力的高级人力资本可以推动产业结构高级化，但从目前的情况看，虽然我国高级人力资本存量在不断地提升，但仍然满足不了先进科技产业、新兴产业对其的需求，因此，在人力资本红利消失的情况下，要加大人力资本投资，增加人力资本的积累，做好专业性的培育，进一步提升异质性人力资本与产业结构的融合性。

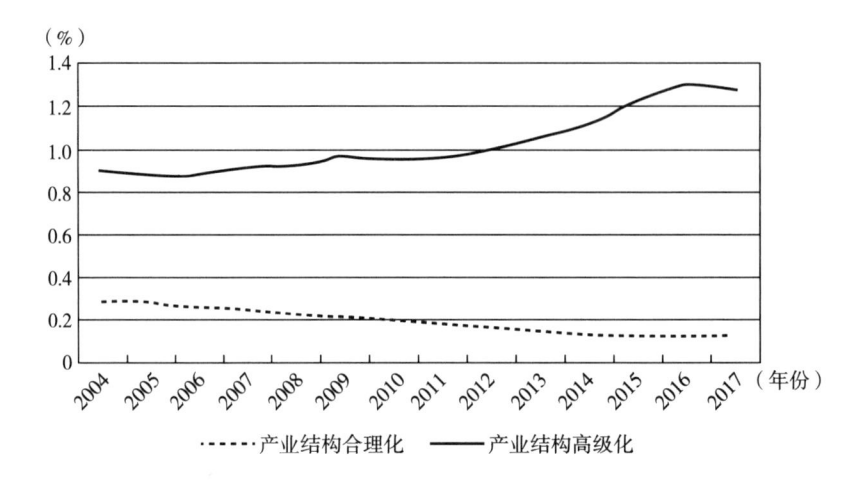

图 8-12 产业结构优化程度

第三，区域产业结构合理化程度（见图8-13）。在考察区间内，中东部产业结构合理化程度较高且逐渐提升，中部地区由1.7降到了1.36，指标值在考察期间有部分起伏但整体呈现下降趋势，东部地区由1.54降到0.92，整体的降幅不是很大，西部地区产业结构合理化指标值均在3.5以上，峰值达到4.7，说明西部地区产业结构趋于较严重的失衡状态，可能的原因是西部经济技术欠发达，一些新技术、战略性产业难以落地，原有以劳动力、资本为主的产业由于成本升高又难以继续，西部地区产业结构以农业、工业和基础服务业为主。

第四，区域产业结构高级化程度（见图8-14）。整体来看，我国区域产业结构日趋高级化，在考察期间内，东部地区产业结构高级化平稳提升，从9.23上升到15.85，中西部地区产业结构高级化程度呈现"U"形分布，均值分别在5.0和11.0以上，西部地区产业结构

第八章 | 产业结构优化中的异质性人力资本非均衡配置分析

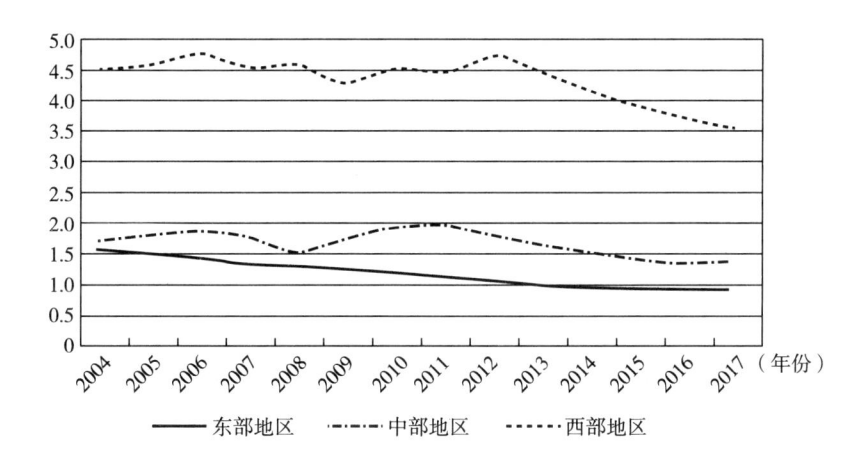

图 8-13 区域产业结构合理化程度

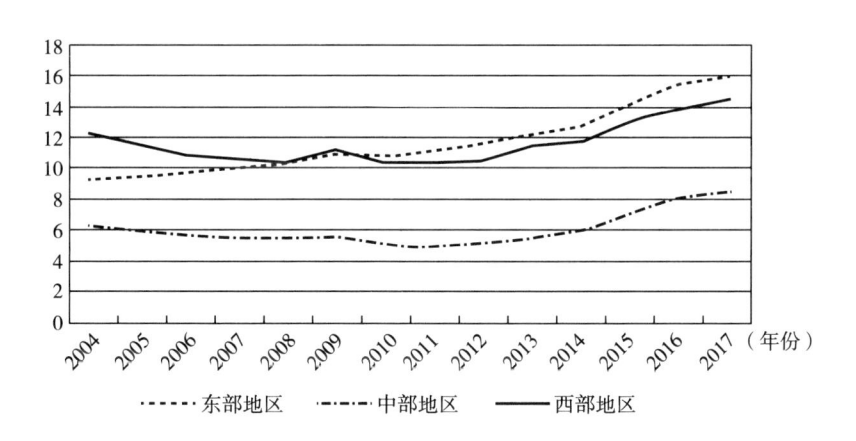

图 8-14 区域产业结构高级化程度

高级化指标值由 12.2 下降到 10.1 再上升到 14.5，西部地区的指标值较高并不一定表示其产业结构程度的高级化，因为西部地区的第二产业产值平均高于全国，产业结构高级化指标是用第三产业产值与第二产业产值的比值衡量，而且西部地区的第三产业以基础性服务业为主，工业化水平较低、农业不发达、社会发展水平较低，故西部地区产业结构实际优化程度较低。

（三）产业集聚发展现状

第一，分区域制造业集聚水平（见图 8-15）。2004—2017 年，制造业集聚水平由高到低依次是东部、西部、中部，东部地区制造业集聚水平从12.6下降到10.9，东部地区是我国制造业集中分布地带，在制造业29个行业中，文体、电子通信、服装化纤、皮毛等制造业占全国总份额的90%。中部地区制造业集聚水平整体呈现下降趋势，但下降幅度较小，从2004年的5.76下降到2017年的5.48，西部地区制造业集聚水平基本维持在8左右，中西部制造业中仅有15%能达到全国的平均值，主要以资源加工型产业为主，如烟草加工、金属冶炼、盐加工工业等，中部地区重点是运输设备业和航空航天业占比较大，中西部地区主要以资源密集型制造业为主。

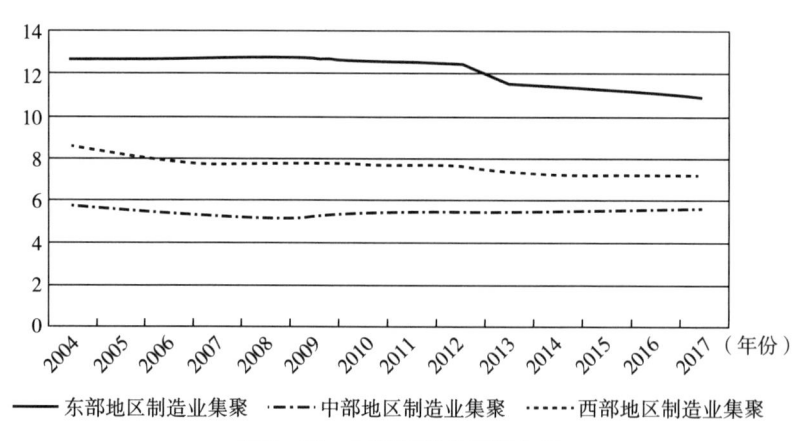

图8-15 区域制造业集聚水平

第二，分区域生产性服务业集聚水平（见图8-16）。我国生产性服务业整体水平维持在6以上，处于世界欠发达水平，反映在服务贸易中，大量进口专利、标准、知识产权软件、芯片，造成巨额贸易逆差。整体看，东部、西部地区的生产性服务业集聚水平较高，东部地区的生产性服务业发展相对比较成熟，规模比较大，一些新兴服务业也在逐步发展中，如交通运输、物流、批发、零售、金融、商务，生产性服务业属知识密集型行业，主要以科技和技术为主导，东部地区的人才结构以中级、高级人力资本构成为主，为生产性服务业集聚提供了智力支持，同时，生产性服务业集聚可吸纳大量高校毕业生，有效缓解当前劳动力结构失衡难题，促进生产性、生活性服务业的均衡发展。

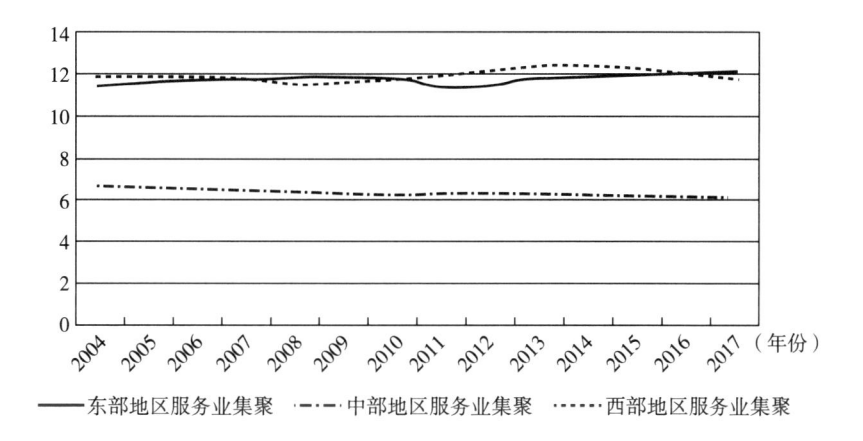

图 8-16 区域服务业集聚水平

第三，东部地区制造业和生产性服务业集聚程度（见图 8-17）。东部地区制造业集聚整体呈现下降趋势，其中 2012 年和 2013 年出现两个拐点，指标值分别为 12.47 和 11.46，在 2012 年之前基本维持在 15.5 左右，2013 年之后指标值持续平稳地下降，生产性服务业逐渐上升，集聚指标值在 11—12，东部地区的产业集聚特征源于制造业逐步向中西部地区转移，生产性服务业发展较快。首先，全面工业化深化了产业分工，许多生产企业将服务环节进行外包，信息化使企业能更好地应用数字技术，加速其连接生产、流通的能力，使其纽带性作用更加明

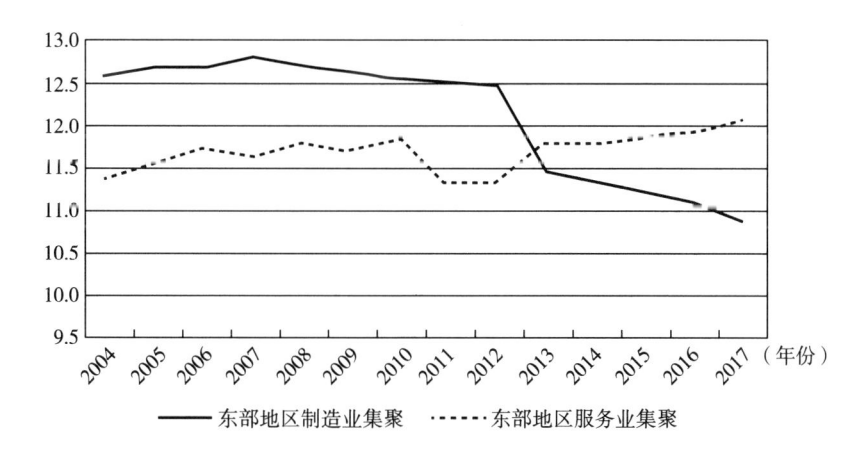

图 8-17 东部地区产业集聚水平

显,比如上海就重视科技服务业、商务服务业,以及金融、国际航运、物流等行业,正在着力打造全球科创中心、国际金融中心、国际航运中心,深圳则重视信息服务产业、创意产业、物流产业、金融业等。其次,城镇化扩大了生产性服务业的规模,推动了服务业领域的城乡一体化发展。最后,市场化激发了市场活力,使资源与要素的组合与配置更富效率,全球化的不断推进也使跨国服务企业纷纷进入中国,对本土服务业的发展产生较强的外溢效应。

第四,中部地区制造业和生产性服务业集聚程度(见图8-18)。中部地区制造业集聚水平由2004年的12.6下降到2017年的10.9,生产性服务业集聚水平相对较低,平均值为6.2左右,可能是中西部地区主要以承接东部地区的产业为主,重点发展制造业,生产性服务业发展在总体上仍滞后于经济社会发展要求,与农业、工业、贸易等联动不足,生产性服务业还处于成长期。以交通运输与物流行业为例,尽管交通运输、物流市场发展较快,但多数市场主体"小散弱",市场秩序也不够规范,公路货运存在过度竞争等问题,铁路运输则呈现出竞争不足等现象,国际快递、农产品物流、医药物流、航空物流、逆向物流等尚属发展薄弱环节。

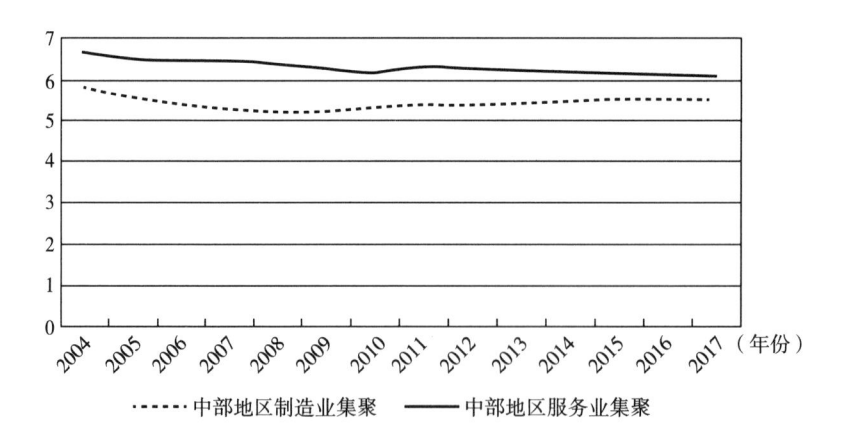

图8-18 中部地区产业集聚水平

第五,西部地区制造业和生产性服务业集聚程度(见图8-19)。西部地区制造业集聚指标值在7.5左右,生产性服务业集聚指标值在

2004年、2014年和2017年分别为11.8、12.39和11.84,西部地区产业集聚整体呈现平稳发展趋势,由于制造业利润受劳动力成本和资源承载力的影响,人力资本红利的消失和资源的枯竭加上产能过剩和产品质量不高制约了西部地区制造业的发展,2014年以来中西部地区制造业就业人数出现负增长,大量劳动力人口流向东部地区。此外,制造业是西部地区的主要支柱产业,与之配套的生产性服务业发展相对滞后是不争的事实,尤其是以知识密集型为主的生产性服务业。

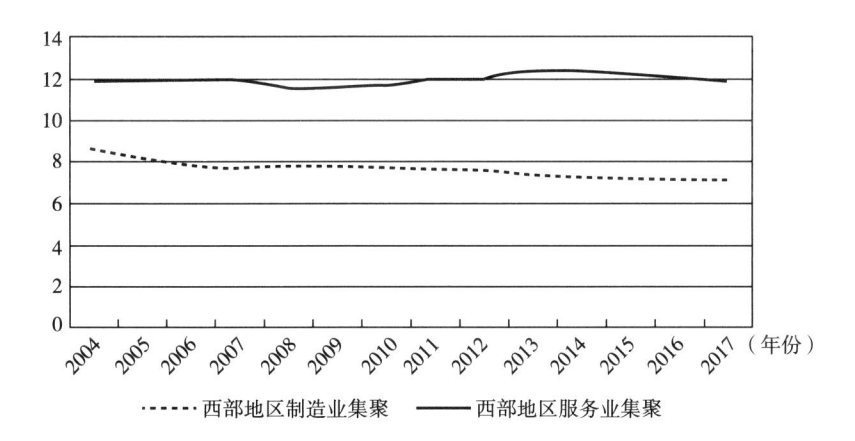

图8-19 西部地区产业集聚水平

第三节 研究设计

一 模型设定

本书构建省级面板数据分析异质性人力资本和产业集聚对产业结构的影响。

$$TI_{i,t} = a_0 + a_1 H1_{i,t} + a_2 H2_{i,t} + a_3 H3_{i,t} + a_4 A_{i,t} + \varepsilon_{i,t} \quad (8-1)$$

$$HI_{i,t} = a_0 + a_1 H1_{i,t} + a_2 H2_{i,t} + a_3 H3_{i,t} + a_4 A_{i,t} + \varepsilon_{i,t} \quad (8-2)$$

$$TI_{i,t} = b_0 + b_1 AGGM_{i,t} + b_2 AGGP_{i,t} + b_3 A_{i,t} + \varepsilon_{i,t} \quad (8-3)$$

$$HI_{i,t} = b_0 + b_1 AGGM_{i,t} + b_2 AGGP_{i,t} + b_3 A_{i,t} + \varepsilon_{i,t} \quad (8-4)$$

其中,$TI_{i,t}$表示i省份t时期的产业结构合理化指数,$HI_{i,t}$表示i省

份 t 时期的产业结构高级化指数，$H1_{i,t}$ 表示 i 省份 t 时期的初级人力资本存量，$H2_{i,t}$ 表示 i 省份 t 时期的中级人力资本存量，$H3_{i,t}$ 表示 i 省份 t 时期的高级人力资本存量，$AGGM_{i,t}$ 表示 i 省份 t 时期的制造业产业集聚指数，$AGGP_{i,t}$ 表示 i 省份 t 时期的服务业产业集聚指数，$A_{i,t}$ 表示控制变量集，$\varepsilon_{i,t}$ 表示随机扰动项。

考虑到人力资本的差异会对产业集聚产生导向作用，而产业集聚的劳动力流动会影响人力资本的配置，异质性人力资本和产业集聚的关联效应对产业结构产生影响，拟增加两者的交互项进一步分析。

$$TI_{i,t} = c_0 + c_1 H1_{i,t} + c_2 H2_{i,t} + c_3 H3_{i,t} + c_4 AGGM_{i,t} + c_5 AGGP_{i,t} + \\ c_6 H1 \cdot AGGM_{i,t} + c_7 H2 \cdot AGGM_{i,t} + c_8 H3 \cdot AGGM_{i,t} + \\ c_9 H1 \cdot AGGP_{i,t} + c_{10} H2 \cdot AGGP_{i,t} + c_{11} H3 \cdot AGGP_{i,t} + \\ c_{12} A_{i,t} + \varepsilon_{i,t} \qquad (8-5)$$

$$HI_{i,t} = c_0 + c_1 H1_{i,t} + c_2 H2_{i,t} + c_3 H3_{i,t} + c_4 AGGM_{i,t} + c_5 AGGP_{i,t} + \\ c_6 H1 \cdot AGGM_{i,t} + c_7 H2 \cdot AGGM_{i,t} + c_8 H3 \cdot AGGM_{i,t} + \\ c_9 H1 \cdot AGGP_{i,t} + c_{10} H2 \cdot AGGP_{i,t} + c_{11} H3 \cdot AGGP_{i,t} + \\ c_{12} A_{i,t} + \varepsilon_{i,t} \qquad (8-6)$$

其中，交叉项 $H1_{i,t} \cdot AGGM_{i,t}$，$H2_{i,t} \cdot AGGM_{i,t}$，$H3_{i,t} \cdot AGGM_{i,t}$，$H1_{i,t} \cdot AGGP_{i,t}$，$H2_{i,t} \cdot AGGP_{i,t}$，$H3_{i,t} \cdot AGGP_{i,t}$ 分别代表初级人力资本与制造业集聚的关联效应、中级人力资本与制造业集聚的关联效应、高级人力资本与制造业集聚的关联效应、初级人力资本和生产性服务业集聚的关联效应、中级人力资本和生产性服务业集聚的关联效应、高级人力资本和生产性服务业集聚的关联效应。

二　数据来源及数据处理

被解释变量：产业结构优化包括产业结构合理化和产业结构高级化。

产业结构合理化衡量产业间协调度和资源有效利用的水平，本书借鉴干春晖等（2011）学者的衡量方法，应用泰尔指数 TI 计算产业结构合理化，测算公式为：

$$TI = \sum_{i=1}^{n} \left(\frac{Y_i}{Y}\right) \ln\left(\frac{Y_i/L}{Y/L}\right), \quad i = 1, 2, 3 \qquad (8-7)$$

其中，L_i 和 Y_i 分别表示 i 产业的就业人数和产值，L 和 Y 分别表示地区就业总数和地区生产总值 TI 反映各产业的人均产值、产业结构，即通过各产业生产率和产业结构 TI 反映产业结构和就业结构的合理匹配度。

产业结构高级化（HI）包含整个产业效率的提升及产业内部技术结构的升级，促进生产要素从生产率低的部门流入生产率高的部门，提高资源配置效率，是经济运行质量的衡量，表现为经济结构服务化及现代服务业迅猛发展，本书借鉴周海银（2014）和孙海波（2019）的方法，用第三产业产值占国内生产总值的比重来表示产业结构高级化，该指标能够清晰地反映产业结构的服务化程度，指标值比重越大，则产业结构越高级。

解释变量：人力资本和产业集聚。

人力资本存量（H）用各地区从业人员平均受教育年限来表示。人力资本异质性借鉴 Caselli 和 Coleman（2006）的分类，按照受教育水平异质性，将其分为三个级别：H1 为初级人力资本，由从业人员中初中及以下人口比重构成，H2 为中级人力资本，由高中和大专人口比重构成，H3 为高级人力资本，由本科级以及研究生人口比重构成，其中从业人员具体的受教育程度及对应累计受教育年限设定为：文盲或半文盲为 2 年、小学为 6 年、初中为 9 年、高中为 12 年、大专为 15 年、本科为 16 年、研究生及以上为 19.6 年。

产业集聚[①]，区位商描述了某产业在特定区域内相对于全国的专业化水平和优势产业，本书借鉴倪进峰（2017）的方法度量区域产业集聚度，从制造业集聚和生产性服务业集聚进行分析，计算公式为：

$$ACGL_{it} = \frac{L_{x,it}/L_{it}}{H_{x,it}/H_{it}} \tag{8-8}$$

其中，$L_{x,it}$ 和 L_{it} 分别表示 t 时期 i 地区 X 产业和全部产业的就业人数，$H_{x,it}$ 和 H_{it} 分别表示同时期全国 X 产业和全部产业的就业人员。区位商越高，表示 i 地区 X 产业的专业优势越明显。

控制变量：政府财政支出（GOV）使用政府财政支出占 GDP 之比

---

① 基于数据的可得性，本书选取的生产性服务业包括：交通运输仓储和邮政业、信息传输计算机服务和软件业、金融业、房地产业、租赁和商务服务业、科学研究技术服务和地质勘查业。

来衡量，体现政府支持程度；研发能力 *TFP* 用各省国内专利申请授权数来表示，测量技术进步的产业结构升级效应；对外开放程度（*OPEN*）用各地区进出口贸易总额与 *GDP* 比值来表示，其中进出口贸易总额利用各年人民币汇率（年平均价）进行调整，反映外需拉动的产业结构升级效应；消费品零售价格总额的对数值（lnCONS）反映消费水平。

本章数据来源于《中国宏观经济数据库》、《中经网数据库》、《中国统计年鉴》、《中国劳动统计年鉴》、《中国人口和就业统计年鉴》、《中国教育统计年鉴》、历年各省统计年鉴等。考虑到数据的可得性，数据采集剔除港、澳、台和西藏，选取 2004—2018 年 30 个省份的面板数据作为研究对象，并对消费品零售价格总额进行对数化以提高估计结果的稳健性。

第四节 实证结果与分析

一 描述性统计分析

核心变量的描述性统计分析结果如表 8-1 所示。产业结构合理化指数及对应标准差逐渐降低，说明我国产业结构合理化水平逐渐提高。产业结构高级化指标逐年提高，表明我国产业结构逐步向现代服务业发展。总量人力资本增长明显，标准差下降较快，我国人力资本水平整体提升。初级人力资本指标在 2004 年和 2010 年的均值分别为 5.6444 和 5.7181，2018 年的均值明显下降，说明各区域能较好地普及基础教育、降低文盲率；中级人力资本指标值增长明显，标准差下降，表明中级人力资本的区域差距在逐渐缩小，中级教育水平普及范围较全面；高级人力资本指标值增长较快，2010 年以后出现成倍增长的趋势，但标准差上升，说明我国高级人力资本呈现不均匀分布，指标值较高区域集中在东部沿海地区。制造业集聚度指标值逐渐下降，标准差增加，说明制造业集聚的区域差异化明显；生产性服务业集聚指标值呈现出先扩散后集中，可能由于区域发展速度不同及特色化追求，金融、技术等前沿产业大多集中在东部地区，而中西部地区主要以基础型服务业为主。

表8-1　　　　　　　　　核心变量描述性统计

年份	变量	样本	均值	标准差	最小值	最大值
2004	TI	30	0.2746	0.1649	0.0375	0.8434
	HI	30	0.9405	0.3219	0.5576	2.2551
	H	30	8.7754	0.9675	7.3234	11.4847
	H1	30	5.6444	0.6871	3.6510	6.5560
	H2	30	2.6437	0.9946	1.2690	5.8576
	H3	30	0.4873	0.5229	0.1698	2.6957
	AGGM	30	0.9201	0.3215	0.3541	1.7649
	AGGP	30	1.0137	0.2928	0.6941	2.1869
2010	TI	30	0.2657	0.1583	0.0167	0.6617
	HI	30	0.9068	0.5062	0.5490	3.2264
	H	30	9.2126	0.9330	7.6965	12.2286
	H1	30	5.7181	0.6408	3.3761	6.4858
	H2	30	2.6681	0.7483	1.4490	4.7859
	H3	30	0.8266	0.7585	0.3513	4.0676
	AGGM	30	0.8729	0.3613	0.3550	1.7067
	AGGP	30	1.0056	0.3789	0.7064	2.6425
2018	TI	30	0.2031	0.1259	0.0206	0.5128
	HI	30	1.3291	0.6864	0.8522	4.2366
	H	30	9.4790	0.8960	8.0142	12.5082
	H1	30	4.8563	0.8390	2.0038	5.9029
	H2	30	2.9522	0.6416	1.4228	4.2308
	H3	30	1.6704	1.2073	0.7948	6.2752
	AGGM	30	0.8138	0.3455	0.2941	1.8019
	AGGP	30	1.0232	0.3821	0.6871	2.5751

注：AGGM和AGGP分别表示制造业集聚、生产性服务业集聚。

二　单位根检验

为保证检验结果的稳健性和有效性，采用LLC检验和IPS检验进行单位根检验，其中，LLC方法假设面板数据的各截面序列具有相同的单位根过程，IPS方法允许各截面序列具有不同的单位根过程。检验结果见表8-2，结果显示各变量至少满足一种指标平稳的显著性检验，可以进行回归分析。

表8-2　　　　　　　　　面板单位根检验结果

	TI	HI	H1	H2	H3	AGGM
LLC	-6.51***	-2.71***	-7.27***	-1.29*	-7.31***	-2.91*
IPS	-1.07	4.61	-1.12	0.26	-1.38*	0.97
	AGGP	GOV	TFP	OPEN	LNCONS	
LLC	-5.42***	-2.58***	-3.93***	-6.63***	-7.62***	
IPS	-1.91**	0.65	2.39	-1.31*	0.54	

注：*、**和***分别表示10%、5%和1%的显著水平。

三 回归分析

模型估计方法采用混合最小二乘法、随机效应和固定效应模型，根据F检验显示存在显著的个体效应，再由Hausman检验确定选择固定效应模型，回归结果见表8-3和表8-4。

表8-3　异质性人力资本、产业集聚对产业结构合理化影响的实证分析

变量	TI 模型一	模型二	模型三	模型四
H1	0.0126**(2.11)		0.0129**(2.07)	0.1275***(4.47)
H2	0.0024(0.74)		0.0020(0.59)	0.0706***(5.06)
H3	0.0168***(3.56)		0.0147***(2.82)	0.0492*(1.73)
AGGM		-0.0273**(-2.53)	-0.0242*(-1.81)	0.4693***(4.27)
AGGP		-0.0205*(-1.79)	-0.0153(-0.98)	0.2899***(2.68)
H1·AGGM				-0.0631***(-3.86)
H2·AGGM				-0.0440***(-5.76)
H3·AGGM				-0.0283*(-1.92)
H1·AGGP				-0.0532***(-3.34)
H2·AGGP				-0.0195***(-2.66)
H3·AGGP				-0.0179*(-1.74)
GOV	-0.1371***(-2.60)	-0.0665(-1.29)	-0.1245**(-2.26)	-0.2212***(-3.45)
TFP	-1.1407***(-3.11)	-1.3367***(-4.60)	-1.2498***(-3.16)	-1.1809***(-2.94)
OPEN	-0.0058(-0.58)	-0.0213***(-3.39)	-0.0033(-0.30)	-0.0063(-0.66)
lnCONS	-0.0316***(-6.50)	-0.0312***(-7.89)	-0.0305***(-6.09)	-0.0232***(-4.36)
Constant	0.4539***(9.42)	0.5769***(17.44)	0.4802***(8.62)	-0.3504(-1.74)

注：*、**和***分别表示10%、5%和1%的显著水平；括号内的数值为t值。

第八章 产业结构优化中的异质性人力资本非均衡配置分析

表8-4 异质性人力资本、产业集聚对产业结构高级化影响的实证分析

变量	HI 模型五	模型六	模型七	模型八
H1	−0.1865***(−8.21)		−0.1644***(−6.13)	−0.7514***(−7.10)
H2	−0.1415***(−10.83)		−0.1346***(−9.79)	−0.2957***(−5.65)
H3	0.1531***(5.54)		0.1406***(4.27)	−0.1533(−1.41)
AGGM		−0.0320(−0.42)	0.0326(0.49)	−2.1879***(−5.06)
AGGP		0.8290***(8.83)	0.5571***(6.38)	−1.1888**(−2.24)
H1·AGGM				0.3179***(4.99)
H2·AGGM				0.1128***(3.79)
H3·AGGM				0.1491**(2.50)
H1·AGGP				0.2453***(3.14)
H2·AGGP				0.0657*(1.85)
H3·AGGP				0.0627(1.31)
GOV	0.8587***(3.66)	1.0561***(4.23)	0.9877***(4.15)	1.1684***(4.48)
TFP	5.7407***(2.87)	1.2034***(5.38)	9.5137***(4.30)	1.2006***(5.60)
OPEN	−0.1041*(−1.61)	−0.4458***(−6.77)	−0.1176*(−1.71)	−0.0581(−1.25)
lnCONS	−0.0458**(−2.33)	0.0113(0.59)	−0.0508**(−2.52)	−0.0412**(−2.02)
Constant	2.4831***(13.88)	−0.0169(−0.10)	1.7692***(6.81)	3.7679***(4.22)

注：*、**和***分别表示10%、5%和1%的显著水平；括号内的数值为t值。

模型 结果表明，初级、高级人力资本分别在5%和1%的显著水平下对产业结构合理化有显著影响，在产业结构调整初期，区域劳动力主要以要素方式存在于产业中，存量优势和成本优势使初级人力资本内在效应占主导。在产业结构深入调整中，为落实创新驱动战略，加快产业结构优化，要求高级人力资本具有较强的技术消化能力、运用能力、创新能力，在推动产业结构合理化、提高生产效率中发挥核心作用；模型二结果表明，制造业集聚和生产性服务业集聚在5%和10%的显著水平下对产业结构合理化产生积极影响，制造业集聚对产业结构合理化的作用效果要好于生产性服务业；模型三结果显示，初级、高级人力资本对产业结构合理化的作用力明显，制造业集聚在10%的显著水平下促进产业结构合理化；模型四引入异质性人力资本与产业集聚的交叉项，

结果显示，初级、中级、高级人力资本均通过显著性检验，人力资本对产业结构合理化的贡献主要通过初级人力资本发挥作用，制造业集聚和生产性服务业集聚在1%的显著水平下促进产业结构合理化，产业集聚与异质性人力资本的交互项对产业结构合理化有显著影响，其影响力大小依次是：初级人力资本与产业集聚的交互效应＞中级人力资本与产业集聚的交互效应＞高级人力资本与产业集聚的交互效应，原因可能有，首先，目前我国产能过剩的局面带来劳动力闲置，低技能人力资本供给过剩，要素配置效率降低，削弱基础人力资本数量驱动力，故初级人力资本与制造业集聚的交互项对产业结构合理化的抑制作用最强。其次，我国制造业和生产性服务业领域主要以初、中级人力资本的劳动力为主，具有高级人力资本的劳动力稀少，高级人力资本具有区域非均衡性，使中级、高级人力资本与各产业之间存在区域不合理匹配，进而阻碍产业结构合理化进程。可见，异质性人力资本对产业结构合理化的影响表现在两个方面：一是直接效应，即初级人力资本和高级人力资本在一定程度上会直接导致产业结构趋于合理化；二是间接效应，即异质性人力资本与产业集聚的相互影响产生的间接效应对产业结构合理化具有一定的抑制作用，总体上表现为间接效应大于直接效应。制造业集聚对产业结构合理化的贡献远远大于生产性服务业集聚，人力资本对产业结构合理化的贡献主要通过初级人力资本发挥作用。

模型五结果表明，初级、中级人力资本在1%显著水平下对产业结构高级化有抑制作用，且初级人力资本的抑制作用更明显。2004年，我国初中及以下劳动力占比为79.4%，高中和大专劳动力占比为18.4%，2018年初中及以下劳动力和高中、大专劳动力占比分别为61.8%和22.5%，虽然人力资本水平有所改善，但低文化素质的劳动力占比仍然很高，而目前我国低技术劳动力需求的压缩明显大于高技术行业劳动力需求的扩张，低端产业无力消化过多的初级劳动力，初级劳动力向高技术行业转化的潜力有限，造成结构性失业，从而限制产业结构升级，中级人力资本的负向指标体现了劳动力的空间分配结果与产业结构之间存在一定程度的错位，致使中级人力资本的作用力不明显，高级人力资本在1%显著水平下促进产业结构高级化，高级人力资本每提高1%，产业结构上升15.31%，说明随着中国经济减速换挡及后工业

第八章 | 产业结构优化中的异质性人力资本非均衡配置分析

化推进，高级人力资本的边际贡献越来越大，高级人力资本具有较强的学习能力和创新能力，对前沿技术的模仿吸收速度较快，对先进机器设备的操作要领也能在短时间内熟练掌握，虽然高级人力资本在全国的占比仅为9.4%，但对产业结构高级化的影响系数最高。生产性服务业在1%的显著水平下对产业结构高级化产生积极影响，生产性服务业每增加1%，产业结构高级化提高82.9%，而制造业对产业结构升级没有显著影响，可能的原因是，在经济的长期发展过程中，人口增长速度滞后于资本积累和技术进步的速度，就会出现工业产品的产能过剩，价格下滑，使制造业中的中低端产业逐渐向服务业转变。模型七、模型八的结果表明，异质性人力资本与产业集聚相结合，有效提升初级、中级人力资本及产业集聚对产业结构高级化的影响力，但是高级人力资本、制造业集聚与产业结构高级化之间存在不稳定的关系。初级、中级人力资本在1%的显著水平下对产业结构高级化有较强的负向影响，且系数相比于模型七有大幅的提升，说明初级、中级人力资本在产业集聚促进产业结构高级化中发挥助推作用。制造业集聚和生产性服务业集聚均通过了显著性检验。加入交叉项后，从制造业角度看，初级、中级、高级人力资本与制造业集聚的交叉项指标均在1%的显著水平下促进产业结构高级化，影响力依次是：初级人力资本与制造业集聚的区域匹配度＞高级人力资本与制造业集聚的区域匹配度＞中级人力资本与制造业集聚的区域匹配度，说明交互作用对产业结构高级化的全局机制呈现初级人力资本驱动为主，中级、高级人力资本（数量质量）为辅的双驱动增长模式。从生产性服务业角度看，初级、中级人力资本的区域配置与区域产业结构相匹配，促进产业机构高级化，但高级人力资本的作用不显著，说明我国高质量人才储量不足，高等院校培养人才类型与市场需求脱节，再加上城乡教育、公共资源配置失衡使城乡居民受教育程度、就业机会差距大，高级人才向发达地区集聚，导致多数地区仍以基础服务业为主，高端制造业和高技术服务业发展缓慢，影响产业结构合理化和高级化。可见，产业集聚对产业结构高级化的贡献主要是通过生产性服务业集聚发挥作用，异质性人力资本对产业结构高级化的贡献主要依靠初级人力资本和中级人力资本。

表8-3和表8-4的结果表明，政府财政支出对产业结构合理化有

显著的负向影响，呈现倒"U"形，说明政府支持因素先抑制产业结构合理化，后促进产业结构合理化，政府财政支出在1%显著水平下对产业结构高级化有积极影响，说明政府的支持会有效推动产业结构升级。申请专利授权数对产业结构合理化有抑制作用，对产业结构高级化有积极作用，说明技术进步是产业结构高级化的主动力。对外开放度对产业结构合理化表现出不显著影响，而对产业结构高级化有显著影响，进出口总额每增加1%，产业结构高级化水平下降5.81%，说明出口额主要在低端产业，国际上先进技术和资本投资未能有效推动国内高附加值产业的发展，可能的原因是我国劳动力素质主要集中在初级、中级人力资本水平，不能顺利地模仿和掌握先进技术，不利于产业结构升级。因此，产业结构高级化过程中应增加技术创新，掌握核心技术环节，增加高端技术产品的生产和出口。消费水平对产业结构合理化和产业结构高级化都呈现显著影响，说明随着产业结构的不断调整，可以大幅提高劳动生产率，增加劳动收入，影响消费结构，消费结构的优化会推动大批新型产业的快速发展，最终导致产业结构朝更高层次发展。

四 稳健性检验

本书在衡量产业结构高级化时采用的是第三产业产值占国内生产总值的比重，为验证实证结果的稳健性，重新选择产业结构高级化的替代指标，采用徐敏和姜勇（2015）的做法，$STRI\sum_{i=1}^{3} x_j \cdot j, x_i$ 代表第 i 产业产值占第三产业总产值的比重。检验结果表明，稳健性检验结果与上述回归结果一致，通过稳健性检验。

第五节 区域[①]差异实证分析

一 异质性人力资本影响产业结构区域差异的实证分析

根据表8-5，初级人力资本抑制东部地区产业结构合理化，促进

---

① 东部地区考虑北京、天津、河北、辽宁、上海、江苏、浙江、福建、山东、广东和海南11个省份；中部地区考虑山西、吉林、黑龙江、安徽、江西、湖北和湖南7个省份；西部地区考虑四川、重庆、贵州、云南、陕西、甘肃、青海、宁夏、新疆、广西和内蒙古11个省份；下同，以下区域划分均采用此分类法。

中西部地区产业结构合理化，对东中西部地区产业结构高级化普遍产生抑制作用，在1%显著水平下对中部地区产业结构合理化的推进作用最强，可能由于东部地区初级人力资本与产业结构层次不匹配，而西部地区人才稀缺又难以带动产业结构升级，导致对东西部区域产业结构优化产生消极作用；中级人力资本对中、东部地区的产业结构升级产生消极作用，但对产业结构合理化的作用力不明显，对西部地区产业结构优化产生促进作用，可能由于东部地区主要以高端服务业为主，也是高级人力资本的主要集聚地，导致人才层次与产业结构不匹配；高级人力资本会阻碍西部地区产业结构优化，在1%显著水平下能够促进东部地区产业结构升级和中部地区产业结构合理化，东部地区高度集聚的高级人力资本与产业结构高级化能有效匹配，两者呈螺旋推进模式，但是高级人力资本抑制东部地区产业结构合理化和影响中部地区产业结构高级化的进程，可能的原因是东部地区呈现出的高级人才集聚效应会推动产业结构升级，但中部、西部地区人才结构的失衡会对产业结构优化产生消极作用，伴随劳动密集型产业和资本密集型产业逐渐向中部转移，会使中部地区产业结构趋于合理化。

表8-5　不同区域异质性人力资本对产业结构影响的实证分析

变量	东部地区 TI	东部地区 HI	中部地区 TI	中部地区 HI	西部地区 TI	西部地区 HI
H1	-0.0548** (-3.07)	-0.0021 (-0.08)	0.4851*** (4.55)	-0.9381 (-1.55)	0.0145 (0.45)	-0.1161*** (-4.19)
H2	-0.0084 (-1.64)	-0.0258*** (-3.62)	-0.0016 (-0.05)	-0.3232** (-3.47)	0.0448*** (3.32)	0.2577* (2.19)
H3	-0.0725*** (-5.14)	0.0723*** (3.64)	0.7299** (3.31)	-0.1460* (-2.17)	-0.1052*** (-3.61)	-0.4008** (-3.13)
Constant	0.2967*** (4.82)	0.0655 (2.95)	-0.8796** (-2.54)	0.8225 (1.85)	0.0887 (1.23)	0.3730*** (4.15)
GOV	-0.4619*** (-4.24)	-0.2887 (-1.07)	0.6247** (2.72)	-0.6022** (-2.69)	0.1734** (2.42)	-0.0586 (-0.88)
TFP	0.5207 (1.25)	-0.0017 (-0.02)	-0.0298 (-0.09)	0.0774 (0.59)	-0.0592 (-0.56)	0.1263* (2.38)

续表

变量	东部地区 TI	东部地区 HI	中部地区 TI	中部地区 HI	西部地区 TI	西部地区 HI
OPEN	-0.0759** (-2.95)	-0.0262* (-2.11)	0.2515 (1.49)	-0.3396** (-3.12)	0.2906*** (3.74)	-0.1959** (-2.97)
lnCONS	-0.2206** (-2.68)	0.1095* (1.97)	-0.8964*** (-3.92)	0.2710** (2.55)	-0.1643 (-1.18)	0.1099 (1.63)

注：*、**和***分别表示10%、5%和1%的显著水平；括号内的数值为t值。

二 产业集聚影响产业结构区域差异的实证分析

根据表8-6，制造业集聚分别在5%和1%显著水平下对东部地区和西部地区产业结构合理化产生积极影响，服务业集聚对中东部地区产业结构合理化产生积极影响，制造业集聚对东部地区和西部地区的产业结构升级有抑制作用，对中部地区产业结构升级有促进作用，说明东部地区以高端制造业和高端服务业为主，高端制造业和高端服务业协同集聚能有效推动东部地区的产业结构合理化，中部地区、西部地区以资本密集型为主的制造业和基础服务业相结合促进产业结构合理化。制造业集聚与东部、西部地区产业结构升级进程严重不匹配。

表8-6　不同区域产业集聚对产业结构影响的实证分析

变量	东部地区 TI	东部地区 HI	中部地区 TI	中部地区 HI	西部地区 TI	西部地区 HI
AGGM	0.6257** (2.64)	-0.0653*** (-4.75)	-0.4474 (-1.28)	0.9073** (2.58)	0.8059*** (3.61)	-0.9196** (-3.09)
AGGP	0.9751*** (3.65)	0.8900*** (5.14)	0.8268** (2.30)	0.2966 (0.37)	0.3404 (0.99)	-0.0996 (-0.13)
Constant	0.0934 (0.35)	0.0519 (0.59)	-0.0191 (-0.42)	0.0739 (1.67)	0.8414 (1.32)	0.6977 (1.70)
GOV	-0.3268 (-0.92)	0.1293 (0.56)	-0.7797 (-0.67)	-0.7458 (-0.35)	0.4234* (2.02)	-0.2068** (-2.65)

续表

变量	东部地区		中部地区		西部地区	
	TI	HI	TI	HI	TI	HI
TFP	0.5707 (1.02)	0.0207 (1.02)	0.7741** (2.91)	-0.6432 (-1.47)	-0.1831 (-1.41)	0.1902* (2.23)
OPEN	-0.0169 (-0.73)	-0.0060 (-0.40)	-0.2002 (-0.33)	-0.9971 (-0.90)	0.3757** (2.79)	-0.2102** (-2.94)
lnCONS	-0.2916** (-4.26)	-0.0298 (-0.67)	-0.1639** (-3.25)	0.2593** (2.38)	-0.3763 (-1.13)	-0.0079 (-0.07)

注：*、**和***分别表示10%、5%和1%的显著水平；括号内的数值为t值。

三 异质性人力资本、产业集聚影响产业结构区域差异的实证分析

根据表8-7，从东部地区看，在1%显著水平下中级人力资本与制造业集聚的交叉项对产业结构升级有消极影响，可能由于资本密集型产业和劳动密集型产业的逐步转出，短期内中级人力资本与前沿技术水平出现断层，与现有的技术密集型产业不匹配，不利于产业结构升级，高级人力资本在高端服务业领域能够充分发挥知识溢出和知识共享，高级人力资本与高端服务业之间的双螺旋效应促进产业结构升级；高级人力资本与服务业集聚的交叉项对产业结构优化产生积极影响。从中部地区看，初级、中级人力资本与制造业集聚抑制产业结构优化，在1%显著水平下高级人力资本与服务业集聚的交互效应能够推动产业结构合理化。从西部地区看，初级人力资本与制造业集聚的交叉项促进产业结构升级，中级人力资本与制造业集聚的交叉项推动产业结构合理化，与服务业集聚的交叉项促进产业结构优化，高级人力资本与制造业集聚、服务业集聚的交互作用对产业结构优化有负向作用，可能的原因是西部地区主要以初级、中级人力资本为主，区域产业结构出现断层，稀缺的高级人力资本与产业的匹配低，就业范围较窄，无法实现知识能力的有效应用，不利于产业结构的优化升级。

表8-7 不同区域异质性人力资本、产业集聚对产业结构影响的实证分析

变量	东部地区 TI	东部地区 HI	中部地区 TI	中部地区 HI	西部地区 TI	西部地区 HI
H1	-0.0774* (-1.95)	-0.0026 (-0.48)	0.2103*** (6.34)	-0.9717 (-1.87)	0.4324 (1.24)	-0.5699** (-3.28)
H2	0.0006 (0.07)	-0.0024 (-1.66)	-0.4962** (-2.34)	-0.5629** (-3.19)	0.5072** (3.05)	0.0298 (0.20)
H3	-0.0788** (-2.85)	0.0112*** (2.67)	0.7806*** (4.30)	-0.2211* (-2.12)	-0.2605*** (-3.31)	-0.2589 (-1.99)
AGGM	0.1903* (1.91)	-0.0074 (-0.04)	0.2094 (1.64)	0.2667* (2.08)	-0.3921 (-0.75)	0.5316** (2.86)
AGGP	0.3336** (2.47)	0.6549** (4.23)	0.1997* (2.30)	0.8208 (0.78)	-0.3066 (-0.48)	0.6917 (1.74)
H1·AGGM	0.0011 (0.14)	-0.0022 (-1.11)	-0.8485** (-4.39)	0.0030 (1.31)	-0.0004 (-0.44)	0.0335* (2.29)
H2·AGGM	0.0079 (0.72)	-0.0045*** (-3.55)	0.0505 (1.25)	-0.0036** (-3.06)	0.0015** (3.12)	-0.0429 (-1.29)
H3·AGGM	-0.0189** (-3.00)	0.0104*** (3.64)	-0.9291** (-4.96)	0.0109*** (4.18)	-0.0044** (-2.25)	-0.1097** (-2.56)
H1·AGGP	-0.0008 (-0.10)	0.0028 (1.12)	0.7312** (4.54)	-0.0094 (-0.69)	0.0004 (0.77)	-0.0458** (-2.80)
H2·AGGP	-0.0073 (-0.66)	-0.0029** (-2.19)	-0.0958 (-2.19)	-0.0085** (-2.77)	0.0437** (2.67)	0.1836** (3.47)
H3·AGGP	0.0167** (2.91)	0.0141*** (4.38)	0.7797** (4.53)	0.007 (0.38)	-0.5620*** (-3.46)	-0.2367** (-2.94)
Constant	0.3114** (2.76)	0.2802** (2.46)	-0.0641 (-1.59)	0.4392 (0.80)	0.9850* (1.95)	0.4794 (1.96)
GOV	0.6957** (2.58)	-0.7752** (-2.16)	0.4520* (2.20)	-0.1709*** (-3.86)	0.2715** (2.79)	0.0198 (0.19)
TFP	-0.0576 (-0.32)	0.8107** (2.60)	0.3908* (2.22)	-0.1482* (-1.83)	-0.1743 (-1.54)	0.0833 (1.10)

续表

变量	东部地区 TI	东部地区 HI	中部地区 TI	中部地区 HI	西部地区 TI	西部地区 HI
OPEN	0.0767** (2.67)	-0.3736*** (-3.92)	0.3975* (1.97)	-0.5062*** (-5.46)	0.3222** (3.60)	-0.2460** (-2.56)
lnCONS	0.3106** (2.13)	0.1020 (1.67)	-0.1066*** (-3.32)	0.5989*** (3.91)	-0.1337 (-0.84)	0.1078 (0.81)

注：*、**和***分别表示10%、5%和1%的显著水平；括号内的数值为t值。

第六节 本章小结

本章阐释了异质性人力资本和产业集聚对产业结构优化的作用机制，并结合2004—2018年省级面板数据，采用固定效应的面板数据估计模型，实证分析了异质性人力资本和产业集聚对产业结构优化的影响。最后得出如下结论：总体来看，初级人力资本、高级人力资本与产业结构合理化之间关系存在稳定性，初级人力资本、中级人力资本与产业结构高级化之间存在稳定性，相反，中级人力资本和高级人力资本分别对产业结构合理化和产业结构高级化的影响具有不确定性。制造业集聚和生产性服务业集聚分别对产业结构合理化和产业结构高级化的影响具有较强的稳定性，制造业集聚和生产性服务业集聚分别对产业结构高级化和产业结构合理化的影响具有较强的不确定性，其影响不仅取决于产业集聚本身，还与人力资本的差异性有关。具体来看：①初级人力资本、高级人力资本和产业集聚对产业结构合理化均具有显著的推动作用；初级、中级、高级人力资本和生产性服务业集聚对产业结构高级化均具有显著的提升作用。②从作用强度看，初级人力资本和产业集聚的交互项对产业结构合理化的推动作用＞中级人力资本和产业集聚的交互项对产业结构合理化的推动作用＞高级人力资本和产业集聚的交互项对产业结构合理化的推动作用；异质性人力资本和制造业集聚的交互项对产业结构高级化的作用依次是：初级人力资本、高级人力资本和中级人力资本；异质性人力资本和生产性服务业集聚的交叉项对产业结构高级化的作用依次是：初级人力资本和中级人力资本。③制造业集聚和生产性服务业集聚会抑制产业结构合理化，制造业集聚对产业结构合理化的作用强度高于生产性服务业；生产性服务业集聚促进产业结构高级化。正是由于异质性人力资本和产业集聚对产业结构优化的影响存在差异性导致长期中初级人力资本和制造业集聚对产业结构优化的促进作用要远远高于中级人力资本、高级人力资本和生产性服务业集聚。

从东部、中部、西部地区的实证结果看，初级人力资本推进中部地区产业结构合理化，中级人力资本对西部地区产业结构优化产生促进作用，高级人力资本能够促进东部地区产业结构升级和中部地区产业结构合理化。制造业集聚对东部地区、西部地区产业结构合理化产生积极影响，服务业集聚对中东部地区产业结构合理化产生积极影响，制造业集聚对中部地区产业结构升级有促进作用。东部地区的高级人力资本与服务业集聚的交互项推动产业结构的升级进程，中部地区的初级、中级人力资本与制造业集聚抑制产业结构优化，西部地区的中级人力资本与制造业集聚的交叉项推动产业结构合理化，与服务业集聚的交叉项促进产业结构优化，高级人力资本与制造业集聚、服务业集聚的交互项对产业结构优化有负向作用。

历经数十年，中国经济取得了重大成就，产业结构优化升级也取得了一定进展。但伴随我国经济发展进入新常态，经济增速明显放缓，加速推进经济转型，更大力度调整产业结构，仍是中国未来很长一段时间需要面临的严峻挑战。为此，本书对影响产业结构优化的两个指标异质性人力资本和产业集聚进行深入研究，细致考察了异质性人力资本与产业集聚对产业结构合理化和高级化的影响。可得到如下几点政策启示：

（1）自从中央提出发展战略性新兴产业和大力发展服务业之后，各地纷纷出台相应政策予以响应，但是我国各地区经济发展水平差异较大，产业结构不合理是共识，再加上高端人才短缺，劳动力结构和产业结构匹配度低，并非所有区域都能迅速从制造业转为服务业，因此，政府在制定产业结构合理化的政策时，一方面，应当因地制宜地出台适合本地发展的产业协调政策，在稳定制造业集聚的同时，积极发展生产性服务业集聚，同时要注意要素结构与产业结构的耦合作用，提高教育质量、鼓励专业培训的发展，提高劳动者素质；另一方面，以制造业集聚和基础服务业集聚为基础，吸纳低端劳动力就业，增进劳动与产出的耦合，促进产业结构合理化；以先进技术的生产性服务业为支撑，吸收和培养中高级人才，发挥人才溢出效应，提升高级人才的市场匹配度和创新驱动力，促进产业结构高级化。

（2）注重异质性人力资本与产业集聚之间的联动和匹配。目前我国东部、中部、西部地区处于不同产业发展阶段，各地区应根据自身状况制定适当的产业集聚政策，有条件的区域发展"多轮驱动"的产业集聚模式，这样不仅促进产业结构合理化，也可实现异质性人才集聚，但是主要以制造业集聚为主的中西部地区应该提升要素结构与产出结构的耦合度，注重吸纳和培育专业人才，通过人才效应带动经济发展和产业集聚，利用产业发展和良好的人才环境吸引人才集聚，在已有的要素禀赋基础上，注重发展多元化教育模式，提升人力资本与区域产业的匹配度。

第九章

结 论

基于非瓦尔拉斯均衡理论,本书应用数理经济方法和微观经济计量方法对劳动力市场非均衡发展问题进行研究,分析了嵌入人力资本因素和无人力资本因素情况下的非均衡模型结构差异性和经济政策效应差异性,比较了参数位于不同非均衡区域的条件和表现形式,并分析了人力资本因素在非均衡子区域的影响,以及政策实施对人力资本因素的影响。在实证中,构建了单市场和双市场非均衡模型,分析了市场非均衡度的来源和市场之间的溢出效应。在异质性人力资本投入的实证中,分析了异质性人力资本和产业集聚对产业结构优化的作用机制,并结合2004—2018年省级面板数据,采用固定效应的面板数据估计模型,实证分析了异质性人力资本和产业集聚对产业结构优化的影响。本书得出以下结论:

(1) 在工资和价格都具有完全刚性的非均衡分析中。在 A[1] 区域,政府支出对私人消费不存在挤出效应。当 $H=1$[2] 时,降价对就业有良好的效果,降低工资对缓解失业无效。当 $H=1$ 时,价格和工资的变动对就业和人力资本水平都有效。在 B 区域,就业水平主要取决于实际工资水平,变动工资水平带来的经济效应在 $H=1$ 和 $H>1$ 情况中是存在差异的。当 $H=1$ 时,降低工资起到缓解失业和增加产品供给的作用;当 $H>1$ 时,就业是工资的减函数,产出是工资的增函数,工资水

---

[1] 在结论中,A 区域表示商品市场和劳动力市场都超额供给,B 区域表示商品市场超额需求和劳动力市场超额供给,C 区域表示商品市场和劳动力市场都超额需求。

[2] 与前文一致,在结论中,$H=1$ 表示模型中不包含人力资本因素,$H>1$ 表示将人力资本因素嵌入非均衡模型。

平的上涨会促使人力资本水平提高。在此区域，传统的凯恩斯主义措施具有非常不合意的效果。在 C 区域，无论是否包含人力资本因素均不会改变抑制型通胀区域的特征。加入人力资本因素后，政府支出、货币供给和税收的变动带来的就业效应小于无人力资本的情况。各外生变量对人力资本的影响与外生变量对劳动力的影响是相一致的。

（2）在价格具伸缩性的非均衡分析中。在 A 区域，加入人力资本因素后，凯恩斯主义政策和古典主义政策都有效，当 $H=1$ 时，变动名义工资的古典主义政策对生产和就业无效；当 $H>1$ 时，名义工资是产出和就业的减函数。价格水平在"乘数效用"作用下，导致产出和就业增加，鼓励人们增加人力资本投资。在产品市场出清和劳动力市场都超额供给的区域，古典主义政策在 $H=1$ 和 $H>1$ 的情况中存在差异。当 $H=1$ 时，降低工资水平能够起到缓解失业的作用。当 $H>1$ 时，名义工资对产出和就业的效用与 $H=1$ 中的完全相反，古典失业政策对人力资本水平有正效应。在产品市场出清和劳动力市场都超额需求的区域，由于就业水平达到了最大值，人力资本因素并不会改变传统凯恩斯主义政策的无效性，私人消费被政府支出完全挤出。古典主义政策在 $H=1$ 和 $H>1$ 情况下的效用有所不同。凯恩斯主义政策在短期内对人力资本水平无影响，古典主义政策对人力资本水平有正效应。在此区域，提高人力资本水平的一个有效途径是提高工资水平。

（3）在工资指数化的非均衡分析中。在 A 区域，古典主义政策在 $H=1$ 中对生产和就业不起作用，但是在 $H>1$ 中却对产出和就业发挥效应。凯恩斯主义政策和古典主义政策对人力资本投资和人力资本水平的变化都有效。当 $H=1$ 时建议实施凯恩斯主义政策更有效；当 $H>1$ 时可以同时考虑实施凯恩斯主义政策和古典主义政策。在 B 区域，对于评估凯恩斯主义政策在这个区域的有效性来说，指数化程度十分关键。凯恩斯主义需求政策的有效性随着指数化程度增加而降低，在名义工资按价格实行完全指数化的情况下，这种有效性甚至会变得完全无效。但是，在同样情况下，收入政策却十分有效。当 $H>1$ 时，实施古典主义政策能取得更好的效果。相反，当 $H=1$ 时，凯恩斯主义政策对消除失业的效果更明显。在 C 区域，工资指数化之后，凯恩斯主义政策对内生化的价格和工资有效，价格效应和工资效应与工资指数化程度不存在相关性。当 $H>1$ 时，凯恩斯主义政策和古典主义政策引起的价格效应和工资效应要小于在 $H=1$ 中的情况。

（4）在厂商和家庭依据主观需求曲线决定价格和工资的情形中，分析认为凯恩斯主义政策能够影响行为人的定价行为。需求弹性是评估厂商定价行为自主性的关键要素。在工资既定厂商依据需求曲线定价的不完全竞争情况中，在 $H=1$ 且劳动力需求受限的情形中，厂商的行为选择受限，此时的凯恩斯主义政策的就业和产出效应完全失效。政府政策的价格效应和人力资本水平效应较明显；若劳动力供给不存在配额约束，凯恩斯主义政策引起的价格效应和工资效应是市场需求弹性的增函数。在 $H>1$ 且劳动力需求受限的情形中，短期内产出被限制，长期中工资水平上涨会导致人力资本水平提高进而促使产出增加；如果劳动力供给不存在配额约束，市场需求弹性在厂商定价行为中发挥非常重要的作用，而且厂商的定价自主权随着市场需求弹性逐渐递减。

（5）在劳动力市场非均衡实证研究中，对单市场非均衡实证分析认为，相对于无人力资本因素的情况，嵌入人力资本因素的非均衡模型的拟合效果更优且提高了模型的整体解释力。通过对劳动力市场非均衡度的考察可知，我国劳动力市场整体处于非均衡发展中，劳动力供过于求或供不应求交替出现是常态，劳动力市场整体交易量是偏离宏观短边原则的。从双市场非均衡实证中可以看出，两个市场之间的溢出影响很明显，且有逐渐增加的趋势。

（6）在异质性人力资本配置实证研究中，初级人力资本、高级人力资本与产业结构合理化之间关系存在稳定性，初级人力资本、中级人力资本与产业结构高级化之间存在稳定性，制造业集聚和生产性服务业集聚分别对产业结构合理化和产业结构高级化的影响具有较强的稳定性，制造业集聚和生产性服务业集聚分别对产业结构高级化和产业结构合理化的影响具有较强的不确定性，其影响不仅取决于产业集聚本身，还与人力资本的差异性有关。初级人力资本、高级人力资本和产业集聚对产业结构合理化均具有显著的推动作用；初级、中级、高级人力资本和生产性服务业集聚对产业结构高级化均具有显著的提升作用；初级人力资本和产业集聚的交互项对产业结构优化的推动作用较强，制造业集聚和生产性服务业集聚会抑制产业结构合理化，制造业集聚对产业结构合理化的作用强度高于生产性服务业；生产性服务业集聚促进产业结构高级化。从区域分布的实证结果来看，初级人力资本推进中部地区产业结构合理化，中级人力资本对西部地区产业结构优化产生促进作用，高级人力资本能够促进东部地区产业结构升级和中部地区产业结构合理化。制造业集聚对东部、西部产业结构合理化产生积极影响，服务业集聚对中东部地区产业结构合理化产生积极影响，制造业集聚对中部地区产业结构升级有促进作用。东部地区的高级人力资本与服务业集聚的交互项推动产业结构的升级进程，中部地区的初级、中级人力资本与制造业集聚抑制产业结构优化，西部地区的中级人力资本与制造业集聚的交叉项推动产业结构合理化，与服务业集聚的交叉项促进产业结构优化，高级人力资本与制造业集聚、服务业集聚的交互作用对产业结构优化有负向作用。

  本书的结论有助于理解中国劳动力市场和产品市场非均衡发展问题，把握市场的非均衡运行规律，对促进市场健康有序的发展和公共政策的设计和评价具有借鉴意义。

参考文献

中文参考文献

安占然：《人力资本异质性、内涵式演进与我国全球价值链位置跃升》，《新视野》2016年第5期。

巴罗、格罗斯曼：《收入和就业的一般非均衡模型》，《美国经济评论》1971年第6期。

巴罗、萨拉伊马丁：《经济增长》，中国社会科学出版社2000年版。

薄宏、张晖东：《非均衡市场体系研究》，《管理工程学报》1996年第4期。

薄勇健：《基于人力资本增长的内生经济增长模型》，《管理工程报》2001年第3期。

保罗·萨缪尔森、威廉·诺德豪斯：《经济学》，萧琛等译，人民邮电出版社2011年版。

蔡昉：《二元劳动力市场条件下的就业体制转换》，《中国社会科学》1998年第2期。

蔡昉、王德文：《中国经济增长可持续性与劳动贡献》，《经济研究》1999年第10期。

蔡昉：《中国二元经济与劳动力配置的跨世纪调整——制度、结构与政治经济学的考察》，《浙江社会科学》2000年第9期。

蔡昉等：《中国劳动力市场转型与发育》，商务印书馆2005年版。

陈国华、盛邵瀚：《一类动态宏观经济非均衡模型的最优控制》，《系统工程理论与实践》2003年第3期。

陈建军、杨飞：《人力资本异质性与区域产业升级：基于前沿文献的讨论》，《浙江大学学报》（人文社会科学版）2014年第9期。

参考文献

陈平、李广众：《中国的结构转型与经济增长》，《世界经济》2001年第3期。

大卫·桑普斯福特、泽弗里斯·桑纳托斯：《劳动经济学前沿问题》，中国税务出版社2000年版。

戴园晨、钱雪亚：《人力资本的开发成本与开发收益》，《市场经济研究》2000年第5期。

道格拉斯·C.诺思：《经济史中的结构与变迁》，上海人民出版社1994年版。

丁潇潇：《异质型人力资本、产业集聚与服务业劳动生产率》，《科技与经济》2014年第4期。

樊纲：《论均衡、非均衡及其可持续性问题》，《经济研究》1991年第6期。

范道津：《论人力资本集聚的经济效应》，《统计与决策》2008年第12期。

高永惠、陶同：《西部产业结构变动与人才资源配置关系实证——以广西产业结构调整对人才资源需求为例》，《求索》2006年第5期。

高远东、花拥军：《异质型人力资本对经济增长作用的空间计量实证分析》，《经济科学》2012年第1期。

葛培波、崔越：《中国劳动力供求非均衡与促进就业的对策》，《北京科技大学学报》2002年第5期。

葛新权：《对非均衡计量经济模型研究的贡献》，《数量经济技术经济研究》1995年第8期。

国家统计局：《中国统计年鉴》（1980—2011年），中国统计出版社1980—2011年版。

侯东民：《从"民工荒"到"返乡潮"中国的刘易斯拐点到来了吗?》，《人口研究》2010年第2期。

侯风云：《中国人力资本形成及现状》，经济科学出版社1999年版。

侯风云：《人力资本形成特性分析》，《学术月刊》2000年第8期。

胡学勤、秦兴方：《劳动经济学》，高等教育出版社2004年版。

黄怡琳：《非线性均衡蛛网模型的动态分析》，《数学的实践与认识》2004 年第 3 期。

黄中祥、贺国光等：《非均衡价格——数量调节交通分配模型》，《系统工程学报》1999 年第 6 期。

加里·S. 贝克尔：《人力资本》，梁小明译，北京大学出版社 1987 年版。

加里·S. 贝克尔：《人类行为的经济分析》，王业宇、陈琪译，上海三联书店、上海人民出版社 2004 年版。

江三良：《异质性人力资本集聚与产业结构升级——基于知识溢出匹配视角》，《经济经纬》2020 年第 9 期。

蒋中一、凯尔文·温赖特：《数理经济学的基本方法》（第四版），北京大学出版社 2006 年版。

杰拉德·德布鲁：《价值理论：对经济均衡的公理分析》，刘勇等译，北京经济学院出版社 2015 年版。

坎贝尔、麦克南等：《当代劳动经济学》，人民邮电出版社 2006 年版。

科尔内：《反均衡》，中国社会科学出版社 1988 年版。

赖德胜：《论劳动力市场的制度性分割》，《经济科学》1996 年第 6 期。

赖明勇、张新等：《经济增长的源泉：人力资本、研究开发与技术外溢》，《中国社会科学》2005 年第 3 期。

雷钦礼：《制度变迁、技术创新与经济增长》，中国统计出版社 2003 年版。

雷勇：《非均衡经济理论文献综述》，《涪陵师专学报》（社会科学版）1999 年第 1 期。

雷勇、龚德恩：《宏观经济模型的非均衡分析》，《数量经济技术经济研究》2000 年第 5 期。

雷勇、龚德恩：《非均衡市场价格调节的纯增益反馈控制问题研究》，《经济数学》2001 年第 9 期。

李斌：《异质性人力资本与产业结构变动——基于省级动态面板的系统 GMM 估计》，《商业研究》2015 年第 5 期。

李建民：《中国劳动力市场多重分割及其对劳动力供求的影响》，

《中国人口科学》2002 年第 2 期。

李晓西：《宏观经济学》（中国版·第 2 版），中国人民大学出版社 2011 年版。

李治国、唐国兴：《资本形成路径和资本存量调整模型》，《经济研究》2003 年第 6 期。

李忠民、张世英：《非均衡的动态分析》，《管理工程学报》1996 年第 4 期。

李忠民、张世英：《非均衡经价格调节》，《管理工程学报》1997 年第 4 期。

李子奈、叶阿忠：《高等计量经济学》，清华大学出版社 1999 年版。

里昂·瓦尔拉斯：《纯粹政治经济学要义》，蔡受百译，商务印书馆 1989 年版。

厉以宁：《社会主义政治经济学》，商务印书馆 1986 年版。

厉以宁：《非均衡的中国经济》，广东经济出版社 1998 年版。

厉以宁：《西方经济学》，高等教育出版社 2000 年版。

廖泉文、宋培林：《论异质性人力资本的形成机理》，《中国人才》2002 年第 3 期。

林毅夫、刘明兴：《中国的经济增长收敛与收入分配》，《世界经济》2003 年第 8 期。

刘尔铎：《城市劳动力市场结构性短缺与"民工荒"》，《人口学刊》2006 年第 1 期。

罗纳德·R. 科斯等：《财产权利与制度变迁——产权学派与新制度学派译文集》，上海人民出版社 2004 年版。

罗默：《高级宏观经济学》，商务印书馆 1999 年版。

罗勇：《异质性人力资本、地区专业化与收入差距——基于新经济地理学视角》，《中国工业经济》2013 年第 2 期。

罗勇：《异质性人力资本、产业转移和产业结构优化》，《工业技术经济》2019 年第 12 期。

马克·布劳格：《经济学方法论》，石士钧译，商务印书馆 1992 年版。

马克·布劳格：《经济理论回顾》，姚开建译，中国人民大学出版社1997年版。

马克思：《资本论》（第1卷），人民出版社1975年版。

马扬、凡雨：《非均衡最优规划模型解的经济政策意义》，《财经问题研究》2000年第4期。

马忠东：《劳动力流动：中国农村收入增长的新因素》，《人口研究》2004年第5期。

曼瑟尔·奥尔森：《集体行动的逻辑》，工陈郁、王勇等译，上海三联书店、上海人民出版社2007年版。

欧阳明、袁志刚：《宏观经济学》，上海人民出版社1997年版。

攀钢：《论均衡、非均衡及其可持续性问题》，《经济研究》1991年第6期。

平新乔：《微观经济学十八讲》，北京大学出版社2001年版。

乔·史蒂文斯：《集体选择经济学》，上海三联书店、上海人民出版社2003年版。

让·帕斯卡尔·贝纳西：《宏观经济学：非瓦尔拉斯分析方法导论》，上海三联书店1994年版。

让·帕斯卡尔·贝纳西：《市场非均衡经济学》，袁志刚等译，上海译文出版社1997年版。

萨尔·D.夫曼：《劳动力市场经济学》，上海三联书店出版社1989年版。

萨缪尔森、诺德豪斯：《经济学》，萧琛主译，人民邮电出版社1981年版。

沈晓梅：《试论我国劳动力市场的结构特征》，《中国劳动》2001年第9期。

舒尔茨：《论人力资本投资》，北京经济学院出版社1990年版。

宋小川：《非均衡的经济动态模型》，《经济研究》2003年第7期。

宋小川：《无就业增长与非均衡劳工市场动态学》，《经济研究》2004年第7期。

宋小川：《可计算的一般非均衡模型》，《经济学（季刊）》2008年第4期。

苏东水：《产业经济学》，高等教育出版社 2000 年版。

孙海波：《异质型人力资本与产业结构升级关系的动态演变》，《统计与信息论坛》2018 年第 4 期。

台航、崔小勇：《人力资本结构与技术进步——异质性影响分析及其跨国经验证据》，《南开经济研究》2019 年第 4 期。

唐德才、仇育领：《非均衡理论及我国房地产市场供求的实证分析》，《数学的实践与认识》2009 年第 11 期。

王建民：《人力资本生产制度研究》，经济科学出版社 2001 年版。

王金营：《人力资本与经济增长理论与实证》，中国财政经济出版社 2001 年版。

王金营：《制度变迁对人力资本和物质资本在经济增长中作用的影响》，《中国人口科学》2004 年第 8 期。

王小鲁：《中国经济增长的可持续性和制度变革》，《经济研究》2000 年第 7 期。

王耀中、陈杰：《动态外部性与产业结构优化关系研究新进展》，《财经理论与实践》2012 年第 5 期。

吴要、武赵泉：《中国城镇劳动力市场态势分析》，《研究探索》2007 年第 1 期。

西奥多·W. 舒尔茨：《人力资本投资、教育和研究的作用》，商务印书馆 1990 年版。

夏华：《从基尼系数的测算看我国居民收入状况》，《现代财经》2002 年第 5 期。

谢勇：《基于人力资本和社会资本视角的农民工就业境况研究——以南京市为例》，《中国农业观察》2009 年第 5 期。

徐刚：《劳动力供求的非均衡及其治理》，《南开经济研究》1994 年第 5 期。

徐长生、刘望辉：《劳动力市场扭曲与中国宏观经济失衡》，《统计研究》2008 年第 5 期。

许经勇：《我国劳动力市场发育的经济学分析》，《当代经济研究》2001 年第 2 期。

亚诺什·科尔内：《短缺经济学》（上、下），张晓光等译，经济科学出版社 1986 年版。

杨河清：《劳动经济学》，中国人民大学出版社 2006 年版。

杨建芳、龚六堂：《人力资本形成及其对经济增长的影响——一个包含教育和健康投入的内生增长模型及其检验》，《经济研究》2006 年第 5 期。

杨瑞龙：《宏观非均衡的微观基础》，中国人民大学出版社 1994 年版。

杨先民等：《劳动力市场运行研究》，商务印书馆 1999 年版。

姚先国、陈凌：《试论劳动力市场的供给管理》，《管理世界》1997 年第 6 期。

姚先国、陈凌：《关于人力资本的几个基本问题》，《浙江树人大学学报》2003 年第 3 期。

姚先国、翁杰：《企业对员工的人力资本投资研究》，《中国工业经济》2005 年第 2 期。

叶明确、张世英：《多市场非均衡模型的模拟建模法》，《天津大学学报》2001 年第 3 期。

伊兰伯格、史密斯：《现代劳动经济学》，中国劳动出版社 1991 年版。

袁志刚等译：《市场非均衡经济学》，上海译文出版社 1989 年版。

袁志刚：《非均衡理论研究及其实践意义》，《复旦学报》（社会科学版）1994 年第 5 期。

袁志刚：《非瓦尔拉斯理论》，上海三联书店、上海人民出版社 1994 年版。

袁志刚：《非瓦尔拉斯均衡理论及其在中国经济中应用》，上海人民出版社 2006 年版。

约翰·希克斯：《价值与资本》，薛蕃康译，商务印书馆 1962 年版。

张炳申：《劳动力市场配置论》，广东人民出版社 1994 年版。

张凤林：《人力资本理论及其应用研究》，商务印书馆 2006 年版。

张宏军：《劳动力市场失灵及规制架构略论》，《经济问题》2008 年第 2 期。

张世英等：《多状态模型的贝叶斯分析》，《天津大学学报》1990年第1期。

张世英：《变参数非均衡模型的分类建模法》，《数量经济技术经济研究》1991年第12期。

张世英、何庆红：《我国固定资产投资的变参数非均衡模型》，《系统工程》1992年第1期。

张世英、余国兴：《变参数非均衡模型的贝叶斯分析》，《系统工程理论方法应用》1992年第1期。

张世英、何庆红：《我国固定资产投资的变参数非均衡模型》，《系统工程》1992年第1期。

张世英、余国兴：《中国宏观经济非均衡模型》，《管理科学学报》1992年第3期。

张世英、余国兴：《多市场非均衡模型的建模方法》，《决策与决策支持系统》1993a年第3期。

张世英、余国兴：《单一市场非均衡模型的建模方法》，《天津大学学报》1993b年第6期。

张世英、李文婕、孙静：《非均衡微观市场的调控机制》，《系统工程学报》1995年第2期。

张世英、张晖东：《我国宏观经济市场非均衡模型》，《系统工程》1995年第4期。

张世英、王雪坤等：《双市场非均衡模型的建模方法——中国资本市场和货币市场非均衡模型》，《管理工程学报》1996年第1期。

张世英、李忠明：《非均衡模型的可解性研究》，《系统工程学报》1996年第2期。

张世英、刘了玲：《非均衡市场的调控研究》，《管理科学学报》1998年第2期。

张守一：《就业、消费与投资的非均衡分析》，《数量经济技术经济研究》1996年第8期。

张守一：《非均衡经济理论的三种基本类型》，《当代财经》1997年第7期。

张守一：《非均衡经济研究的若干问题》，《当代财经》2002年第

2 期。

张维迎：《博弈论与信息经济学》，上海三联出版社、上海人民出版社1996年版。

张文武：《集聚与扩散：异质性劳动力和多样化贸易成本的空间经济效应》，《财经研究》2011年第7期。

张益丰、张少军：《人力资源市场和谐发展的宏观视角研究》，《财经研究》2008年第1期。

赵人伟、李实：《中国居民收入差距的扩大及其原因》，《经济研究》1997年第9期。

朱恒鹏：《前沿思索：中国经济非均衡分析》，社会科学文献出版社2000年版。

朱恒鹏：《中国经济非均衡分析》，社会科学文献出版社2002年版。

朱荣科、徐颖：《均衡—非均衡—反均衡》，《哈尔滨工业大学学报》2000年第1期。

朱舟：《人力资本投资的成本收益分析》，上海财经大学出版社1999年版。

子玲、张世英、吕永波：《基于有效供求理论的非均衡模型对比研究》，《生产力研究》2008年第4期。

外文参考文献

Acharya, Sarthi, "Labor Supply and Job Choice in an Agrarian Economy: Some Results from Maharashtra", *Development Policy Review*, 1998, 16 (2): 153 – 165.

Alcacer J., Chung W., "Location Strategies for Agglomeration Economics", *Strategic Management Journal*, 2014, 35 (12): 1749 – 1761.

Audretsch D. B., Feldman M. P., "R&D Spillovers and the Geography of Innovation and Production", *The American Economic Review*, 1996: 630 – 640.

Avalos, Antonio, Savvides, Andreas, "The Manufacturing Wage Inequality in Latin America and East Asia: Openness, Technology Transfer, and Labor Supply", *Review of Development Economics*, 2006, 10 (4): 553 – 576.

参考文献

Barnett, W. A. and Gandolfo, G., Hilinger, C., *Dynamic Disequilibrium Modeling: Theory and Application*, Cambridge: Cambridge University Press, 1996.

Barro, Robert J., and Herschel I. Grossman, "A General Disequilibrium Model of Income and Employment", *American Economies Review*, 1971 (61): 82 – 93.

Beladi H., Chao C. C., "Urban Unemployment, Rural Labor Monopsony, and Optimal Policies", *Japan and the World Economy*, 2000 (12): 1 – 9.

Ben – Porath, Y., "The Production of Human Capital and the Life Cycle of Earnings", *Journal of Political Economy*, 1967, 75 (4): 352 – 364.

Benassy, J. P., "Neo – Keynesian Disequilibrium Theory in Monetary Economy", *Review of Economic Studies*, 1975 (42): 503 – 523.

Benassy, J. P., *On Quantity Signals and Functions of Effective Demand Theory*, in Topics in Disequilibrium Economics, edited by S. Strom and L. Wwrin, The Macmillan Press, London, 1977.

Benassy, J. P., *The Economics of Market Disequilibrium*, Academic Press, New York, 1982.

Drazen, A., "Recent Development in Macroeconomic Disequilibrium Theory", *Econometric*, 1980 (48): 283 – 306.

Benassy, Jean – Pascal, "Disequilibrium exchange in Barter and Monetary Economies", *Economic Inquiry*, 1975 (13): 131 – 156.

Benassy, Jean – Pascal, Disequilibrium Theory, Dissertation and Working Paper, University of California, Berkeley, Hungarian Translation in Szygma, 1974.

Benassy, Jean – Pascal, *Macroeconomics: An Introduction to the Non – walrasian Approach*, New York: Academic Press, 1986.

Bingqin Lin, "Urban Social Change in Transitional China: A Perspective of Social Exclusion and Vulnerability", *Journal of Contingencies&Crisis Management*, 2005, 13 (2): 42 – 54.

BishoP, John, "Economic Transition, Gender Difference and Income

Distribution In China", *Economics of Transition*, 2005 (7): 239 – 259.

Black, Stanley, and Harry Kelejian, "A Macro Model of the U. S. Labor Market", *Econometric*, 1970, 38 (5): 712 – 741.

Blumi, Oettli W., "From Optimization and Variational in Equalities to Equilibrium Problems", *Mathematics Student*, 1994 (63): 123 – 145.

Bodman P., Le T., "Assessing the Role That Absorptive Capacity and Economic Distance Play in the Foreign Direct Investment – productivity Growth Next us", *Applied Economics*, 2013, 45 (8).

Boom A., "Firm's Investments in General Training and the Skilled Labor market", *Labor Economics*, 2005 (12): 781 – 505.

Booth A. L., Coles M., "A micro – foundation for Increasing Returns in Human Capital Accumulation and the Underparticipation Trap", *European Economic Review*, 2007 (51): 1661 – 1681.

Burt R. S., *Structural Holes: The Social Structure of Competition*, Cambridge, MA: Harvard University Press, 1992.

Caselli F., Coleman W. J. I., "Cross – counry Technology Diffusion: The case of Computers", *American Economic Review*, 2001, 91: 328 – 35.

Cogley, Timothy, and James M. Nason, "Output Dynamics in Real – business – cycle Models", *American Economics Review*, 1995 (85): 492 – 511.

Coleman, J S. *Social Capital*, In J. S. Coleman (eds.), *Foundations of Social Theory*: 300 – 321, Cambridge: Belknap Press, 1990.

Cuddington, John T., Per – Olov Johansson, and Karl – Gustav, *Disequilibrium Macroeconomics in Open Economies*, Oxford: Blackwell, 1984.

Danziger L., "Noncompliance and the Effects of the Minimum Wage on Hours and Welfare in Competitive Labor Markets", *Labor Economics*, 2009 (16): 625 – 630.

Davenport T. H., Prusak L. *Working Knowledge: How Organizations Manage What They Know*, Boston: Harvard Business School Press, 1998.

De Silva M. J., *System Review of the Methods Used in Studies of Social Capital and Mental Health*, In Kwame Mc Kenzir & Trudy Harpham (Eds.), *Social Capital and Mental Health*, London: Jessica Kingsley Publisher, 2006.

Deltas G., "Can a Minimum Wage Increase Employment and Reduce Prices in a Neoclassical Perfect Information Economy?", *Journal of Mathematical Economics*, 2007 (43): 657-674.

Dixon N. M., *Common Knowledge: How Companies Thrive by Sharing what They Know*, Harvard Business Press, Boston, 2000.

Duranton G., "Growth and Imperfect Competition on Factor Markets: Increasing Returns and Distribution", *European Economic Review*, 2000 (44): 255-280.

Ellison, G., and E. L. Glaeser, "Geographic Concentration in U. S. Manufacturing Industries: A Dartboard Approach", *Journal of Political Economy*, 1997, 105 (5), 889-927.

Estudillo J. P. and Otsuka K., "Green Revolution, Human Capital, and Off-Farm Employment: Changing Sources of In-come among Farm Households in Central Luzon, 1966-1994", *Economic Development and Cultural Change*, 1999, 47 (3): 497-523.

F. H. Jaén *Interest Theory*, London Office of Economics, 1965: 98-123.

Fisher, F. M., *Disequilibrium Foundation of Equilibrium Economics*, Cambridge Press, 1983.

Forslid R., Ottaviano G. I. P., "An Analytically Solvable Core-Periphery Model", *Journal of Economic Geography*, 2003, 3 (3): 229-240.

Grossman, S., "Money, Interest and Prices in Market Disequilibrium", *Journal of Political Economics*, 1971 (79): 943-961.

H. Scarf, "The Approximation of Fixed Points of a Continuous Mapping", *SIAM Journal of Mathematics*, 1967 (15): 19-27.

Hahn, Frank H., "On Non-Walrasian Equilibrium", *Review of Economic Studies*, 1978 (45): 1-7.

Harvey S. Rosen and Richard E. Quand, "Estimation of A Disequilibrium Aggregate Labor Market", *The Review of Economics and Statistics*, 1978, 60 (3): 371-379.

Hirseh B. T, Schumaeher E. J., "Monopsony Power and Relative Wages in the Labor Market for Nurses", *Journal of Health Economics*, 1995

(14): 443 -476.

Howard, D. H, *The Disequilibrium Model in a Controlled Economy*, D. C. Heath and Company Press, 1979.

Kooinan, P., and Kolek, T., "An Aggregate Two Market Disequilibrium Model with Foreign Trade", Working Paper, Erasmus Univ., Rorrerdam, 1980.

Koskela E., Stenbaeka R., "Equilibrium Unemployment with Outsourcing under Labor Market Imperfections", *Labor Economies*, 2009 (16): 284 -290.

Krugman P., Venables A. J., "Globalization and the Inequality of Nations", *Quarterly Journal of Economics*, 110 (4): 857.

Lambeit, Black, Stanley, and Harry Kelejian, "A Macro Model of the U. S. Labor Market", *Econometric*, 1970, 38 (5): 712 -741.

Lewis W. A., "Economic Development with Unlimited Supplies of Labor", *Machester School of Economic and Social Studies*, 1954 (22): 139 -191.

Manning A., "The Real Thin Theory: Monopsony in Modern Labor Markets", *Labor Economics*, 2003, (10): 105 -131.

Mas, Colell A., "An Equilibrium Existence Theorem without Complete or transitive Preferences", *Math and Economy*. 1974 (1): 237 -246.

Mcfadden D., "A Method of Simulated Moments fo Restimation of Descrete Response Models without Numerical Integration", *Econometric*, 1989 (57): 995 -1026.

Niekell, "Product Markets and Labor Markets", *Labor Economics*, 1999 (6): 1-20.

P. Ctalder, "A Disequilibrium Model with Smooth Regime Transitions and a Keynesian Spillover for Switzerland's Labor Market", *European Economic Review*, 1989, 33.

Picard, Pierre, "Inflation and Growth in a Disequilibrium Macroeconomic Model", *Journal of Economic Theory*, 1983 (30): 266 -295.

Picard, Pierre, "Macroeconomic Equilibrium and Disequilibrium in Centrally Planned Economies", *Economic Inquiry*, 1981 (19): 559 -578.

Pocard, P., "Infalation and Growth in A Disequilibrium Macroeconomic Model", *Journal of Economic Theory*, 1983 (30): 266 – 295.

Portes, R. and Winter, D. *Disequilibrium Estimated for Consumption Goods Markets in Centrally Planned Economies*, Review of Economy, MIT Press, 1981.

Quandt, Richad E., *The Econometrics of Disequilibrium*, Oxford: Blackwell, 1988.

Quandt, R. E., "Econometric Disequilibrium Models", *Econometric Review*, 1982 (1): 1 – 63.

Quandt, R. E., "Switching between Equilibrium and Disequilibrium", *Review of Economics and Statistics*, 1983 (65): 684 – 687.

R. E. Quandt, *The Econometrics of Disequilibrium*, Basil Blackwell, 1988.

Barnett, W. A, Gandolfo, G, Hillinger, C. *Dynamic Disequilibrium Modeling: Theory and Application*, Cambridge: Cambridge University Press, 1996.

RaaT, Mohnen, "Competition and Performance: The Different Roles of Capital And Labor", *Journal of Economic Behavior & Organization*, 2008 (65): 573 – 58.

Rotemberg J. Saloner G., "Competition and Human Capital Accumulation: A Theory of Interregional Specialization and Trade", *Regional Science and Urban Economics*, 2000 (30): 373 – 400.

Rotemberg, J. J., Saloner G., "Competition and Human Capital Accumulation: A Theory of Interregional Specialization and Trade", *Regional Science and Urban Economics*, 2000 (30): 373 – 404.

Rzov M., Swinnen J. F. M., "Human Capital, Market Imperfections, and Labor Reallocation in Transition", *Journal of Comparative Economics*, 2004 (32): 745 – 77.

Silvestre, Joaquim, "A Model of General Equilibrium with Monopolistic Behavior", *Journal of Economic Theory*, 1977 (16): 425 – 442.

Silvestre, Joaquim, "Fix – price Analysis in Exchange Economies", *Journal of Economic Theory*, 1983 (26): 401 – 409.

Silvestre, Joaquim, "Un–dominated Prices in the Three Good Model", *European Economic Review*, 1988 (32): 161–178.

Sneessen, Henri R., and Jacques H., "A Discussion of Belgian Unemployment Combining Traditional Concepts and Disequilibrium Econometrics", *Economic*, 1986 (53): 89–119.

Sneessens, H., "Investment and the Inflation Unemployment Tradeoff in a Macroeconomic Rationing Model with Monopolistic Comeptition", *European Economic Review*, 1987 (31): 781–808.

Sneessens, H., "A Macroeconomic Rationing Model of the Bergian Economy", *Eruopean Economic Review*, 1983 (20): 193–215.

Tassier T., Menezer F., "Social Network Structure, Segregation, and Equality in a Labor Market with Referral Hiring", *Journal of Economic Behavior & Organization*, 2008 (66): 514–528.

Venables A. J., "Productivity in Cities: Self–selection and Sorting", Department of Economics Discussion Paper Series, 2010.

Venables A. J., "Productivity in Cities: Self Selection and Sortion", *Journal of Economic Geography*, 2010, 11 (2): 241–251.

Yang Yao, "In Eastern. Rural Industry and Labor Market Integration", *Journal of Development Economics*, 1999 (59): 463–496.

Zanetti F., "Effects of Product and Labor Market Regulation on Macroeconomic out Comes", *Journal of Macroeconomics*, 2009 (31): 320–332.

Zhao Yao hui, "Labor Migration and Returns to Rural Education in China", *American Journal of Agricultural Economics*, 1997, 79 (11): 1278–1291.